해 양 풍 경

해 양 풍 경

해양풍경

초판 1쇄 발행 2013년 12월 31일

지은이 구모룡
펴낸이 강수걸
편집주간 전성욱
편집 양아름 권경옥 손수경 윤은미
디자인 권문경
펴낸곳 산지니
등록 2005년 2월 7일 제14-49호
주소 부산광역시 연제구 법원남로15번길 26 위너스빌딩 203호
전화 051-504-7070 | 팩스 051-507-7543
홈페이지 www.sanzinibook.com
전자우편 sanzini@sanzinibook.com
블로그 http://sanzinibook.tistory.com

ISBN 978-89-6545-237-9 93300
      978-89-92235-90-7(세트)

*책값은 뒤표지에 있습니다.
*본 도서는 2013년 부산문화재단 학예이론도서발간지원사업의
 일부지원으로 제작되었습니다.
*이 도서의 국립중앙도서관 출판시도서목록(CIP)은 e-CIP 홈페이지
 (http://www.nl.go.kr/ecip)에서 이용하실 수 있습니다.
 (CIP 제어번호: CIP 2013028835)

현대 해항도시와 해양문학의 양상

해 양 풍 경

구모룡 지음

산지니

해역을 생각하며

내게 처음, 바다는 소리로 다가왔다. 나는 한동안 두 가지 기적소리를 혼동하였다. 역사에서 출발을 알리는 기차 소리와 부두 어디선가의 뱃고동 소리를 구분하지 못했다. 긴 여운을 남기는 뱃고동 소리에 더 많은 그리움이 묻어나는 것을 느낄 즈음, 동급생들과 학교가 있던 서면에서 멀고먼 송도해수욕장으로 탈주를 감행했다. 보트를 타고 노를 저으면서 열심히 물놀이를 하였는데, 이것이 내 몸이 바다에 담긴 최초의 경험이다. 시골 냇가와 다른, 낯선 물의 만남에서 나는 흥분을 감출 수 없었다. 밤이 이슥하여 집으로 돌아왔지만 귀가가 늦은 아이를 걱정하던 가족들에게 그만 혼이 나고 말았다. 중학교 2학년 때의 일이다.

두 개의 쪽빛을 이야기한 분이 있다. 제비꽃과 바다의 쪽빛. 하나가 본디 체험이 응축된 빛깔이라면 다른 하나는 세계를 개진하는 빛깔이란다. 문학에 입문하면서 접한 두 가지 빛깔에 대한 이 이야기는 여태껏 뇌리를 떠난 적이 없다. 사방이 산으로 둘러싸인 시골에서 유년을 보낸 나에게 제비꽃은 민들레며 진달래와 더불어, 원초적인 의식에 내재한 본디 빛깔을 품고 있다. 이들의 빛깔은 눈 덮인 산록의 섬광처럼 빛나진 않지만 내면에서 고요한 울림을 지속한다. 아마 내가 서정을 문학의 기반으로 생각하는 까닭이 여기에 있을 것이다.

바다는 나에게 확실히 낯선 외부였다. 초등학교 졸업반에 나는 낙동강 변을 따라 기차를 타고 항도 부산으로 유학하였다. 당시 추첨제여서 전학을 않고는 부산의 중학교에 진학할 수 없었기 때문이다. 매연과 소음으로 가득 찬 도시에서 기적소리가 고향에 대한 그리움을 더한 것은 사실이다. 내게 있는 시적 편향이 이렇게 형성된 것은 아닐까. 선뜻 바다가 내 속으로 들어올 수 없는 내적 조건을 지니고 있었던 것이다. 제비꽃의 쪽빛과 바다의 쪽빛 사이엔 도저히 넘을 수 없는 심연이 있다. 문학을 공부하던 학창시절 내내 나는 김춘수 시인이 그려낸 바다 표상과 조지훈 시인의 유기체론에서 헤어나지 못했다.

한때 밤바다를 바라보며 울부짖은 때도 있었다. 문우들과 새벽까지 바닷가를 서성이기도 했다. 청춘의 시간들은 그렇게 흘러갔지만 바다가 나의 내부를 깨우치는 공간이 되지는 않았다. 그러다 바다가 내 가까이 다가온 일이 생겼다. 박사과정을 하면서 한국해양대에 출강하게 되었던 것이다. 질풍노도의 80년대를 통과하면서 그 후반에 맞은 행복한 인연이다. 금정산과 영도를 오가면서 바다를 학습하고 있었던 셈이다. 그렇다. 바다는 외부의 계기로 나에게 다가왔다. 해양문화에 대한 탐구 또한 요구만큼 신속하게 수행되지 못했다. 늘 지연되고 지체되었다. 그런 가운데 더디지만 바다를 알려는 욕구가 이 책으로 귀결된 것이다. 이제 시작이다.

90년대 초반 정일근 시인은 김성식 선장이 귀국하면 나를 중앙동 주점으로 불러내었다. 호방한 신사인 김성식 시인과의 만남을 통해 해양문학에 대한 관심이 커진 것이 사실이다. 그가 나온 대학에 재직하면서 나는, 그가 없는 교정에 세워진 그의 시비를 가끔 들여

다본다.『김성식 시전집』을 정일근 교수가 발행한 것도 오랜 우의의 징표라 할 수 있다. 해양문화연구소, 해양박물관, 국제해양문제연구소 등의 일을 맡은 바 있지만 내가 본격적으로 해양문학과 해양문화를 연구하였다고 자부할 수는 없다. 90년대 후반에 창설된 동아시아학과에서 새로운 교과를 맡아 강의를 해왔고 밖으론 여전하게 문학연구자이자 비평가 노릇을 하고 있기 때문이다.

그러나 나는 그동안 꾸준하게 지역문화와 해양문화 그리고 해양문학이 만나는 접점을 찾고 있었다. 이는 부산이라는 주변부 도시가 내게 부여한 축복이다. 여기다 수년 전 한국해양대학교에 '해항도시문화교섭학'이라는 주제로 인문한국연구단이 꾸려진 것도 도움이 되었다. 정문수 단장을 위시한 HK교수들의 공부는 직간접으로 영향을 주었다. 해항도시 부산을 새로운 시각에서 바라보고 해역세계 시좌의 제주학을 제언할 수 있는 용기를 이분들이 주었다 해도 과언이 아니다. 사람들은 자주 바다를 강조하지만 정작 인식의 틀을 바꿀 생각은 하지 않는다. 육역의 세계관으로 전개하는 해양 정책은 한계가 있다. 육역세계가 아니라 해역세계에서 세상을 바라보면 전혀 다른 지도가 펼쳐진다. 부산을 해항도시 네트워크로, 제주를 해역세계 혹은 섬 네트워크로 인식하는 시좌가 요긴하다. 그럴 때 뭍에 포박되고 국가의 스케일에 갇힌 세계가 열릴 것이다. 바다는 단지 연안에서 우리의 숨통을 틔워주는 열린 공간이 아니다. 뭍의 나르시시즘에서 탈피하여 해역을 통해 타자와 만나고 억압된 역사를 풀어놓는 노력이 중요롭다.

해양문화연구는 선원의 생활양식에 대한 연구를 빠트릴 수 없다. 아직 이에 대한 연구가 매우 부족한 것이 사실이다. 그나마 문학을 통하여 해양문화의 일정한 면모를 드러낼 수 있었다면 이 책을 발간하는 나로서 망외의 기쁨이겠다. 천금성 소설가는 해양소설 영역에서 경이로운 존재다. 그럼에도 그에 대한 논의를 보기 힘들다. 김성식과 천금성이 그러하듯 부산은 한국해양문학의 메카이다. 김종찬, 옥태권, 장세진, 이윤길 등 많은 문인들이 오랜 승선 경험을 바탕으로 글을 쓰고 있다. 이분들과 함께 한 시간들을 감사하며 이분들이 새로운 시각으로 해양문학의 도약을 일궈내기를 기대한다.

이 책은 20여 년 해양에 대하여 곁눈질한 결과의 중간보고서이다. 여기저기 발표한 글들을 묶었다. 부산문화재단이 출간비를 지원하였다. 해항도시 부산의 특이성을 반영한 것을 잘 보아준 것이라 믿는다. 부경근대사료연구소 김한근 소장님은 흔쾌히 귀한 사진자료를 제공해 주셨다. 덕분에 책의 모양새가 좋아졌다. 난삽한 초고를 산뜻하게 갈무리해준 도서출판 산지니 편집자 양아름 선생의 노고가 컸다. 원고의 일부를 입력한 대학원생 시인 이재성 군의 성의도 있었다. 해양문화에 대한 관심을 놓지 않고 정진하고 있는 한국해양대학교 동아시아학과 동료 교수들께도 고마움을 전한다. 내가 사는 세상이 바다처럼 넓고 평화롭기를 갈망한다.

2013년 겨울
구모룡

머리말 : 해역을 생각하며   5

제1부   해항도시와 해양문화

1장   한국의 해양문화와 해양정책   13

2장   해역세계와 제주학의 방법   27

3장   해항도시 부산의 특이성과 문화도시 전략   68

제2부   해항도시와 해양풍경

1장   해항도시 부산을 보는 시선들   127

2장   시 속의 영도다리   168

3장   해역세계와 제주 풍경   179

제3부   해양문학의 양상

1장   해양문학의 양상   191

2장   해양서사와 선원 하위문화   203

3장   기원의 바다를 찾아가는 근대인의 모험   227

4장   앨버트로스의 꿈   256

5장   해양문학과 지구적 상상력   266

6장   고래, 생명과 희망의 시적 지평   275

참고문헌   300

찾아보기   306

1부　　　해양문화를 보는 시각

1. 한국의 해양문화와 해양정책

신(新)해양시대와 해양의식

우리 인간의 의식은 항상 '무엇에 대한 의식'이다. 이러한 의식이 세계와의 교섭 속에서 구조화될 때 의식형태가 되고 세계관이 된다. 해양의식은 해양에 대한 의식이다. 이러한 해양의식은 다른 의식들, 가령 계급의식, 가족의식, 사회의식 등과 마찬가지로 사회적, 역사적 조건에 의해 다양하게 나타나며 새로운 조건들에 의해 기존 의식의 변화가 일어나기도 한다. 한국인의 해양의식 또한 변화의 조건들과 직면하고 있다.

1994년 11월 16일 '유엔해양법협약'이 체결된 이후를 세계는 '신해양시대'라고 부른다. 과거 주로 통항수단으로 이용됐던 바다가 그 지체로 경제활동의 장으로 비껀 것을 의미히고 세계의 모든 나리들이 이러한 해양의 중요성을 인식하면서 국가 해양력을 제고하기 위한 새로운 정책을 수립하게 된 상황을 뜻한다. 이에 따라 세계 각국은 21세기 해양국가 플랜을 만들고 이를 실천하고 있다.

강종희에 의하면 해양강국은 바다로 진출할 수 있는 여건을 구비하고 이런 여건을 활용하려는 국민과 정부의 열의가 있어야 하며 이러한 열의로 나타난 다양한 해양활동에서 얻어진 국부가 상대적으로 클 때 가능하다고 한다. 그런데 우리나라는, 좋은 자연조건을 구비하고 꾸준히 해양활동이 성장하고 있으나 국가와 국민의 해양에 대한 관심이 낮아 문제적이라 지적한다. 우리나라는 삼면이 바다이고 이에 따른 관할 면적이 남한의 4배에 이르는 44만 3천km^2이나 된다. 그리고 해안선 길이는 무려 11,542km에 이르고 23,939km^2의 광활한 갯벌이 있다. 우리나라의 갯벌은 세계 5대 갯벌에 속할 만큼 그 값어치를 헤아리기 어렵다. 이러한 자연 여건을 바탕으로 수산, 해운, 항만, 조선, 해양과학기술, 해양문화관광 등 모든 분야에서 해양강국으로 가기 위한 국내 해양활동이 계속 증가하고 있는 것이다. 그러나 이러한 상황에도 불구하고 해양강국으로 가는 길에 장애 요인들이 많이 있다는 것이다.[1]

　　육지 중심의 폐쇄적, 정체적 국토 경영

　　해양 관련 산업의 경쟁력 기반 취약

　　해양자원의 합리적 이용, 보존 준비 미흡

　　해양행정의 취약성과 국민적 관심 부족

　그동안 우리나라는 이와 같은 네 가지 장애요인들을 극복하기 위한 노력들을 지속적으로 추진해왔다. 그럼에도 아직 해운과 조선 등을 제외하고 해양활동이 뚜렷한 발전을 보이고 있지 못하다. 최근들어 해양과학기술에 대한 투자가 확대되는 등 여건이 달라지고 있음은 분명하나 국민과 정부의 해양에 대한 열의가 크게 향상되고 있는 것은 아니다. 달리 말해서 시대적, 사회적 조건이 변화하고 있음

---

1)　강종희, 『21세기 대한민국 선택 해양강국비전』, 두남, 2004, pp.13-23.

에도 의식이 그에 미치지 못하고 있다는 것이다. 이러한 '의식지체' 혹은 '문화지체' 현상은 획기적으로 극복되어야 한다. 한편으로 경제적 차원에서의 해양 접근이라는 편향성이 저변의 해양의식 변화를 더디게 한 요인이라고 한다면 다른 한편으로 우리의 의식이 오래도록 육역시점—내륙 지향성—으로 고착되었던 사실에서 그 원인을 찾을 수 있을 것이다.

우리나라가 해양강국으로 발돋움하려면 해양에 관한 의식의 일대전환이 필요하다. 해양수산 분야의 양적 성장도 중요하나 이와 병행하여 의식의 성장이 뒷받침되지 않으면 안 된다. 해양의식의 성장은 해양에 대하여 친밀감을 느끼고, 해양의 중요성을 인식하며, 해양에 대한 책임감과 개척 정신을 기르는 교육과 문화, 그리고 제도의 토대가 만들어질 때 가능하다. 말할 것도 없이 논자에 따라 다른 영역과의 선후문제가 지적되기도 한다. 어떤 이는 한국에서 가장 힘써야 할 분야가 해양과학기술이라고 한다. 옳은 지적이다. 그렇다고 해양의식과 연관된 분야들이 간과되거나 지엽적인 형태로 다루어져야 하는 것은 아니다. 여타의 해양 정책과 더불어 해양문화 영역의 정책이 병진할 때 한 나라의 해양력이 크게 제고될 수 있을 것이기 때문이다.

해양의식 고취는 의식을 형성하고 진화시키는 두 가지 영역을 중심으로 삼게 된다. 해양문화가 하나의 층위이라면 다른 한 층위는 해양교육이다. 문화가 사회적 집단들이 형성하는 생활의 패턴이자 이들의 행위형태가 전달하는 의미화 과정이라면, 해양문화는 해양과 더불어 살아가면서 구성되는 의미들에 다름없을 것이다. 단순한 관조의 대상이 아니라 바다와 함께 생활하는 삶이 어떠해야 하는가를 탐문하지 않을 수 없다. 후자는 교육이 의식화 과정이라는 점에서 내륙중심(육역시점)의 교육과정을 극복하고 해양과 내륙이 균형을 찾아가는 교육과정, 나아가서 해역시좌의 교육과정을 제시함으로써 해양의식 고취의 미래지향적인 방안을 강구하는 것이다.

선진국에서는 해양의식을 제고하는 교육과 문화 그리고 환경 등 영역의 제도적 장치를 국가 차원에서 구비해놓고 있다. 이들은 의식 제고의 차원을 넘어 해양이해력(Ocean Literacy, Maritime Literacy)을 목표로 해양교육을 시행하고 있다. 미국과 일본의 경우 해양관련 교육 프로그램을 유치원에서 단계적으로 구성하고 있을 뿐 아니라 교과서, 교육Kit, 디지털 기술을 활용한 다양한 교육채널을 운용하고 있다.[2] 그러나 우리나라는 아직 해양에 관한 교육 프로그램이 크게 부족하다. 해양박물관 등 해양문화교육 기반시설도 많지 않다. 교과서가 육역시점의 편향성을 벗어나고 있지 못한 것도 사실이다.[3]

해양화의 두 단계: 근대화와 세계화

한국사회에서 해양의 중요성이 부각된 것은 1960년대이다. 한국의 해운업과 수산업은 일제의 식민적 근대화의 일환으로 성장하나 본격적인 수준은 되지 못했다. 일제시대 해운업의 경우 총독부가 원산, 목포, 부산의 일본거류민을 지원하여 경영하거나 일본 본국자본에 의해 독점되는 양상을 보인다. 아울러 일제는 만주사변 이후 이차대전까지 철저하게 제국주의 정책에 부응하는 해운정책을 실시한다.[4] 따라서 본격적인 해운업의 발달은 해방 이후에 시작된다. 수산

---

2) Arthur D Little, 『미래 국가 해양전략 연구용역-최종보고』, 해양수산부, 2006.
3) 동해연구회, 「차기 교육과정 개정 관련 해양교육 강화에 관한 연구」, 2006.
4) 손태현, 『한국해운사』, 한국선원선박문제연구소, 1982, pp.280-282.

업 또한 식민지 수탈정책의 일환으로 장려되고 일본의 연안어장보다 어장가치가 월등히 높았던 우리나라 어장을 우선적으로 개발하는 정책이 실시되었기에 식민지하에서 급속히 발전한다. 그러나 해운업과 함께 우리나라 수산업의 발전은 1962년 경제개발 5개년 계획이 추진되면서 수출산업으로서의 수산업 비중이 커지면서 나타난다.[5]

이러한 점에서 근대화와 해양화를 동일시하는 관점이 가능하다. 김진현은 1945년의 해방을 대륙으로부터의 해방이라 해석하면서 해방이 대륙과의 단절과 강제된 해양화를 불러왔다고 한다. 냉전의 세계체제 하에서 섬이 된 한국은 해양화의 길을 걸을 수밖에 없게 된다. 이러한 점에서 압축 성장은 곧 압축 해양화이기도 하다.[6] 그리고 이는 경제가 특권화된 관점에서 진행된 해양화이다.

근대화에 상응하는 한국의 해양화는 국제화, 나아가서 세계화에 부합하는 과정에서 새로운 전기를 맞는다. 냉전체제의 와해와 더불어 본격화된 세계화 시대에 한국은 냉전체제하에서 강제된 해양화의 단계를 넘어 '해양화의 세계화' 단계를 맞는다.[7] 해양화의 세계화는 유럽의 해양화, 아시아의 해양화가 진전되는 차원이 아니라 전지구적인 차원에서 '해양적인 것, 해양의 가치체계의 지구촌 시대'가 전개되는 것이다.

제1해양화	제2해양화
근대화	세계화

---

5) 이방호, 「국가발전과 수산업」, 『물과 한국인의 삶』(최정호 편), 나남, 1994, p. 358.
6) 김진현, 「해양화 혁명」(최정호 편), 앞의 책, pp.475-485.
7) 김진현, 「해양화 "善"進化의 길: 근대화에 대한 새로운 해석과 '해양화의 세계화' 시대비전」, 『해양21세기』(김진현 · 홍승용 공편), 나남출판, 1998, p.29.

이처럼 우리나라는 '제2의 해양화' 시대를 맞아 이를 적극적으로 자기화해야 하는 단계에 와 있다. '제1의 해양화' 시대의 국가 중심적인 정책이나 제도, 그리고 기구들이 세계체제에 탄력적으로 대응할 수 있는 시스템으로 바뀌어야 하는 것이다. 오늘날 해양화가 세계화나 월경적인 가치, 초국가주의(transnationalism), 다문화주의, 해역 시좌, 해항도시 네트워크 등과 맥락을 같이한다는 사실을 인식해야 한다. 가령 아시아에서 싱가포르나 홍콩이 모델이 되는 것은 이들 도시가 세계를 네트워킹하면서 다문화적 가치를 발현하고 있다는 데 기인한다. 이는 이들 도시가 해향화에 성공하였다는 뜻이다. 이들의 사례는 우리나라의 여러 해항도시들을 세계와 연계하는 문화교류의 결절지로 만들어가는 일과 무관하지 않을 것이다.

해양 리터러시 확대 방안

실제 현대 한국인의 해양에 대한 관심은 매우 높은 것으로 조사되어 있다. 하지만 이러한 관심이 의식화되거나 생활화되고 있지는 못한 것으로 보인다. 바다를 좋아하고 그 중요성을 인식하고 있으나 해양에 대한 책임의식과 대양의식이 부족하다.[8] 그러므로 한국인이 해양의식이 있고 없음이 문제가 아니라 현재의 의식 수준을 향상시키기 위한 노력들이 필요하다. 또한 바다를 좋아하는 것과 해양과 더불어 사는 것이 가지는 의식의 편차를 극복하는 노력이 요구된다.

여기서 먼저 바다, 해양 그리고 해양의식 등에 대한 개념적인 정

---

8) Arthur D Little, 앞의 책, p.420.

한진빌딩에서 바라본 부산항 경관(사진제공-김한근 소장)

의를 세우는 것이 좋을 것 같다. 이러한 작업이 전제될 때 "해양의
식 고취"라는 의미망이 분명하게 드러날 것이라 생각한다. 바다와
해양에 해당하는 영어는 'sea', 'ocean', 'maritime', 'marine' 등 네 가
지 정도다. 'sea'는 대체로 바다 일반을 가리키는 말이다. 'land'에 상
응하는 개념이라 할 수 있고 가까운 연안에서 대양에 이르는 바다
전체를 포괄한다. 이에 비해 'ocean'은 연안역을 벗어난 대양을 지
시한다고 할 수 있다. 'maritime'은 항해기술, 선박, 항만 등 어업 이

외의 바다와 관련된 영역을 의미하는 것으로 쓰이기도 하지만 구미에서 'maritime anthropology(해양인류학)'이라는 개념이 일반적인 것을 보면[9] 그 의미를 넓게 잡을 수 있는 소지는 많다. 예를 들어 영국 연안의 바다와 관련한 역사와 유산을 흥미진진하게 소개하고 있는 'Maritime Britain'도 'maritime'의 범주에 연안의 경관 등을 포함시키고 있다.[10] 하지만 이는 동아시아에서 대체로 해사(海事)로 번역되며 해상교통, 배와 선박기술 등을 대상으로 하는 개념으로 자리 잡고 있다. 이에 비하여 보다 넓은 의미를 함의하고 있는 용어가 'marine'이다. 가령 'marine tourism(해양관광)'이 해안과 해양을 포괄하는 해양 레크레이션을 뜻할 때 그렇다. 이 경우 일이 행해지는 공간 영역을 의미하는 경향이 크다.

해양의식이라고 할 때의 해양은 바다 일반을 의미하는 'sea'보다 'ocean', 'maritime', 'marine' 등과 연관된다 하겠다. 범박하게 대양 지향의 의식 혹은 바다와 더불어 일하고 노는 삶의 의식이라 할 수 있을 것이다. 그동안 해양의식에 대한 정의는 다각도로 이뤄져왔다.

> 가) 해양의식은 바다에서 삶의 지혜를 찾아내는 정신으로, '바다의 속성을 시대정신으로 받아들여 의식과 제도를 바꾸어 나가는 것'을 의미(이동근 등의 정의)[11]

> 나) 해양의식은 바다에 대한 친밀감, 바다의 중요성에 대한 인식,

---

9) 아키미치 토모야, 이선애 역, 『해양인류학』, 민속원, 2005, p.22.

10) P. Heiney, Maritime Britain, Adlard Coles Nautical, 2005.

11) 이동근 외, 『역사와 해양의식—해양의식의 체계적 함양방안 연구』, 한국해양수산 개발원, 2003, p.ⅴ.

바다에 대한 책임감, 바다를 개척해나가는 대양 정신으로 구성되며 국가 해양력을 견인하는 핵심(ADL보고서)[12]

그동안 제출된 대표적인 두 가지 견해이다. 가)가 시대에 따른 의식의 변화에 초점을 두고 있다면 나)는 해양의식이라는 개념이 지녀야 할 의미를 중시한다. 이리하여 가)는 21세기 가꾸어가야 할 해양의식으로 ①국제 해양환경 변화에 따른 해양자원의 개발과 보전의 중요성, ②지식정보화 사회의 도래와 연관된 다양성, 진취성, 도전정신, 벤처정신, 정보와 지식지향성, ③국제화와 세계화의 심화라는 측면에서의 포용성, 개방성, 대담성, 주체성, ④국내 갈등과 대립 해소를 위한 광대무변성, 웅대하고 활발한 기상 등을 들고 있다.[13] 해양의식을 의식 일반의 문제로 확대해석하는 한편, 세계화와 연관시키고 있다. 반면 나)는 우리나라 국민의 해양의식을 분석하여 우리나라 국민이 바다를 좋아하고 중요성을 인식하고 있으나 해양에 대한 책임의식과 대양의식은 부족한 것으로 보고 해양의식 개선을 위한 ①자연조건, ②역사, ③생활, ④Work, ⑤휴양/레포츠, ⑥교육, ⑦홍보 등 일곱 가지 동인을 들고 있다. 여기서 중요한 것은 가)와 나) 모두 지금의 의식에서 일정한 변화와 전환을 요청하고 있다는 사실이다.

해양의식을 한 국가의 해양력의 한 요소로 보는 견해가 있다. 알프레드 세이어 마한은 해양력을 형성하는 요소로 ①지리적 위치, ②자연환경, ③영토의 크기, ④인구, ⑤국민성, ⑥정부의 의지 등을 들

---

12) A. D. Little, 앞의 책, p.420.
13) 이동근 외, 앞의 논문, p.25.

고 있다.[14] 이 가운데 해양의식과 연관되는 항목은 ⑤국민성과 ⑥정부의 의지라 할 수 있다. 국민들의 해양의식을 정책적으로 고취하는 것이 국가 해양력이 된다는 것이다. 실제 마한의 의도도 군사목적과 무역 등에 한정된 것이 아니며 자연과 지리적 환경 그리고 바다에 대한 국민과 정부의 관심이 해양력을 결정한다고 지적한다. 다시 말해서 "바다로 진출할 수 있는 여건과 이러한 여건을 활용하려는 국민과 정부의 열의로 나타난 갖가지 해양활동 그리고 해양활동에서 얻어지는 국부의 총화로 이해되어야"[15] 하는 것이다. 요컨대 해양의식은 국가 해양력을 구성하는 주요 동인으로 해양의식을 고취하는 일이 하나의 정책적 과제가 된다.

해양의식에 대한 문제는 친화의식 수준을 넘어서 해양 리터러시 확장이라는 차원으로 바뀌어야 한다. 해양의식이 국가적 차원의 해양력 구성 요소라는 점에서도 그렇지만 사람들의 일상적 삶이 갈수록 해양의존성이 높아지고 있기 때문이다. 해양 이해력이라고 할 수 있는 해양 리터러시는 자발적인 해양문화 활동에 참여하는 가운데 커진다. 가령 Nautical Literacy 사전을 편찬한 R. R. 맥케나가 이러한 사전을 편찬하게 된 계기를 E. D. 허쉬의 Cultural Literacy 사전과의 조우를 통해 얻고 있는 일이 시사하는 바 크다. 일반 문화에 대한 이해 못지않게 바다의 문화에 대한 이해 또한 중요하다는 저술 목적을 보이고 있는 것이다.[16]

의식의 사전적 의미는 "객관적 실재의 관념적 반영"으로 요약되

---

14) A. T. 마한, 김주식 역, 『해양력이 역사에 미치는 영향』, 책세상, 1999.

15) 강종희, 앞의 책, p.16.

16) R. R. Mckenna, *The Dictionary of Nautical Literacy*, International Marine McGraw-Hall, 2001, p.vii.

며, 이는 중추 신경계에 힘입어 이루어지는, 인간에게만 발생하는 특유한 현상이다. 의식은 모든 감성적 형태의 반영과 이성적 형태의 반영뿐만 아니라 인간의 감정의 영역과 의지의 영역을 포괄한다. 즉 의식은 인간의 모든 심리적 활동을 포괄한다.[17] 따라서 이러한 의식은 여러 가지 조건들에 의해 변화될 수 있다. 의식의 향상에서 가장 중요한 요소는 기꺼이 하는 태도이다. 이러한 자발성은 사물에 대한 새로운 평가를 가져오고, 더 나아가서는 새로운 가설을 맞을 수도 있다는 생각에서 마음의 문을 열게 한다.[18]

해양의식을 고취하고 나아가 해양 이해력을 증진하는 방안에서 가장 중요한 것은 해양을 향한 사람들의 자발적인 참여를 이끌어내는 것이다. 이러한 자발적 참여가 가능한 것이 무엇일까? 결국 사람들의 욕구를 바다로 향하게 하고 바다를 통하여 그것을 실현하게 하는 데서 찾을 수밖에 없다. 사람의 욕구는 생존단계를 넘어서면서 잘 살기를 원하고 잘 살게 되면 문화적인 향수를 늘리면서 궁극적으로 자기를 실현하고자 한다. 그렇다면 해양의식을 고취하는 데 있어 가장 먼저 언급되어야 할 부문은 당연하게도 생존과 관련된 것이다. 해양과 수산 관련 기존의 직업들을 발전시키고 새로운 직업들을 창출하는 것은 대단히 중요하다. 이는 그 어떤 계획보다 먼저 추구되어야 한다. 다음으로 어촌과 어항 그리고 항구와 해안 등 연안 전반의 생활공간을 살기 좋은 장소로 바꾸는 일이다. 이와 더불어 사람들의 의식을 담고 있는 해양문화를 진작하는 일이 필요하다.

해양문화는 해양의식의 재현이다. 고래(古來)의 해양문화는 그 시대마다의 해양의식을 나타낸다. 또한 새로운 해양문화 창출을 통해

---

17) 『철학대사전』(한국철학사상연구회 편), 동녘, 1989, p.1015.
18) D. 호킨스, 이종수 역, 『의식 혁명』, 한문화, 1997, p. 225.

해양의식은 진화한다. 그런데 해양의식을 고취하는 계기는 인위적인 교육을 통해 이뤄질 수도 있다. 앎에의 의지를 통하여 새롭게 의식을 형성할 수 있는 것이다. 호주의 원주민들은 모래를 50여 가지로 나누고 에스키모인들도 눈과 얼음을 100여 가지로 구별한다. 말할 것도 없이 이는 경험이라는 교육을 통해 이뤄진 인식의 체계이다. 이는 달리 '아는 만큼 보인다'는 문화이해의 원리를 뜻하기도 한다. 따라서 해양교육은 해양에 대한 앎을 가져다주고 해양에 대한 의식을 높이게 한다. 특히 체험적인 교육은 대상에 대한 인식과 의식을 변화시키는 데 크게 기여한다. 이러한 관점에서 다음과 같이 해양 리터러시 확대를 위한 위계를 구성할 수 있다.

해양 리터러시 확대

↑

해양 의식 고취

↑

신 해양문화 창출 + 체계적인 해양교육

　　해양의식을 고취하고 해양 리터러시를 확대하는 방안은 크게 두 영역을 대상으로 한다. 그 하나는 해양문화이고 다른 하나는 해양교육이다. 여기서 해양문화는 넓게는 강과 바다 연안의 생활양식을 뜻하고 해양문화기반시설 등 하드웨어와 소프트웨어에 해당하는 다양한 해양문화콘텐츠를 포괄한다. 해양이해력 확대 방안은 ①해양문화콘텐츠 개발 ②해양문화관광과 해양축제와 이벤트, 해양레저스포츠 활성화 방안 수립 ③해양박물관 등 해양문화기반시설 확충을 통한 해양의식 제고 ④해양교육 프로그램 개발 ⑤성인 대상 해양교육 과정 개발 ⑥해양의식 고취를 위한 공간 창출 ⑦해양의식 고취를 위한 법적, 제도적 기반 구축과 추진 체계 형성 등을 그 내용으로 한다. ①해양문화콘텐츠 개발은 OSMU(One Source Multi Use)의 문화콘텐츠의 원리에 따라 우리의 역사와 전통 속에서 해양문화콘텐츠 원형을 발굴하고 이를 다각도로 활용하는 방안을 강구하는 것을 뜻한다. 고대사에서 현대에 이르는 해양의 역사를 문화론적으로 재구성하는 것은 중요한 방안이다. 또한 이를 해양문학과 드라마와 영화, 만화와 애니메이션 등으로 다매체화하는 길을 찾아볼 수 있다. ②해양문화관광과 해양축제와 이벤트, 해양레저스포츠 활성화 방안을 수립한다. 달리 말해서 국내의 해양관광 발전 방안을 탐색하고 진행되고 있는 각종 해양축제를 평가하고 외국의 해양축제 등 사례를 벤치마킹하여 새로운 해양축제 모형을 창출하는 것이다. 아울러 축제가 장소성을 획득하고 해양레저스포츠 등과 연계되는 방안을 모색할 수 있다. ③해양박물관 등 해양문화기반시설 확충을 통하여 해양의식을 제고한다. 해양박물관, 해양과학관, 해양수족관 그리고 소규모의 테마박물관과 해양문화 복합 공간 등의 소요와 적정입지를 분석하고 이를 네트워킹하는 방안을 찾을 필요가 있다. ④해양교육 프로그램을 개발한다. 유치원에서 대학에 이르는 교육과정에서 해양의식 고취를 위한 프로그램을 제시한다. 이는 교과서 개선 방안과 교육용 Kit 개발, 연구기관 활용 교육 프로그램, 온라인 해양문화 프로그램 등에 대한 내용을 포함한다. ⑤성인 대상 해양교육 과정을 개발한다. 지금은 평생교육의 시대이다. 따라서 성인들을 대상으로 하는 해양교육프로그램의 개발 또한 필요하다. 해양문학, 해양영화, 해양관련 민족지, 해양역사, 해양과 직업 등 다양한 내용을 가진 성인용 해양교육 프로그램의 개발이 요청된다. ⑥해양의식 고취를 위한 공간을 창출한다. 다양한 해양공간은 해양의식을 직접적으로 이끌어내는 요인이 된다. 어촌과 어항 재생과 항만 재개발 그리고 워터 프런트 구성 나아가서는 해양문화도시 건설이 가지는 문화적 의미를 찾을 수 있다. ⑦해양의식 고취를 위한 법적, 제도적 기반을 구축하고 추진 체계를 형성한다. 해양문화를 활성화하고 해양의식 고취를 위한 사업추진체계를 제시한다.

2. 해역세계와 제주학의 방법

방법으로서의 제주

그동안 제주연구는 "국가스케일 중심적 시각"[1]에서 진행된 것이 주류이다. 국가스케일 중심적 시각은 제주를 국가의 행정구역의 한 지역으로 인식하며 국가보다 큰 영역에 대한 관심이 결여되어 있다. 이것은 중국과 한국과 일본을 대륙-반도-열도로 규정하는 시각과 일치한다. 그러나 우리는 국민국가의 주변이나 경계 영역에 많은 물적, 인적 교섭이 있었음을 알 수 있다. 국가적(national) 시각을 넘어서 지역적(regional) 스케일로 볼 때 많은 주변들이 네트워크의 결절점 (nodal point)으로 부각됨을 이해하게 된다.

국가적, 지역적 시각이 육역중심이라면 '해역세계'(maritime world: 그 중심에 바다를 가진 권역)는 또 다른 인식지도를 가능하게 한다. 해역 속의 섬인 제주는 동아시아 해역의 역사 속에 존재하였던 다양한 네트워크를 통해 새로운 접근이 가능하다. 제주연구 혹은 제주학에 관한 해역세계 시좌의 방법론적 모색이 요청된다.

제주가 '국제자유도시'로 지정된 것은 2002년이다. 아울러 행정

---

1) 『국가와 지역』(박배균 · 김동완 편), 알트, 2013, p.7.

적으로 '제주특별자치도'로 출범한 것은 2006년 7월이다. 이러한 일련의 과정은 국가적 차원에서 제주의 위상을 재인식하였음을 의미한다. 제주를 반도의 부속도서로 간주하는 기존의 틀에서 벗어나 동아시아와 해역세계 속에서 그 위상을 세우는 과정이 요구된다. 이는 한편으로 세계화의 흐름에 부응하면서 다른 한편으로 지방(local) 혁신을 이끌어내려는 국가적 기획의 산물이라 할 수 있다.

제주를 지역적, 세계적 시좌로 인식하는 일은 내륙의 시점이 아니라 해역의 시점으로 제주를 이해하는 방법적 전환과 연관되어야 한다. 역사적으로 제주는 해역 속에서 육역의 지배와 복속의 과정을 경험하였다. 21세기에 이르러 국가가 허용하는 범위 안에서의 자치가 부여되었다. 이러한 내외의 사정 변화는 제주의 정체성을 재구성하는 계기가 된다. 지역의 정체성은 역사적 과정 속에서 구성된다. 제주는 그 기원의 역사에서 오늘에 이르기까지 많은 정체성의 변화를 겪어왔다. 새로운 정체성은 이러한 변화들을 주목하면서 새로운 해석을 가하는 일과 더불어 형성된다.

육역과 해역은 이분법으로 나누어지는 것이 아니다. 그럼에도 어디에 시좌를 두느냐에 따라 한 지역의 위상은 크게 달라진다. 예를 들면 오키나와와 제주가 그러하다. 육역의 국가 중심의 시각에서 이들은 주변이지만 해역의 관점에서 이들은 네트워크의 거점이 된다.

제주연구는 새로운 방법을 통하여 제주의 새로운 위상학을 정립하는 작업이 되어야 한다. 조선시대의 유교 봉건주의와 20세기 제국주의와 국가주의에 포박된 제주를 방법적으로 재인식하는 것이 새로운 제주학을 위해 요긴하다. 새로운 제주학은 달리 '방법으로서의 제주'라는 관점을 필요로 한다. 타자의 관점이 아니라

제주 바다(사진제공-조성봉 감독)

제주의 관점에서 제주를 바라보고 해석하자는 것이다. 이는 탐라
국 기원에서 오늘에 이르는 교역과 교류의 역사를 통해 정립될 수
있다. 제주의 관점에서 제주를 인식하고 그로부터 세계적 전망을
세우는 '방법으로서의 제주학', 나아가서는 '제주해학(濟州海學)'이
필요하다.

제주학의 성과와 과제

문순덕(「제주학의 연구동향과 과제」, 2012)에 의하면 각 분야별 제주학 석사·박사 논문들이 제출되고 있지만 아직 제주학 자료 데이터베이스화 작업은 진행 중이다. 아울러 통합적인 제주학 연구는 과제로 남아 있다. 제주학의 방법적 모색이 진행된 것은 1990년대 후반이다. 이 시기에 '국제화'라는 명분 아래 국가에 의하여 지역학이 권장된다. 유철인(「지역연구와 제주학」, 1996)은 그동안 제출된 제주학의 연구 성과를 검토하여 사회과학적으로 이를 통합하는 방안을 모색한다. 현길언(「제주학 연구방법론」, 1997)은 문학연구와 제주학을 관련시켜 주변성에 주목하고 있다. 그는 분과학을 기반으로 제주학을 전망하면서 일국 내의 특이성을 제시하려 했다. 제주학에 대한 반성과 비판은 박찬식(「제주학의 성과와 전망」, 1998)에 의해 본격화된다. 그는 근현대사의 관점에서 제주학을 점검하면서 지방사의 한계를 지적하였다. 아울러 기초적인 자료 수집과 학제적이고 통합적인 연구에 관한 방향을 제시하고 있다.

방법적인 차원에서 제주학이 모색된 것은 전경수(「지역연구로서 제주학의 방법과 전망」, 1998)에 의해 이뤄진다: "중심 주제를 제주도라는 지역으로 설정한 제주학이 제대로 하나의 학으로서 성립하고 성장하기 위해서는 방법론상으로 심각한 도전을 받을 수밖에 없다. 방법론이 부실한 제주학은 하나의 학으로서 존재하기 어렵다. 지금 우리는 제주학의 방법론에 대해서 심각하고도 정치한 논의를 전개해야 할 도전적 과제를 안고 있는 것이 사실이다. 제주학이라고 호칭한다고 해서 제주학이 성립된다고 생각하면, 제주학의 기반은 사상누각이 되고 만다." 이러한 주장과 더불어 전경수는 제주학의 방향을 1)

광역화 2)정보화 3)통합과학 4)주민중심의 정신 등 네 가지로 설정한다. 이들 각각의 내용을 요약하면 다음과 같다.

광역화: 제주라는 문제의식을 정치적으로 한정된 것으로 인식하지 말고 열린 해양세계의 중심으로 생각하자는 인식지평의 제고. 육지의 말단에 부속된 갇힌 섬으로서의 제주가 아니라 동중국해의 구심점으로서 인식되는 지도를 재확인하자는 것.

정보화: 지역에 고한한 기본적인 데이터베이스의 설정 없는 지역연구는 허구적일 수밖에 없음. 학문분야별로 그동안 축적되어온 자료들을 한곳에 모아서 데이터베이스화 하는 작업이 제주학 정보화의 요체.

통합화: 기존의 학문영역의 배타성을 극복하고 통합과학의 정신을 구현하는 지역연구로서 제주학을 지향.

주민화: 제주학의 궁극적인 실체는 제주이고 제주학 연구의 결과가 가장 효과적으로 돌아갈 수 있는 귀착점은 제주.

이들 네 가지 방향에서 주목되는 것은 광역화이다. 그에 의해서 해역시점이 제안된 셈이다. 지역학이 통합학문이며 그것이 정보화를 통하여 집적되어야 하는 것은 지당한 일이다. 또한 타자의 눈(제국과 국가의 시각)에 비친 지역이 아니라 주체의 시각으로 연구되고 환류되어야 한다는 점에서 주민화는 지역학의 방향과 실용주의를 의미한다. 전경수의 이러한 방향 제시는 매우 타당하지만 선언적인 데 그친다.

김성수(「지역 특권화와 문화 화석화를 넘어서」, 2008)는 타자의 시선으로 제주학 동향을 비판적으로 바라보았다. 지방주의, 향토주의가 지닌 자기중심주의의 한계를 지적하고 있다. 이는 지방사와 향토사 연구에서 보이는 경향들에 대한 적절한 비판이라 할 수 있다. 지역학이 로컬 영역에 대한 연구이지만 이것은 항상 내셔널한 층위와 리저널한 층위, 나아가서 글로벌한 층위와 접합하게 마련이다. 조성윤(「지역 연구 모델로서 제주학의 발전 방향」, 2008)이 분과 연구에 치우친 제주연구의 현실을 비판하고 학제적이 통합적인 연구과제를 제안하거나 김치완(「제주에서 철학하기 시론」, 2011)이 로컬리티 연구에 주목하고 있는 것은 지역의 맥락에 대한 바른 접근의 필요성을 제고한 것이라 할 수 있다. 김치완이 로컬의 시공간이 세계와 만나는 변증법적인 과정에 대한 구체적인 사고의 중요성을 지적한 의의가 주목된다. 조성윤과 김치완은 국가주의적 경향(주변과 변경 섬으로서의 제주)과 향토주의적 경향(자기중심적인 지방주의)을 극복하고 로컬이 내셔널, 리저널, 글로벌과 연계되는 과정을 주목하고 있다.

앞에서 언급한 선행 연구 외에도 그동안 많은 연구논문들이 제출되었다. 그렇지만 그동안 제주학 연구의 동향은 대체로 다음과 같은 흐름도를 보인다.

분과학과 자료학

↓

통합과학, 학제적 연구

↓

로컬리티에 대한 새로운 방법적 인식

선행연구들이 지닌 성과를 바탕으로 새로운 시좌에서 해석을 가하고 방법론을 정립해야 한다. 자료학은 모든 연구의 기초이다. 따라서 자료학으로서 제주학은 지속적으로 확대되어야 한다. 새로운 제주학은 탐라국 기원의 해역성, 교류와 교역의 역사를 통한 해역세계 속의 제주, 제주가 보인 다양한 해역 네트워크 방식, 해역세계 네트워크로서의 제주도에 대한 전망 등을 구체적인 사례에 대한 해석을 통하여 서술하는 일이다.

지역학으로서의 제주학

지역학과 지역연구는 구분되어야 한다. 지역연구는 타자의 삶을 연구하는 학문으로 주로 세계단위에서 이루어져 왔던 Area Studies를 의미한다. 이는 에드워드 사이드(Edward Said)가 '추악한 신조어'라고 폄하였듯이 제국주의 국가의 정책학적인 측면을 내포한다. 물론 타자성을 지향하는 문화인류학의 민족지학이 지니는 의의는 간과할 수 없다. 지역학(Regional Studies)은 연구주체가 포함된 지역에 대한 학적 접근이다. 따라서 지역의 특수성 규명을 주된 목표로 한다.

지역학으로서 제주학은 지방적인(local) 것을 대상으로 한다. global/local의 상호관계가 말하듯이 지역학은 지방학(local studies)을 포함하고 있다. 제주학이란 무엇인가? 자명한 답이 있어 이러한 질문을 던지는 것은 아니다. '무엇은 무엇인가'라는 물음은 자명한 답이 있는 것처럼 보이므로 질문 자체에 '자명성의 오류'를 품고 있다. 무엇보다 지역학이 어떠한 경로를 거쳐 구성되고 있는가를 먼저 알아봄으로써 제주학의 전망을 말할 수 있을 것이다.

제주학은 지역학의 한 양상이지만, 기왕의 지역학에서 지역을 취급하는 국지적이고 부분적인 논의를 넘어서야 할 단계에 와 있다.

지역조사연구의 분과학문적, 실증적, 통계학적 경향 또한 지역의 의미를 해석하고 설명해야 하는 단계가 아니다. 자료학은 모든 지역학의 바탕이 되어야 한다. 그럼에도 그 자체로 지역학을 대신할 수 없다. 문화인류학의 민족지(ethnography)에 연원한 민속학은 잔존문화연구에 한정된 시야에서 벗어날 필요가 있다. 도시와 마을의 현실문화에 대한 민족지학적 기술로 이어질 때 지역학으로의 확장이 가능한 것이다. 잔존문화연구는 자주 향토사 연구의 지방주의(localism)와 결합하기도 한다. 지방주의의 한계는 주체로 환원되는 시각에 있다. 타자와의 교섭과정에 대한 관심의 확대가 필요하다. 기왕에 전개된 제주학은 연구 자체가 주목하는 분야들—정치, 경제, 사회, 문화, 공간, 시간, 정체성 등—에 초점을 맞추면서 각기 개별주제에 집중되어 있다. 이러한 현상은 앞으로도 한동안 계속될 것이며 제주에 대한 부문연구의 과제가 여전하다는 점에서 연구 영역 간의 연계를 고려하면서 심화될 필요가 있다. 어떤 의미에서 다양한 시각을 지닌 연구자들의 제주를 이해하는 방식들에 대한 소통과 만남이 요긴하다. 각각의 시각에 제한되어 있는 관점을 통합하는 학제적 연구 방법을 모색하는 일이 경주되어야 할 시점이다.

　제주를 설명하기 위한 새로운 설명틀은 제주의 역사적 경험들을 해석하면서 제주의 현재와 미래를 조망할 수 있는 방식을 만드는 일과 다르지 않다. 이는 21세기 제주학이라는 문제의식에 상응한다. 20세기 말 진행된 세계화 혹은 전지구적 자본주의는 제국과 식민, 국민국가 내의 중앙과 지방 등 이항대립을 넘어 보다 큰 틀에서 지역을 바라볼 것을 요구한다. 이러한 점에서 식민지 수탈론의 제주연구와 지역불균등(균형) 발전론의 제주연구는 일방의 편향을 지니는 것으로 보인다. 제주라는 국지적인(local) 공간이 형성되고 발전하는 과정에는 국가적(national), 지역적(regional) 문제가 중첩적으로 개입한다. 따라서 제주라는 지역이 지닌 기억과 경험의 역사에 대한 바른 이해가 요긴하다. 제주학은 기원의 탐라국에서 국가 복속을 거쳐 자치도로 성장하는 경로들을 추적해야 하고 제국과 국가에 의해 변화되어온 과정을 서술해야 한다. 또한 근대 국가체제를 넘어서려는 21세기 현재의 시점에서 정치, 경제, 문화의 층위가 상호 연동된 제주의 지역적 성격을 따져야 한다. 특히 문화와 공간은 21세기 새로운 탈근대 도시(post-modern city)를 창안하는 일에 가장 중요한 개념들이다. 경우에 따라 초국적주의(transnationalism)가 개입하는 방식에 대한 논의도 필요하다.

새로운 제주학은 1)문화인류학의 자국인류학으로의 전회(도시민속학, 민족지적 방법의 지역연구) 2)문화연구의 통합적(학제적) 경향 3)장소와 공간의 문화정치학 4)세계체계론과 지역적 세계체제론의 비판적 지역주의론 5)해역세계론과 해항도시 네트워크론 등을 수용할 필요가 있다. 이러한 방법들을 통하여 제주학은 오늘의 시점에서 역사적으로 형성되고 변화되어온 제주의 의미를 다층적으로 규명하면서 내일의 지역으로 나아가는 전망을 제시하여야 한다. 제주의 미래상은 과거나 현재와의 단절을 의미하지 않는다. 이는 공간에 누적된 의미들을 새롭게 재해석하는 과정에서 그려질 수밖에 없다.

해역세계 시좌의 제주학 방법론

비판적 지역주의

지역주의론은 지역 간의 차별과 소외라는 사회적 모순 상황에서 형성되는 담론이다. 80년대의 반민주적 상황에서 지역사회학 등의 영역에서 이론적 전망과 실천 계기를 보였다. 민주화 이후의 한국사회에서 지역주의론이 가지는 위상의 변화를 생각할 수 있다. 냉전체제 와해 이후의 전지구적 자본주의는 지역문제를 재인식하게 한다. 세계자본주의의 반(半)주변부에 속한 한국사회가 빠른 속도로 세계 시스템에 흡수되는 것은 피할 수 없는 일이며, 이와 함께 안으로 중심부에 자본과 권력이 집중되는 것은 당연하며, 주변부 지역의 소외 현상은 그 어느 시기보다 두드러지게 된다. 전지구적 자본주의는 주변부적 다양성, 지역적 다양성을 규격화하거나 표준화하여 모든 사회 체계와 문화를 동질화하려 한다. 사회 전체에 대한 효율적인 관리를 목표로 하는 사회 시스템이 형성되면서 중심부의 비대화와 주변부의 빈곤화라는 양상이 뚜렷해지고 있는 것이다. 새로운 지역주의는 중심부 중심의 사회 시스템에 저항하면서 새로운 사회 시스템을 창안하고 실천하는 방향으로 나아가며 문화적 다양성을 지키고 보존하려는 '반-시스템 운동'(I. 월러스틴)이 된다. 문화적 다양성은 근본적으로 생명의 다양성에서 유발되는 것이므로 신지역주의는 생태환경을 지키고 보전하는 생태-시스템 실현 운동과도 연관된다.

새로운 지역주의는 먼저 기존의 지역중심주의 혹은 지방주의의 극복을 전제한다. 지역중심주의 혹은 지방주의는 중심과 주변의 마니교적 이원론과 연관된다. 중심의 특권적 시선에 의해 지방은 자주 차별된 표상으로 그려지고 중심에 반발하는 지방의 심리는 그 이율

배반적 정념으로 크게 왜곡되고 있다. 중심과 주변은 서로 다른 심상지리를 포지하며 중심은 스스로 대표성과 일반성을 견지하고 주변부는 예외성과 특수성을 인식한다. 중심의 문화표상과 지방의 문화표상이 다르다는 분열적 문화 경험의 가장 직접적인 원인을 자본과 권력의 중심 집중에서 찾을 수 있지만 이에 못지않게 경험을 배타적으로 적용하는 지방주의가 원인이 되기도 한다. 지방주의는 중심주의와 더불어 중심과 주변의 이원론을 강화하고 지속하는 공범 관계를 형성하고 있다.

새로운 지역주의를 이해하기 위하여 스케일의 관점과 세계체계의 프랙털 구조에 대한 이해가 요구된다. 스케일의 관점은 영역을 이해하는 다층적인 인문지리학적인 시야를 의미한다. 국가중심의 스케일은 서울과 지방, 중심과 주변의 위계화를 불러오고 지방 또한 일국 내 종속 단위로 논의된다. 다중 스케일의 관점은 지방적인(local) 것, 국가적인 것(national), 지역적인 것(regional), 세계적인(global) 것이 상호 연관되는 양상을 이해하게 하며 지방성(locality)을 재해석하게 한다.

제주학의 입장에서 지방적인 것이 국가적인 것을 넘어 지역적인 것과 상호 연관되며 세계적인 것과 관계를 맺는 방식에 대한 연구는 국민-국가 내의 '변방'이라는 관점이 지닌 한계를 극복하게 한다. 중심과 주변들의 관계는 중층적인 복잡성을 지니며 마치 프랙털과 같이 부분들과 전체의 다층적인 연관성을 드러낸다. 새로운 지역주의는 중심의 시점에서 그려진 심상지리와 주변의 시점에서 그려진 심상지리의 비대칭적 이항대립에서 벗어나 주변과 중심의 다층적인 연관을 사고하는 새로운 심상지리를 그려가야 한다. 지역주의의 원근법과 세계화의 원근법[2]은 네오내셔널리즘을 넘어서 차이를 포함한 네트워크를 지향하게 한다. 새로운 지역주의는 지역적이고 전지구적인 '인식지도그리기'와 연관된다. 이는 우리가 어떻게 지역과 세계(지방-국가-지역-세계)를 분절하는지를 보여주며 지방적인 것과 세계적인 것을 연계시키는 방식을 제공한다. 새로운 지역주의는 '로컬'이라는 층위를 재인식하고 국가중심적 틀을 넘어서 사유하는 방법적인 모색이다. 로컬은 몸(body), 가족(family), 사회(community) 등의 차원에 해당하지만 더 큰 스케일인 국가적, 지역적, 세계적(지구)적 영역을 따라 중층적으로 확장된다. 로컬의 장소는 세계의 나머지와 맺는 관계를 통해서 이해되는데 이러한 과정이 시공을 가로지르는 상상력의 힘(teleopoiesis)을 요구한다.

새로운 지역주의는 아리프 딜릭(Arif Dirlik)이 말한 비판적 지방주의(critical localism)[3]라 할 수 있다. 비판적 지방주의는 일국적 수준의 논리로 등장한 지방주의(지역 중심주의)나 지역불균등론과 달리, 전지구적 시스템과의 연관에서 지방을 인식한다. 비판적 지방주의에서 지방은 새로운 가치 생성의 공간이며 전통적인 의미인 소외를 나타내는 표지이기보다 새로운 의미에서 창조를 가능하게 하는 진지라 할 수 있다. 비판적 지방주의에서 지방은 전통과 근대, 식민성과 근대성, 문명과 자연 등의 제가치들이 혼재한 장소이며 서로 양립하는 가치들이 종합되는 가운데 형성되는 가치들이 발생하는 공간이다. 일국적 수준을 넘어 전지구적 자본주의라는 세계체제의 전망을 지닌 비판적 지방주의는, 자기비판을 가장 중요한 계기로 앞세우는 한편 타자비판으로 이행하는데, 이와 같은 비판의 양날로써 담론의

---

2) 강상중·요시미 슌야, 임성모 외 역, 『세계화의 원근법』, 이산, 2004, p.71.
3) A. Dirlik, *The Postcolonial Aura*, Westview Press, 1997, p.85.

합리성을 견지한다. 비판적 지방주의는 지방이야말로 약속의 땅이자 새로운 이념이 발상하고 퍼지는 전도의 공간이라 생각하며 지방 수준의 역사와 행위가 일국적 사회 시스템 변혁에서부터 세계체제의 개편을 요구하는 방향으로 연결된다고 인식한다.

동아시아 지중해론과 아시아 지중해론

브로델의 지중해론은 지역주의(regionalism)와 해역세계론을 형성하였다. 지역주의는 국가중심에서의 세계를 국가 간 체제로 나아가게 하였다면 해역세계론은 육역이 아닌 해역의 시점에서 세계를 이해한다. 유럽의 지중해론에 빗댄 동아시아 지중해론과 아시아 지중해론은 한반도와 제주를 다른 시야에서 볼 수 있는 계기를 제공한다.

윤명철의 동아시아 지중해론[4]: 윤명철은 반도사관을 비판하고 해륙사관을 제출한다. 그는 반도사관은 논리적으로 모순이 있고, 실제와 맞지 않을뿐더러 학문외적인 의도가 개입돼서 만들어진 정치적 구호일 뿐이라고 주장한다. 동아시아의 역사상은 역사 활동의 터와 단위를 대륙과 반도, 해양이 유기적으로 연결된 해륙적 시스템으로 파악하고, 소외되었던 해양의 위상과 역할을 재인식해야 한다는 것이다. 이러한 관점에서 그는 동아지중해(East Asian Mediterranean Sea)라는 모델을 설정한다.

지중해는 일반적으로 2, 3개의 육지로 둘러싸여 해양으로서는 독립성을 결여하였으며, 일반의 해양과는 다른 성격이 있다. 지중해는

---

4) 윤명철, 『해양사 연구방법론』, 학연문화사, 2012 외 여러 저서 참조.

육지질서와 해양질서를 공유하고 있다. 각국이 내해를 공유하고 있으며 연안이 여러 나라로 갈라져 해양에 대한 이해관계가 예민하여 해역지배권의 대립을 둘러싼 갈등이 벌어진다. 또한 이동성이 강하고 국경이 불분명하므로 힘의 균형이 질서구축의 축이 된다. 그리고 비조직적이고 불연속적인 교섭상의 특성으로 인하여 정치·군사보다는 교역·문화 등의 이해관계를 중시한다. 물론 각각 다른 종족과 문화, 국가와 경제형태가 모이는 공간이므로 활발한 상호교류와 함께 정치집단의 갈등도 심각했다. 동아지중해는 다른 해양환경이나 해역과 비교할 때 몇 가지 특성을 지니고 있다.

1)자연환경: 이곳은 바람이 계절에 따라 일정한 방향을 띠는 계절풍 지역이고 해류의 흐름도 늘 일정한 방향성이 있으므로 해양교류에도 이러한 모습이 반영되고 있다. 또한 육지와 육지 사이의 거리가 가깝고 특히 황해는 내해이므로 교류가 용이하고 활발했다. 해양환경을 둘러싼 육지환경도 다양하여 초원유목문화, 수렵삼림문화, 화북농경문화, 강남 해양농경문화, 한반도문화, 일본열도와 동남아 남방문화 등이 만나고 다른 종족들이 바다를 매개로 자주 접촉하였다. 정치·군사적인 면에서 기마병을 동원한 유목종족과 보병을 위주로 하면서 수군을 활용한 농경민의 대결양상을 띠었다. 동아지중해 지역은 권력을 수반한 힘의 질서에 있어 편중성을 지닌 경향을 보인다. 중국 지역이 중심부이고 한반도를 거쳐 일본열도에 가면서 점점 주변부화한다. 그러나 문화는 이와 달리 서로 영향을 주고받는다. 바다를 가운데 두고 바다 주변의 주민과 문화는 상호영향을 주는 환류 시스템을 이루고 있다.

2)해양환경: 바다에는 지역 간의 해양교통을 원활하게 해주는 분자로서 해류와 조류, 바람이 있는데, 특히 동아시아의 해양문화환경

에 영향을 미친다. 해류에는 쿠로시오와 그 본류에서 갈라져 나온 지류들이 있다. 동중국해에는 쿠로시오 외에 규슈 서안의 쿠로시오 분파가 있고 이 해류에서 갈라져 황해 중앙부로 북상하는 것과 겨울에는 중국해안을 남하하는 한류가 있다. 그런데 황해, 동중국해의 해류는 바람의 영향, 중국대륙으로부터의 하천수 유입량의 변화 등에 의하여 변화가 많다. 해류의 흐름은 인간을 일정한 장소에서 일정한 장소로 이동하는 데 도움을 준다. 때로는 의지와 무관하게 인간과 문화의 이동을 가능하게 한다.

그런데 연안항해에서 해류보다 중요한 역할을 하는 것이 조류이다. 특히 한반도의 서남해안과 중국의 동해안은 조류의 흐름이 매우 빠르고 방향의 지역적인 편차가 심하다. 조류의 움직임은 고대에는 황해나 남해안에서 절대적인 영향을 끼쳤을 것이다. 한편 해양환경 가운데 바람은 절대적이다. 보통 해류의 영향을 강조하는 경향이 있지만, 해류도 폭풍 등 바람의 영향을 받는 경우가 많다. 연안항해는 물론 근해항해와 원양항해에서 바람을 이용하는 것은 거의 필수적이다. 바람은 표류 등에 의하여 우발적인 교섭을 낳고 지속적으로 접촉하는 계기를 만들어 문화의 교섭, 역사적인 사건을 발생시킨다.

특히 계절풍은 일정한 방향성이 있으므로 체계적으로 활용할 수 있다. 동아시아는 계절풍 지대이다. 백제의 대중교섭, 왜의 신라침입, 발해의 견일본사, 일본의 견발해사, 경당사 등은 계절풍을 이용하고 있다. 봄에서 여름에 걸쳐 부는 남풍계열의 바람은 중국 남부해안과 한반도 혹은 일본 열도와의 교류를 가능하게 한다. 반면 가을에서 겨울에 걸쳐 부는 북풍계열의 바람은 한반도 북부와 중국의 중부 혹은 남부해안의 교류를 가능하게 한다. 남풍계열의 바람은 일본열도에서 한반도로의 교류를, 북풍계열의 바람은 한반도에서 일본열도의 남부와 서부해안관의 교섭을 가능하게 한다.

프랑스와 지뿌로의 아시아 지중해론(Asian Mediterranean)[5] : 그는 황해를 포함해 남중국해, 술루해, 셀레베스해의 해분들을 연결하고 해항도시로 치면 블라디보스토크에서 싱가포르에 이르는 해양회랑(maritime corridor)을 아시아 지중해로 설정한다. 그가 아시아 지중해라는 해역을 설정하고 주목하는 이유가 무엇일까? 이는 국가적 경계나 국민국가의 범위를 벗어난 글로벌 해항도시들을 핵으로 하면서 트랜스내셔널한 지역을 설정하고자 하는 것이다. 그는 아시아를 국가에 의하지 않고 해항도시를 통해서 설명하려 한다. 국가에 덜 포섭되거나 저항하기도 한 해항도시들과 해항도시들 간의 네트워킹이라고 할 수 있는 연관, 제휴, 관계, 관행에 주목한다. 이러한 그의 설명틀은 역사적인 사례들을 전제한다. 1)지중해와 해양공화국들, 2)발트해와 한자동맹, 3)남중국해의 해상왕국과 도시국가.

프랑스와 지뿌로가 아시아 지중해를 설명하기 위하여 예를 든 시기는 13세기부터 21세기에 이른다. 이는 16세기에서 18세기에 유럽에 의해 만들어지는 특수한 근대세계체제를 포괄한다. 16세기 이전 아시아 지중해를 이해하는 방식은 조공제도이다. 그러나 그는 송원(宋元) 시대의 조공무역이 중국, 안남, 캄보디아, 자바, 일본, 부르나이, 고려 등 아시아인들은 물론이고 인도, 무슬림, 유럽 상인까지도 포함하며 아시아적 해양질서를 지닌다고 설명한다. 이 시기에 비공

---

5) F. Gipouloux, *The Asian Mediterranean: Port Cities and Trading Networks in Chnia, Japan and Southeast Asia, 13th-21st Century*, Edward Elgar, 2011. 지뿌로에 대한 소개의 글은 노영순, 「아시아의 지중해: 13세기~21세기 중국, 일본, 동남아 해항도시와 교역네트워크」, 『해항도시문화교섭학』 8권, 한국해양대 국제해양문제연구소, 2013 참조.

식적 무역, 사무역, 심지어 해적무역을 통하여 아시아의 해역 시스템이 가동되고 변화한 것이다. 그는 이러한 설명을 위하여 아시아의 해항도시들을 해역의 형성과 지속의 주체로 간주한다. 지중해의 해양공화국과 발트해의 한자동맹은 그의 해설을 뒷받침하는 틀이 되는데 7세기부터 14세기까지 수마트라의 스라비자야 왕국, 1511년 포르투칼에 의해 점령되기 전 15세기의 말라카, 15세기부터 17세기까지 일본과 중국의 주요 교역지가 되었던 류쿠섬의 나하, 오사카만에 위치한 일본의 항시 사카이, 1661년부터 1663년까지의 강력한 상인가문인 정씨 지배하의 타이완 등은 해역의 네트워크를 이룬 사례들로 제시되고 있다. 이처럼 아시아의 해항도시들은 사회 경제적인 자율성을 지니고 해역 네트워크를 이루었다. 하지만 서구 제국주의의 도래와 함께 위축되고, 이후 국민국가의 국민경제 속으로 편입되고 만다. 그렇지만 21세기 세계화는 다시 아시아 해항도시가 자율성을 회복하고 일정한 해역의 주체로 부상할 수 있는 가능성을 열고 있는 것이다.

해역세계와 해항도시 네트워크론

하마시타 다케시의 바다의 아시아론[6]: 바다가 지구 표면적의 72%라면 지구가 아니라 수구 또는 해구라는 표현이 적합하다. 고대부터 아시아의 바다는 유라시아 대륙의 동쪽 끝인 동중국해에서 동남아시아 해역과 인도양, 홍해를 거쳐 아프리카 동쪽 해안선까지 지구 둘레의 3분의 1 이상을 차지하며 바다가 지닌 가치를 지속적으로 육지에 제공해왔다. 이러한 점에서 바다의 아시아라는 패러다임이 제시

---

6) 하마시타 다케시 외, 김정한 역, 『바다의 아시아』 1권, 다리미디어, 2003.

될 수 있다. 하마시타 다케시는 이러한 패러다임이 세 가지 메시지를 지닌다고 주장한다.

1)아시아와 세계, 자연, 역사, 문화의 관계를 바다라는 관점에서 재조명할 수 있다. 2)그동안 육지 중심으로 바라본 아시아에 대한 이해를 바다를 중심으로 재해석할 수 있다. 바다라는 관점에서 아시아를 볼 때 지금까지의 유럽상이나 동서관계론은 수정이 불가피하다. 3)바다와 육지의 환경구조를 연구하려는 의미를 지닌다. 아시아의 바다는 해류와 계절풍을 특징으로 하며, 이 해류와 계절풍이 사람들의 생활방식에 많은 영향을 주었다. 또한 아시아의 모든 해역은 서로 연관되어 있으며 육지와도 관계되어 있어 바다와 육지가 역동적인 상호관계를 만들어왔다. 이러한 점에서 해역과 해역이 관련된 지역들이 서로 역사적인 연속성을 가지면서 동시대적이라는 사실을 고려해야 한다.

그런데 근대과학은 넓은 의미에서 국가의 안녕과 국익이라는 현실성에 기초하여 개별 국가에 봉사하는 국학(國學)이라고 할 수 있다. 반면 해학(海學)은 국학에 의해 제한된 영역을 초월하여 국가의 범위를 상대화시킨다. 또한 국익을 기본으로 하는 해양국가의 관점에 경종을 울리고 인류사의 관점에서 지구와 지구 환경에 대해 종합적으로 생각하는 지구론을 목표로 한다. 바다라는 공간은 광역 지역을 구성하는 다문화, 다민족, 다권력의 상호관계를 형성시켰으며, 대량의 물자나 인원 수송이 가능하게 되었다는 것이다. 바다를 중요한 주체로 인식했던 동아시아는 다민족, 다문화, 다지역으로 구성된 하나의 정치 공동체이다. 이 지역이 지닌 다원성은 여러 지역과 함께 어우러져 해역의 역동성을 창출해왔다. 한편 섬들은 영역으로 스스로를 표현하기보다 해역의 다른 섬들과 네트워크를 형성함으로써 스스로를 유지시켜왔다. 하지만 국가라는 상위 개념이 설정되면서 섬 자체도 국가체제를 정비하게 되었고, 바다의 시점에서가 아니라 육지의 연장으로서 해역을 분할하고 권위와 권력이 섬을 장악하게 되었다. 그러나 바다가 역사 속에서 인간 사회와 다양한 관계로 복잡하게 얽혀 있고, 네트워크로서의 기능을 해왔다는 점을 인식할 때 국가와 바다의 관계는 결코 단순하지 않다. 한편 하마시타 다케시는 해역세계가 세 가지 요소로 복합적으로 구성됨을 주장하고 있다.

1)연안 지역으로 바다와 육지가 교섭하는 지역과 해역, 2)연해의 해역 지역을 구성 요소로 하여 형성된 환해(環海) 해역 세계: 이곳에는 해역을 중심으로 그 가장자리에 교역항과 교역 도시가 형성되어 있음 3)해역과 해역을 잇는 역할을 담당하기 위해 형성된 항만 도시: 동중국해와 남중국해를 매개로 하여 서로의 해역을 연동시켜 보다 다각적이고 광역적인 해역 세계를 만드는 데 큰 역할을 했던 류큐의 나하와 광둥의 광저우, 마카오 그리고 19세기에 들어와 이 도시들을 대신한 홍콩 등.

1)연해(沿海) 2)환해(環海) 3)연해(連海)에 의해 성립된 해역 세계는 육지와 달리 다원성, 다양성, 포괄성을 지닌 개방적이고 다문화적인 세계이다. 하마시타 다케시의 해역 세계론에서 주목되는 대목은 섬에 관한 관점이다. 그는 해양의 관점에서 섬은 항만이며 이동과 집산이 활발한 네트워크 센터라고 주장한다. 섬들은 서로 연관성을 지니며 도서 네트워크를 형성하면서 교역과 이민을 활성화한다. 예를 들어 류큐의 나하를 중심으로 한 배후 해역 관계는 동쪽으로는 태평양 제도, 북쪽으로는 규슈에서 한반도, 또는 규슈에서 서일본으로 이어지고 있으며, 서쪽은 푸젠성 푸저우를 중심으로 하는 화

남 연해 일대, 남쪽으로는 타이완 동부에서 필리핀에 이르는 경로의 동쪽 선으로, 또는 타이완 해협을 지나 동남아시아에 이르는 경로의 서쪽 선으로 한다. 그럼에도 지금까지 섬 지역의 역사는 변경사, 주변사로 취급받아왔다. 이에 대하여 하마시타 다케시는 두 가지 이유를 들고 있다.

1)국가 영역에서 균일성과 균질성이 이념으로 강조될 때 주변 지역, 특히 섬 지역은 다른 지역 특히 본토와의 차이에서 후진성이 지적받았다. 2)국가의 중심성, 중앙성, 구심성이 강조되고 목표가 된 결과, 주변 지역이 유지되고 있던 독자성은 균질화의 대상이 되기보다 오히려 중앙에서의 원조나 보조의 대상이 되어버린 주변 정책사에 기인한다.

여기서 하마시타 다케시는 "하지만 주변사나 변경사를, 중심에서가 아니라 그 자신의 시점에서 본다면 어떠한 역사적 견해가 발생할까?"라는 질문을 던진다. 주변이나 변경은 다른 문화와 접촉하며 상호 교류의 장을 구성하고 있으며 다른 문화와 교섭의 장을 형성한 개척자라 할 수 있을 것이다. 이러한 관점에서 그는 바다 주민과 육지 주민의 교섭과 충돌이 일어난 장을 '사무역·왜구적 세계'라 지칭한다. 이는 해역을 이용한 교역 네트워크의 가장 밑자리를 형성한다. 그에 의하면 해역세계에서 관의 통치와 민의 활동은 다섯 층위를 구성한다.

〈해역통치의 다층 구조〉

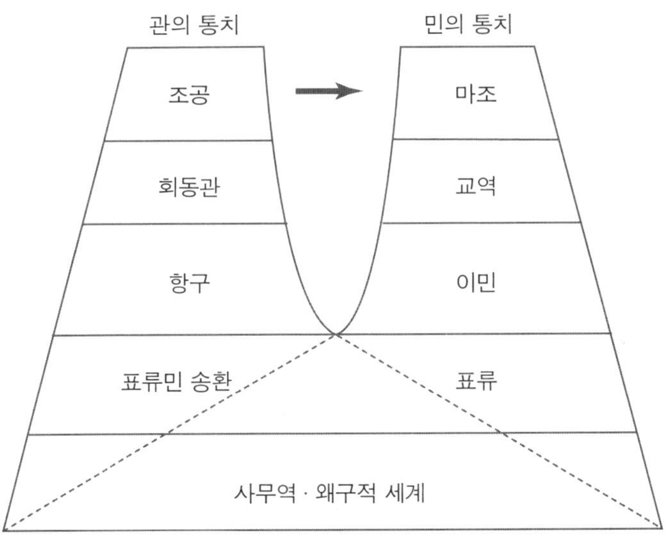

하네다 마사시의 해역세계와 해항도시론[7]: 하네다 마사시는 21세기를 시작하면서 세계화하고 변화무쌍하며 상호 연결된 세계의 현실에 타당하고 부합하는 새로운 세계사 모델로 1990년대 이래 제시된 해역세계라는 개념을 강조한다. 그는 특히 17세기와 18세기 복수의 아시아 해역세계에서 활동한 많은 행위주체들에 관심을 기울인다. 이 당시 유럽에서 온 사람들은 아시아 해역에서 활동한 여러 집단 가운데 하나에 불과한 것이다. 해역세계란 그 중심에 바다를 가진 권역을 의미한다. 종족적, 사회적, 문화적, 환경적 단층들은 항상 정치적 영토와 일치하지 않는다. 이러한 점에서 해역세계란 국민국가라는 딱딱한 틀에 비해 외부로 넓게 열려 있는 느슨한 지리적 단위이

---

7) Haneda Masashi, *Asian Port Cities 1600-1800*, Nus Press Singapore, 2009.

다. 이것은 역사가들이 온갖 종류의 이문화간 접촉과 다양한 경제와 문화 활동에 대한 정치권력의 영향을 검토하고 분석하고 종합해야 하는 일종의 작업장이다. 여기서 각각 특정한 특징들을 가지고 있지만 모두가 복잡한 방식으로 상호 연결되어 있으며 태평양, 지중해, 대서양 해역세계들과 연결된 아시아 바다의 몇몇 해역세계들을 가정할 수 있다. 이는 특정한 해역세계의 연대기적 역사를 기정사실로 받아들이는 일과 무관하다. 해역세계라는 틀을 이용하여 과거를 바라보는 것은 강력한 국가사 서사(national history narrative)를 상대화하는 효과적인 수단이며, 사람들의 삶과 활동을 특정한 민족의 경계로 제한하지 않으면서 조명해보는 효율적인 수단이다. 하네다 마사시는 그동안 전개된 해역세계론이 아시아 해역세계를 단일한 지리적 단위로 다루고 있는 데 대하여 비판한다. 그는 이분법을 경계하면서 지중해 해역세계에 대한 비교에 만족하지 않고 "해로로 서로 연결되고 관련을 맺는 이웃한 나라들을 가진 지리적, 지정학적 영역 내에서 교류의 역학을 특징짓는 것으로"(앙겔라 쇼텐 함머) 해역세계의 개념을 받아들인다. 다시 말해서 그에게 해역세계는 폐쇄적인 지리적 범위를 가정하지 않는 데서 의의를 가진다. 따라서 항상 세계사와의 연관 속에서 분석되어야 하는 것이다. 이러한 점에서 그는 분석의 대상을 해항도시들로 삼는다.

　해항도시는 세계의 도처에서 발견되는 도시 유형이다. 기차와 자동차, 항공기의 시대 이전에 해항도시는 중요한 정치적 중심지였고 지역경제의 허브였으며 해외와 국내 문화들의 용광로 속에서 새로운 예술과 사상과 기술이 발전하던 장소였다. 한 해항도시는 한 나라에 속하지만 동시에 자신과 접하고 있고 자신을 외부세계와 연결하는 해역세계에 속한다. 해항도시는 자신이 속한 나라의 지역문화를 표현하지만 또한 그것은 외국인과 외국문화의 존재로 인해 그 나라의 사람들에게 낯설어 보이기도 한다. 해항도시는 온갖 이문화가 교류하는 곳이며, 당연하게도 역사가들과 다른 인문과학과 사회과학 학자들에게 커다란 관심의 대상이 된다. 이러한 관점에서 하네다 마사시는 아시아 해항도시들에서의 이문화 간 접촉이 갖는 여러 측면들을 비교하였다. 그리고 주요 분석 테마로 다음과 같이 여섯 가지를 삼는다.

1)해항도시에서 동인도회사 소유 요새와 상관의 위치와 소유권 그리고 건축적 특징들, 2)유럽인과 해항도시 지역민 사이의 의사소통, 3)무역방법과 다양한 절차들, 4)유럽인의 이해관계를 대표하는 유럽회사들의 상관들과 각자 통치자의 지배를 받던 지역 토착민이 연루된 분쟁과 사고들의 법적 해결방식, 5)남자와 여자 사이의 관계, 특히 유럽인과 같은 외국인 남자와 토착민 여자 사이의 관계와 해항도시에 타종족 출신 부모를 가진 아이들의 사회적 지위, 6)사람들의 일상생활과 관련된 것들, 아시아 해항도시들에서의 문화교류들, 즉 외국의 의복, 음식, 기술, 예술 그리고 생각(종교, 사상을 포함하여)의 수용 또는 거부.

그의 분석은 주로 동인도회사를 매개로 한 유럽인과 아시아인들 사이의 문화교섭(cultural interactions) 과정이다. 하지만 그의 분석 툴은 해역의 해항도시와 섬의 문화교섭 양상을 분석하는 데 활용될 수 있을 것이다.

해역세계 시좌의 제주학의 과제

제주와 제주민의 정체성을 해역세계와 연관시켜 '해민'의 공간 혹은 '해민정신'의 세계로 이해한 이는 송성대, 고용희, 주강현, 이영권 등이다. 송성대(송성대, 『제주인의 해민정신』, 제주문화, 1996.)는 육역 사회와 해역 사회의 차이를 다음과 같이 제시한다.

육역 사회	해역 사회(제주)
동족취락의 족당사회	혼성취락
논농사지대 문화	개인 능력이 생산량을 좌우하는 해민문화
빈부격차가 뚜렷한 소강사회	상대적으로 자유롭고 평등한 개체적 대동사회
선비정신	해민정신

송성대는 해민정신(seamanship)을 제주 정신문화의 재창조(르네상스)를 의미하는 것으로 재문맥화한다. 해민정신이 곧 제주정신, 제주이즘이며 이는 곧 개체적 대동주의로 요약될 수 있다는 것이다. 송성대의 해민정신론은 해역세계 시좌를 전제하고 있음에 틀림이 없다. 그가 글로컬리제이션 시대에 상응하여 해민정신의 의의를 강조하고 있다는 점에서 다중적 스케일을 염두에 두고 육역과 다른 인식을 보인 것이라 하겠다.

고용희(고용희, 『바다에서 본 탐라의 역사』, 각, 2006)는 제주를 "횡적인 사회구조를 기조로 하는 해양문화국가"에 연원한다고 말하고 있다. "탐라의 역사라고 하는 것은 횡적인 사회구조를 기조로 하는 해양문화국가의 역사이다. 그들은 광활한 해역에서 역동적으로 모험하며 다양한 문화와 접촉하면서, 재화를 획득하고 자유를 위해

투쟁한다. 그러므로 종적이며 통제적인 내륙 국가 문화와는 필연
적으로 충돌하기 마련이다.”“탐라는 태고의 시대로부터 바다를 통
하여 세계의 여러 나라와 교통하였던 위대한 해양국가였다.”“탐라
의 역사는 조선 유교의 사슬에 얽매인 역사관에서 벗어나 세계사의
큰 맥락에서 접근해야만 역사의 진실에 가까워질 수 있다.” 고용희
의 제주사 인식은 “바다에서 본” 해역세계의 시좌에 의한 것이라 할
수 있다. 그는 해양국가 “탐라”의 교역과 교류에 대하여 탐문하면
서 조선시대의 위축된 제주를 넘어서 21세기 해역세계 속의 제주를
대당한다.

주강현은 고대 제주에 대한 재인식을 통하여 현재의 제주를 다시
이해하자고 제안한다. ‘서복 이야기’(『삼국지』와 『후한서』)를 통하여
중국-제주-일본을 잇는 고대의 바닷길을 알 수 있어 고대 제주는
변방이 아니라 ‘해양세계의 징검다리’였다. 탐라는 한나라와 교역하
고(『삼국지』와 『후한서』 동이전) 당에 조공사신을 파견한(『당회요』) 소국
가였다.

이영권은 ‘국사’라는 국가주의 혹은 중앙주의의 역사가 아니라
지방의 역사를 지방의 시각으로 서술할 것을 주창한다. 이는 앞서
말한 ‘비판적 지방주의’와 맥락을 같이 한다고 할 수 있다.

“지방의 역사는 교과서의 역사와 많이 다릅니다. 교과서에서 가
르치는 건 단지 국가권력을 장악한 중앙 세력들만의 역사이기 때
문입니다. 그러기에 그 속엔 일상을 살아가는 사람들의 구체적
삶이 없습니다. 국가 이데올로기에 충실한 역사, 중앙 지배계급
의 입장이 철저히 녹아 있는 그런 역사만이 남아 있을 뿐입니다.
간혹 국사 교과서에 지방 이야기가 등장해도 그것이 지방 사람

들의 삶을 보여주지 못합니다. 그래서 역사는 껍데기만 남고 알 맹이는 죽는 겁니다. 국가라는 허우대는 있는데 속살은 사라져버리는 겁니다.

제가 서울 사람이었다면, 어쩌면 이런 생각까지 하지는 않았을지도 모릅니다. 변방 중의 변방인 제주에 사는 역사 선생이라서 그럴 겁니다. 하지만 우리나라 사람들이 모두 서울에만 사는 것은 아닙니다. 그런데도 왜 학교에선 중앙중심의 획일적인 역사만을 가르치는 것일까요? 지방사람들의 역사는, 그 구체적 삶은 도대체 어디로 가버린 것일까요?"

이영권은 지방민의 시각에서 새로 쓰는 지방사로서의 제주학이라는 관점을 제시하고 있다. 이처럼 자기를 다시 쓰는 가운데 제주학과 해역세계 시좌가 만나게 된다.

세계화와 로컬리티에 대한 연구의 진전을 수렴하면서 로컬 영역을 바라보는 시각을 먼저 교정하여야 한다. 2000년대에 이르러 전지구적 차원의 세계화와 더불어 지역화가 대안으로 떠오르고 있다. 중심보다 다양한 주변들에 대한 관심이 비등하면서 각 로컬 지역들이 지닌 내발적 역량들이 강조된다. 다시 말해서 중심부로부터 대타화된 지역이 아니라 지구적 관점에서 지속가능한 구체적 장소로서의 지역 개념이 대두한 것이다.

제주는 국가의 주변이 아니라 그 자체로 국가와 세계를 향한 열린 지역이다. 그동안 많은 논의에서 제주는 일국 단위에서 논의되었다. 따라서 지방적인(local) 것이 주된 대상이며 세계적인(global) 것과 지방적 것이 만나는 지역적인(regional) 공간에 대한 논의는 부차적이었다. 제주연구가 지방주의적 경사를 보여왔다.

비판적 지방주의는 로컬리티를 지역주의로 재해석하는 과정이다. 비판적 지방주의의 제주학은 자기중심의 인식을 비판함과 동시에 국가중심의 해석을 극복한다. 이러한 과정에서 해역시점은 새로운 해석지평으로 다가온다.

동아시아 지중해론(윤명철), 아시아 지중해론(F. Gipouloux), 해역세계론과 해역 아시아론-바다의 아시아론(하마시타 다케시) 해항도시 네트워크론(하네다 마사시), 21세기 네트워크 도시(섬)론 등을 통하여 해역 세계의 제주학을 정립할 수 있을 것이다.

18세기 초 제주도의 관아와 성읍, 군사 시설과 지형과 풍물에 대한 여러 도상으로 묶인 김남길의 『탐라순력도』에는 제주도 해역세계에 해당하는 「한라장촉」이 있다. 이 그림은 제주를 가운데 두고 한반도 남해안 일대, 중국의 영파·소주·양주·산동, 일본과 유구, 안남, 말라카 반도 등을 나타내고 있다. 이는 조선후기에 이르기까지 해역의 제주라는 인식이 널리 공유되고 있었음을 시사한다.

해역세계 시좌의 제주학은 제주가 지닌 로컬의 역사적 위상학에 기반하면서 해역세계(maritime world)의 네트워크성에 주목한다. 이러한 네트워크성은 해양을 통한 교역과 교류를 제주학의 기초로 삼는 것을 의미한다. 또한 제주의 역사 속에서 이루어진 다양한 네트워크를 재해석하는 과정을 포함하고 나아가 21세기 '네트워크 섬(도시)'으로서의 제주에 대한 전망을 고찰한다. 해역세계 시좌의 제주학을 새롭게 구성하는 일은 쉽지 않지만 기왕의 연구에서 해역세계 속의 제주에 대한 성과들을 정리하여 체계를 형성할 수 있을 것인데, 이는 다음과 같은 내용을 담는다.

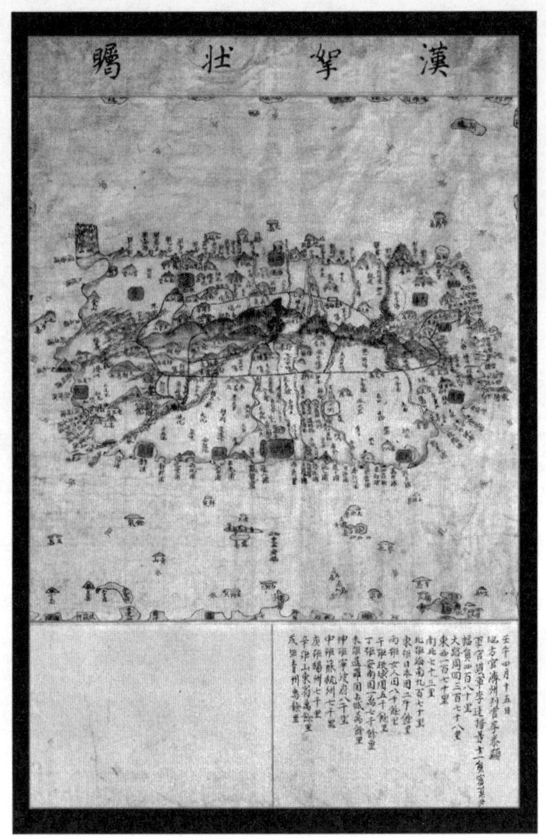

탐라순력도 한라장촉. 국립제주박물관 소장

1) **제주의 역사와 해역세계 연관성:** 해역세계 속의 '탐라'에 대한 이해를 통하여 일정한 준거를 마련하는 일. 탐라국 형성과 소멸의 역사를 통하여 제주가 본디 해역세계 속에서 활동한 해양국가였음을 알 수 있다. 고영희, 주강현, 이영권 등의 연구는 탐라의 영역이 한반도 남해안 지역을 포함하고, 교역의 범위가 중국의 명주와 일본의 구주 그리고 유구(琉球)에 이르렀음을 말한다. 고영희는 "탐라의 역사는

바다의 역사"라고 전제하며 그 증거로 신숙주의『보간재집』에 전하는 내용과『탐라순력도』의 첫머리에 있는「한라장촉」을 증좌로 든다. 신숙주의『보간재집』에 "주의 서쪽은 중국의 명주에 다다르고, 동으로는 일본의 구주에 이르며, 남쪽으로는 유구제도에 통한다"라는 구절이 있고,「한라장촉」은 한라산을 중심으로 바다의 주변에 안남, 교지, 말라카, 영파, 소주와 항주, 영파 등을 그리고 있어 해역세계의 제주에 대한 인식이 조선조에까지 널리 퍼져 있었음을 알 수 있다. 주강현은 "중국-일본-한국사에서" "대만-류큐-제주사로" 탐라 나아가 제주를 해역세계 속에서 이해하자고 제안한다. 이는 앞서 지방사의 재인식이라는 관점과 맞물리면서 민족국가의 틀 속에 갇혀 왜곡된 제주를 다시 보자는 것이다. 주강현의 시각은 "주변에서 보는 동아시아"라는 최원식과 백영서의 시좌와 맥을 같이 한다. "한국의 일반사에 대한 제주사, 중국의 일반사에 대한 대만사, 일본의 일반사에 대한 류큐사가 필요한"데, 이는 곧 해역세계의 역사와 일치한다.

2) **해역세계에서의 교역과 교류**: 교역과 교류의 역사적 사실을 알리는 자료는 많지 않지만 이를 정리할 수 있다. 전근대 일본과 중국 그리고 동남아와 제주의 교역에 대하여 검토하는 일. 제주는 탐라 형성기부터 해역을 통하여 교역과 교류를 지속해왔다. 문헌과 유적과 유물은 한반도 남해안과 중국과 일본 등 다양한 루트의 문물이 유입되었음을 전한다. 탐라 형성기 이전 제주도를 지칭하는 주호(州胡)가 한반도와 중국을 배를 이용하여 교역하였다. 삼양동에서 출토된 유물들은 제주가 한반도 서해 남부의 연안 항로를 중심으로 중국 또는 낙랑, 대방, 삼한, 왜 사이에 이루어진 교역에 참여하였음을 보

여주고 있다. 탐라 시기의 제주는 신라와 고구려 그리고 중국과 교역하였고 이는 통일신라와 고려 시대까지 지속된다. 사방 어느 거리에서나 항해 지표로 삼을 수 있는 제주는 해양 교류사에서 중요한 의미를 갖는다.

3) **해역세계에서 파생된 표해와 표류의 역사**: 제주가 지닌 해역세계적 위상을 살피는 데 유익하다. 제주에서 다른 지역으로의 표류와 여타 지역에서 제주로의 표류는 잘 알려지지 않는 근대 이전의 교역의 루트를 이해하는 보조 자료가 되고, 표류민 처리를 둘러싼 해역세계 여러 지역의 장치들을 통하여 해역네트워크를 알 수 있다. 이러한 점에서 하멜의 표류를 적극적으로 해석할 필요를 느낀다. 그는 동인도회사 직원일 뿐만 아니라 동아시아 지중해에서 나가사키 중계 무역을 이야기하는 기호이다. 항해와 표류는 해역세계에서 일어나는 두 가지 양상인데 제주는 동아시아 해역세계의 한 결절지가 된다. 신화와 전설이 전하는 해역세계와의 상관성은 탈해왕 신화, 연오랑 세오녀 전설, 허황옥 전설 등 한반도 도처에 있다. 하지만 표해와 표류 이야기가 제주만큼 많지 않다. 제주 신화와 전설이 전하는 표류 이야기는 개국 신화에 등장하는 벽랑국의 세 공주(『고려사』)와 제주 신들의 총 본산격인 송당 본향당의 금백조 여신과 그의 아들, 어부들에게 풍요와 구원의 신으로 신앙되는 영등할망 등 많은 신들이 표류를 통하여 제주를 오가고 그를 통해 신격화되었다. 제주도 바다 저 너머에 있다는 이어도 전설과 김복수라는 사람이 안남에 표착했다가 돌아온 이야기가 담긴 민요인 '오돌또기'[8] 노래도 해역세계

---

8) 오돌또기 민요에 담겨 있는 설화: 임진왜란 무렵 한 어부가 있었는데, 하루는 고
    기잡이를 나갔다가 태풍을 만나 표류하게 되었다. 그는 그곳에서 표류해 온 이란

의 표류와 연관된다.

한국 표해록은 출항과 표류 과정이 제주인 경우가 대다수이다.[9]

출항이 제주인 표해록: 양성, 고석수 등 10명의 표류기(1456,『세조실록』), 김비의, 강무, 이정 등 8명의 표류기(1477,『성종실록』), 이섬, 김효반 등 47명의 표류기(1483,『성종실록』), 최부 등 43명의『최부 표해록』(1488,『해외견문록』), 장회이의 표류기(1499,『연산군일기』), 김기손, 만주 등 12명의 표류기(1534,『중종실록』), 강연공 등 19명의 표류기(1539,『중종실록』), 김여휘의 표해록(1662,『해외견문록』등), 우빈 등의 일본국 표류기(1679,『탐라견문록』), 김대황 등 24명의 표류기(1687,『지영록, 탐라견문록』,「주영」편,『해외문견록』), 고상영 등 24명의 표류기(1687,『탐라견문록』), 강두추, 고수경 등 54명의 일본국표류기(1698,『탐라견문록』), 산해 등 39명의 일본국표류기(1704,『탐라견문록』), 이기득 등 25명의 일본국표류기(1723,『탐라견문록』), 이건춘 등 60명의 일본국표류기(1724,『탐라견문록』), 김일남, 부차웅 등 9명의 유구국 표류기(1726,『탐라견문록』), 고완 등 20명의 일본국표류기(1729,『탐라견문록』), 윤도성 등 30명의 대만표류기(1729,『탐라견문록』), 송완 등 30명의 대만표류기(1729,『탐라견문록』), 장한철의 표해록(1770), 이방익 등 8명의 남유록(1796,『연안집』), 최두찬 등 51명의 승사록(1818), 김광현 등 7명의 탐라표해록(1828,『심전고』), 제주 사람 33인의 제주표인문답기(1831,『연원직지』)

여인을 만나 백년가약을 맺고 3남 3녀를 두게 된다. 그러나 고향을 그리는 마음은 조금도 식지 않아 일본 사자의 귀로에 동승하게 되며, 우여곡절 끝에 다시 제주도로 돌아온다. 고향에는 돌아왔으나 안남에 두고 온 처자 생각이 또 간절하여 높은 오름에 올라 남쪽을 바라보며 이 오돌또기를 불렀다 한다.

9) 정성일, 전라도와 일본, 경인문화사, pp.285-291.

표류과정에 제주를 거치는 표해록: 양성, 고석수 등 10명의 표류기(1456,『세조실록』), 초득성 등 8명의 표류기(1461,『세조실록』): 나주 출항, 김배회의 표류기(1470,『세조실록』): 한양 출발, 김비의, 강무, 이정 등 8명의 표류기(1477,『성종실록』), 최부 등 43명의『최부 표해록』(1488,『해외견문록』), 장회이의 표류기(1499,『연산군일기』), 김기손, 만주 등 12명의 표류기(1534,『중종실록』), 강연공 등 19명의 표류기(1539,『중종실록』), 김여휘의 표해록(1662,『해외견문록』 등), 우빈 등의 일본국 표류기(1679,『탐라견문록』), 김대황 등 24명의 표류기(1687,『지영록』,『탐라견문록』,「주영」편, 해외문견록), 고상영 등 24명의 표류기(1687,『탐라견문록』), 강두추, 고수경 등 54명의 일본국표류기(1698,『탐라견문록』), 대정현 관리 등 42명의 일본국 표류기(1701,『탐라견문록』): 여수 출항, 산해 등 39명의 일본국표류기(1704,『탐라견문록』), 원구혁 등 28명의 일본국표류기(1720,『탐라견문록』): 흑산도 출항, 이기득 등 25명의 일본국표류기(1723,『탐라견문록』), 김시위 등 26명의 일본국표류기(1723,『탐라견문록』): 순천 출항, 이건춘 등 60명의 일본국표류기(1724,『탐라견문록』), 김일남, 부차웅 등 9명의 유구국 표류기(1726,『탐라견문록』), 고완 등 20명의 일본국표류기(1729,『탐라견문록』), 윤도성 등 30명의 대만표류기(1729,『탐라견문록』), 이방익 등 8명의 남유록(1796,『연암집』), 최두찬 등 51명의 승사록(1818), 김광현 등 7명의 탐라표해록(1828,『심전고』), 제주 사람 33인의 제주표인문답기(1831,『연원직지』).

제주에서 출항하여 표류하는 경우 추자도나 추자도 인근 초란도를 거치는 경우가 많다. 출항과 표류가 대부분 제주에서 일어난다는 것은 한편으로 제주 해역의 특성을 말하기도 하지만 다른 한편으로 표류의 과정에서 일본과 중국 안남과 류큐 등 넓은 해역과 만나게

됨을 알 수 있다.

　외국인의 제주 표류에 대한 사실 또한 해역세계의 제주를 이해하는 자료가 된다. 얀 얀스 벨테브레(박연): 네덜란드 동인도연합회사의 범선인 홀란디아호에 승선하여 1627년 우베르케르크호로 옮겨 타고 일본으로 향하던 중 조선에 표착. 표착 시기는 1627년이며 표착 장소는 제주, 경주, 호남 등 논란이 있으나 제주일 가능성이 높다. 핸드릭 하멜: 네덜란드 동인도연합회사의 무역선 스페르웨르호를 타고 타이완을 출발하여 일본의 나가사키로 향하다 1653년 제주 해안—차귀진하 대야수 연변에 표착하였다. 1653년 7월 24일 제주에 표착한 하멜 일행은 당초 64명 가운데 남은 36명으로 1654년 4월 26일을 전후하여 4척의 배에 실려 한양으로 압송되었다. 그로부

하멜이 타고 온 선박 모형

터 13년 후인 1666년 8월에 생존자 16명 가운데 8명이 전라도를 탈출하여 일본의 가미고토의 나마 포구에 닿았다. 제주에 표착한 일본인과 류큐인: 1821년 8월 현재 지명으로 서귀포시 남원읍 위미리에 일본 사쓰마의 장삿배를 타고 사쓰마 출신 일본인 22명과 류큐인 20명이 표착하였다. 싸스마번의 무역품을 싣고 아마미오시마를 출발하여 사쓰마 영내의 야마카와를 가던 중 풍랑을 만나 북동쪽으로 흘러갔는데 석양에 높은 산이 보이자 그곳을 목표 지점으로 표류하였고 표착지가 제주 해역이었던 것이다. 1858년 제주 모슬포 해변에 사쓰마의 3척이 표류하였고 일본인과 더불어 류큐인 18명이 동승하였다. 관리의 질문에 의해 일본과 유구가 서로 교역하고 있음이 밝혀진다. 1861년 제주 대정현 파진포에 류큐인 3명과 사쓰마 표류민 31인이 표착하였다. 여기서 류큐가 이미 사쓰마에 복속되었음이 밝혀진다. 1887년 3월 제주 정의현에 일본인 2명이 표착하였다. 1886년 조선과 일본은 "표민경비상환법"을 개정하여 지역사회의 표민에 대처하였다.

4) 섬 네트워크와 제주: 오키나와 등 다른 섬과의 네트워크를 통하여 해역세계 속의 제주를 이해한다. 하마시타 다케시의 해역 세계론에서 섬 네트워크에 대한 진술이 있다. 그에 의하면 섬은 항만이며 이동과 집산이 활발한 네트워크 센터이다. 섬들은 서로 연관성을 지니며 도서 네트워크를 형성하면서 교역과 이민을 활성화한다. 제주 또한 섬 네트워크의 한 결절지이다. 고대부터 제주는 남중국해를 횡단하여 주산군도와 교역하였고, 북으로 장산군도 그리고 남으로 해남도에 이르는 교역을 한 것으로 추정되고 있다. 해양실크로드와 제주의 연관성은 쿠로시오 해류의 방향을 통해 짐작할 수 있다. 중국 동

남부 해안가에서 출발한 바닷가 교역은 해류를 따라 제주도 근해까지 교역선과 상인들이 진출하였을 것인데, 이는 아랍 지리학자 이드리스가 편찬한 세계지도에 한반도를 6개의 섬으로 묘사한 데서 알 수 있다. 수십만이 몰려 사는 중국 동남부 해안과 신라사회와의 광범위한 교역이 본격화되는 시기에는 제주가 국제 교역의 흐름 속에 포함되었을 가능성이 크다. 왜구에 대한 재해석도 해역세계의 섬 네트워크와 연관된다. 15세기 동아사이 해역에 발호하던 왜구가 여러 종족이 혼종된 세력이라는 점과 섬 네트워크를 통하여 활동하였던 점을 이해할 수 있다.

5) 해역세계와 다양한 문화접변과 문화교섭: 자유로운 교역에서 조공체제로 그리고 국가에 복속되면서 교역 시스템의 변화가 제주 사회를 어떻게 바꾸었는가 살펴볼 수 있을 것. 타자와 주체의 문화 교섭(cultural interactions)에 대하여 주목할 수 있다. 제주는 다문화와 문화혼종의 공간. 습합과 혼종이라는 서로 다른 분석 방식을 동원하여 제주 문화의 특성을 알 수 있다. 제주의 문화는 다양성과 혼종성이 특징이다. 이는 해역세계와 다양한 문화접변(acculturation)과 문화교섭이 이루어졌기 때문이다. 단일한 신화체계(mythology)로 환원되지 않는 제주의 신화들(myths)과 설화들은 제주가 여러 부족들이 거주한 지역임을 알게 한다. 삼성(三姓)신화는 부족들의 혼재가 연합체가 되는 과정의 산물이라 할 수 있다. 주호(『후한서』에 등장하는 제주명) 시대 이전에는 여러 부족들이 해안선을 둘러 영역들을 나누어 차지하고 있다 그 가운데 하나가 주호로 불리었다. 그러다가 모흥혈을 중심한 신앙집단이 나머지 부족을 통합하여 탐라라 칭하면서 탐라(『당서』에 전하는 제주 명칭)라는 부족문화가 형성되었지만 서로

다른 부족문화가 공존하는 양상을 보였던 것이다. 주호와 탐라는 제주를 통칭하는 대외 명칭으로 강력한 중앙집권 국가를 의미하는 것은 아니며 해역세계로 나아가는 다양한 부족들의 느슨한 결합을 의미한다고 할 때, 제주가 지닌 문화적 개방성과 다양성은 기원에서 내재해 있는 것이다. 탐라가 고려에 복속되면서(고려 숙종 10년, 1105) 고려의 지배권에 놓이지만 소국 탐라의 문화를 고려가 통합하는 것은 아니다. 이는 탐라가 제주로 명칭이 변경되는 충렬왕 21년(1295) 이후에도 지속되며 제주를 해역 안에 가두어두려 한 조선조에 이르러 유교 문화와 다양한 제주문화의 습합이 나타난다. 몽골지배기 100년이 끼친 문화적 영향도 제주 문화의 다양성과 혼종성을 나타내는 표지가 된다. 몽골 지배가 수탈과 문화접변이라는 양면에서 접근할 수 있을 것인데, 해역세계의 문화와 유목문화가 만나는 접점에 대한 논의가 있을 수 있다. 조선조 유교 정책(무불타파)과 유배인들이 끼친 영향, 출육금지령 등 쇄국정책과 중앙정부의 지배의 여파가 제주 문화에 많은 변화를 가져온다. 이처럼 제주는 외부의 지배문화와 제주의 자율적인 문화가 만나 다양한 문화접변을 이루어왔다. 일제의 지배와 해방 이후 국민국가의 통치 아래 놓인 제주는 그 주변부에서 강제적인 문화접변을 강요받는다. 이는 조선시대의 강제된 유교문화에 상응하는 것이지만 더욱 강력한 폭력성을 지닌다. 이러한 점에서 제주 문화의 혼종성과 다양성을 자발적인 것으로 이해하기보다 그 속에 내재한 제주민의 자율성과 저항성을 살피는 것이 타당하다.

6) 근대 제국 지배기 제주의 항로와 인적 물적 교류: 제주와 오사카의 교류와 재일 네트워크에 대한 분석이 필요하다. 제주 오사카 항로를

통한 이주와 국제적인 노동 분업은 근대 제주 네트워크를 이해하는 중요 주제이다. 제주와 오키나와는 해역세계의 결절지여서 지정학적인 측면의 주목을 늘 받아왔다. 제주와 오키나와는 유라시아 대륙과 태평양의 접경지역으로 주변 강대국과 중앙정부의 지배를 받아왔다. 일본 제국이 지배하던 시기에 제주와 오사카의 항로는 매우 활발했다. 제주와 일본의 네트워크[10]는 재일 제주인 1세대의 일본 이동으로 시작된다. 제주와 일본의 네트워크가 본격적으로 시작된 것은 1922년 10월 값싼 노동인력을 실어 나르는 운반선이었던 기미가요마루의 취항이다. 기미가요마루는 제주읍의 산지항을 기점으로 조천, 김녕, 성산포, 표선, 서귀포, 고산, 한림, 애월 포구 등 제주도를 한 바퀴 돌아 시모노세키를 거쳐 오사카까지 운항하였다. 이 당시 제주민은 제주도와 오사카를 매우 빈번하게 왕래하였다. 1934년 일본에 거주하는 제주민은 약 5만으로 당시 제주도 총인구의 25%에 해당한다. 일제시대에 일본에 건너간 제주민 가운데 상당수는 해방 후에도 돌아오지 않았다. 오사카 전체로 볼 때 70~75% 정도의 동포들이 귀환했지만 제주민이 밀집해서 살았던 이쿠노구에서는 60% 정도의 동포들이 귀환하였다. 1999년 기준으로 오사카의 이쿠노구의 인구는 14만 4천여 명인데 그중 30%가 한국인이며 한국인 가운데 80%가 제주 출신이다. 이러한 점에서 제주와 오사카 혹은 일본의 네트워크는 현존하고 있다.

7) 내국 이민과 해외 이민으로서의 제주민 네트워크: 제주민 해외 이민이 처음 시작된 것은 제주의 잠수(潛嫂)가 일본 하치조 섬에서 우뭇가

---

10) 유철인, 「제주사람들의 생활세계에서의 일본」, 『제주와 오키나와』, 보고사, 2013. pp.282-288.

사리를 채집한 1903년으로 기록되어 있다. 근대 공업 노동자로서의 도일은 1911년 셋쓰 방적 기즈가와 공장이 제주도에서 직공을 모집한 이후이다. 그리고 본격적으로 1923년 제주도-오사카 정기항로가 개설되면서 도항수가 증가한다. 1934년 제주도내 4만 7,466호 중에 3만 498호에서 취업노동 허가증을 얻은 도항자가 나갔다.[11] 제주민 네트워크는 해외 이민과 내국 이민으로 나누어질 수 있다. 해외 이민을 대표하는 네트워크가 앞서 말한 일본과 제주의 경우이다. 일본과 제주 네트워크는 일제시기를 1세대로 하고 해방 이후 4·3과 한국전쟁의 와중에 일본으로 밀항한 2세대가 있다. 그리고 일본이 고도성장지로 접어든 1960년대와 70년대 박정희정권 시대에 제주민들이 많이 있던 일본으로 건너간 세대가 3세대이다. 1980년대 이후 해외여행 자유화 조치로 일본으로 건너가 체류한 소위 '뉴커머'가 4세대라 할 수 있다. 재주민 해외 네트워크는 로컬이 국가(national)와 지역(regional)과 연동되어 월경과 이동이 전개되었음을 잘 보여주는 사례이다. 제주민 해외 네트워크에는 국민국가 중심적인 시스템으로 포착될 수 없는 영역이 존재한다. 일본은 제주민의 생활세계에 큰 비중을 차지하고 있다. 그러므로 로컬과 리저널을 중층적으로 인식하는 가운데 제주의 해외 네트워크가 가지는 의의가 드러난다. 잠수의 이주도 주목을 요한다. 식민지 시기에 들어 이들의 이동은 급격히 늘었고 일본과 국내를 포함 1932년에는 5,078명의 잠수들이 타지로 나가 물질을 하였다. 일본의 각지는 물론 중국의 대련과 청도, 러시아의 블라디보스톡에 이르기까지 해안마을의 여성들이 크고 작은 무리를 지어 이동하게 된다. 제주민의 내국 이민은 한반도

---

11) 이지치 노리코, 「재일제주인의 이동과 생활」, 『제주와 오키나와』, 보고사, 2013. pp.296-319.

남해안 지역을 통해 이뤄지고 있다. 이는 고대 탐라의 영역이 한반도 남해안을 포함하고 있는 데서 시작하여 지속적으로 전개된 내륙 이주와 연관된다. 근대에 와서 취업과 학업을 따라 육지부로 이주하는 제주민의 수는 급속하게 증가한다. 서울이 단연 압도적이며 부산, 인천, 광주 등 대도시에 집중되어 나타난다. 1990년대 이전에는 전라남도와 부산이 강세였으나 현재는 서울과 경기도가 크게 우세하다.

8) 타자의 시선에 비친 제주: 내륙 조선의 유배인들이 본 제주와 제주민, 하멜 표류기를 위시하여 독일인 지그프리트 겐터 등이 본 제주와 제주민, 유배서사와 기행서사(travel narrative)에 나타난 제주 표상을 재해석함으로써 타자화되는 제주에 대한 접근이 가능하다. 미국의 지리학자 데이비드 네메스는 풍수이론을 통하여 제주의 문화경관을 해석하고 있다. 그는 제주의 문화 경관에 내재한 특성을 '계몽된 저개발(enlightened underdevelopment)'이라는 개념으로 설명한다. 이 개념은 제주민들이 지혜를 통하여 자연, 인간, 세계와의 조화로운 관계 맺음의 이치를 배웠고 낮은 기술력이지만 이를 바탕으로 일상생활을 지혜로 극복해왔음을 의미한다. 그에 의하면 제주의 경관은 과거에 예의를 갖추려는 어진 민중에 의해 만들어진 정성어린 경관이다. 데이비드 네메스의 '계몽된 저개발'은 요시다 타로가 쿠바를 설명하며 동원한 개념인 '반-성장'의 개념과 닿아 있다. 개발과 성장이 아니라 자연경관과 인문경관이 조화를 이루는 생태환경의 섬이 제주의 미래라 할 수 있을 것이다. 그는 "제주도 풍수는 도교, 불교, 유교 그리고 미신적인 영향의 독특한 조합으로써 돌하루방과 더불어 나타났는데, 이들의 영향은 전 산업시기에 완성기에 접어들며 사

람들 스스로가 만들어 내고 동시에 그 수혜자인 거의 이상적인 유기
체적 경관을 만들어내었다"고 말한다.

9) **다양한 재현물에 나타난 해역세계의 제주**: 제주 출신 작가들의 글쓰기
(현기영, 최근 조중연의 소설『탐라의 생활사』와 구소은의『검은 모래』등)와
해방 이후 귀환자 서사, 그리고 제주 출신 자이니치(在日)의 글쓰기
(재일 제주작가와 재일제주인의 생활사)에 나타난 제주 표상을 통해 해
역세계의 제주를 이해할 수 있다. 김영갑의 사진과 강요배의 그림이
접근하는 시선의 차이도 주목된다. 또한 외부 이민자가 본 제주에
대한 접근은 제주를 보는 외부자의 시선을 인식하는 데 도움이 될
것이다.

느븐숭이 4 · 3 유적지 순이삼촌 문학비

10) **제주 네트워크의 역사적 변화과정**: 21세기 제주의 미래학과 연관된다. 공도정책을 펼친 조선시대, 일제시대, 태평양전쟁(대동아전쟁)과 해방기, 한국전쟁시기, 근대 국민국가 내부와 외부 등 다양한 네트워크 양상을 비판적으로 이해함으로써 제주가 해역세계의 진정한 주체가 되는 방향을 모색할 수 있어야 한다. 이를 통해 21세기 오키나와와 대만으로 이어지는 섬 네트워크를 구상하는 계기를 만들 수 있을 것이다.

11) **해역세계 제주와 평화도시 구상**: 세계를 구성하는 주체는 지역민이다. 제주의 제주성(Jejuness)은 역사적 구성물이므로 문화적인 교섭과 혼종화 등 다양한 양상을 살핌으로써 향토주의적 단일성 담론이 지니는 한계를 극복하고 평화도시 제주 구상(환태평양 평화공원 운동)과 연루된 네트워크의 가능성을 찾을 수 있다. 이는 최근 주강현이 진행하고 있는 아시아 퍼시픽 해양문화연구와도 맥락을 같이 한다.

3. 해항도시 부산의 특이성과 문화도시 전략

부산은 식민도시(colonial city)로 출발하여 근대도시로 성장하였다. 그동안 부산의 기원을 둘러싸고 다양한 논의들이 있었다. 그 가운데 근대 이전의 동래를 강조하려는 경향이 대표적이다. 이는 임진왜란(조일 7년전쟁) 당시 동래성 전투나 일제시대의 동래시장 만세운동 등, 동래가 지닌 역사적 기억을 호명하려는 의도가 반영되어 있다. 그러나 이러한 입장은 근대도시의 형성과 발달이라는 관점에서 한계를 보인다. 비서구 사회의 많은 도시들이 근대 자본주의 국가의 팽창과 연관된다는 사실은 피할 수 없다. 이는 동아시아에서 일찍이 근대화에 성공한 일본은 물론 중국과 한국, 모두 해당된다. 특히 한국은 같은 동아시아 국가인 일본에 의하여 개항되고 식민지 근대화가 이루어졌다는 점에서 일본과 중국과 차별되는 면이 없지 않다. 그럼에도 전지구적인 자본주의 시스템 속에서 공간의 재편이 이루어진 것은 유사하다. 이러한 점에서 부산을 초량왜관이 모태가 되어 형성되고 발전한 도시로 보는 것이 타당하다. '초량왜관→전관거류지→식민도시 부산'이라는 공간의 역사적 전개 과정은 우리가 싫다고 피할 수 있는 사실이 아니다. 다만 동래와 가까운 지역으로 시청이 이동하고 기장과 낙동강 서부 일부가 부산으로 통합된 오늘의 관점에서 부산을 바라보는 시각은 다층적일 수밖에 없다. 현재의 부

해방 후 부산으로 귀환하는 사람들의 모습

산은 이미 하나의 시각으로 이해할 수 있는 도시가 아니라 복합적인 시각으로 바라봐야 하는 도시가 되었다.

부산이 식민도시에서 근대도시로 넘어가는 과정은 도시계획이 있을 수 없는 상태에서 진행된다. 해방과 한국전쟁이라는 두 가지 역사적 상황과 이러한 상황에 처한 국가의 상태가 부산의 도시공간을 크게 변화시킨다. 먼저 해방은 부산을 거류 일본인들의 출국과 국외 한국인들의 귀환이 이루어지는 공간으로 만든다. 또한 해방은 민주주의 연합국의 한 축인 미군의 진주를 의미한다. 일제 말 일본의 병참기지였던 부산이 미군에게 접수되면서 부산은 일본제국의 결절점에서 미국의 새로운 거점항구로 변신하게 되는 것이다. 이러한 사정은 한국전쟁을 통하여 부산이 가장 중요한 교두보의 역할을 하면서 그 의미가 커지게 된다. 한국전쟁은 미군을 위시한 유엔군을 부산으로 불러올 뿐만 아니라 부산을 수많은 내국 난민을 수용하는 공간이 되게 한다. 이러한 과정에서 부산은 인구의 증가와 공간의 팽창을 겪게 된다. 그런데 도시형성에서 해방과 한국전쟁을 통한 팽창을 가능하게 한 요인은 부산이 해항도시(sea-port city)라는 데서 찾아진다. 처음부터 일제가 동아시아 네트워크의 한 결절점으로 부산을 형성한 것이지만 해항도시라는 도시적 특성이 더욱 의미를 발하는 계기가 해방과 한국전쟁이다.

문화도시는 20세기 말 전지구적인 산업 재편과 더불어 도시 발전의 새로운 전략으로 떠오른 개념이다. 이러한 전략을 통하여 도시 전반의 문화적 발전을 통하여 지속가능한 성장을 이루려는 것이다. 문화도시 전략에서 가장 중요한 것은 도시가 지닌 내발적인 발전 요인을 찾는 일이다. 도시의 고유성과 특이성(singularity)을 바탕으로 개성적인 문화도시에 이를 수 있기 때문이다. 해항도시 부산의 특이성은 어디에 있을까? 우선 동아시아 교역의 한 결절지인 왜관을 들 수 있다. 근대의 미명에서 부산은 중국과 일본 그리고 동/남 아시아로 열려 있었다. 아울러 이러한 과정은 개항과 더불어 블라디보스톡과 오사카, 시모노세키 등 해역을 오가는 네트워크 도시의 성격을 드러낸다. 부산은 한국에서 대표적인 교류와 교통의 공간이다. 제국의 질서 속에 부산은 식민도시로 성장한다. 일본에 의해 유입된 근대 제도와 건축, 그리고 도시 공간의 형성으로 부산은 혼종 도시로 발전한다. 부산이 지닌 잡거성은 문화적 다양성을 가능하게 한다. 그리고 이러한 특성은 내륙의 관점에서 타자성과 외부성으로 인식된다. 이러한 부산의 위치는 줄곧 도시 다이너미즘으로 작동하면서 운동성을 지니게 되는 것이다. 김열규에 의하면 부산은 한국 현대사의 전위대이며 근현대 역사의 거울이다. 1945년 종전과 함께 수

많은 사람들의 귀환이 이루어진 곳이 부산이다. 내국 이민은 한국전쟁과 더불어 증대되어 부산의 혼종성과 잡거성이 더욱 확대된다. 인구의 증가와 함께 도시 공간이 모자이크와 같이 변화한다. 이에 따라 산복도로 마을들이 허다하다. 그런데 부산은 지리적으로 동해와 남해의 점이지대에 위치한다. 350km의 해안선에 60개의 항구와 포구를 거느리고 있다. 동으로 수영강이 흐르고 서로 낙동강을 끼고 있다. 바닷가 항구와 포구마다 크고 작은 마을들이 줄을 잇고 있는 것이 부산이다. 특히 부산항은 일제시대부터 부산의 근대 역사를 대변한다. 한국전쟁과 함께 미국문화가 유입되는 공간이었고 UN공원이 시사하듯이 자유 세계와 연계되어 있다.

부산의 문화도시 전략은 앞에서 말한 부산의 특이성에 기초해야 한다. 가장 먼저 교역과 교류의 문화를 생각할 수 있다. 다문화는 부산의 문화도시 전략에서 중요하게 생각해야 할 개념이다. 초량 등의 다문화 공간을 확대하고 필요하다면 왜관을 복원하는 방안도 강구할 수 있다. 부산을 네트워크의 결절지로 생각하면서 해역 세계의 문화를 염두에 두어야 한다. 동아시아 각국의 문화가 부산을 통하여 소통하는 장소를 만들어야 한다. 이는 앞서 말한 다문화도시 전략과도 상응한다. 부산이 지닌 혼종성과 잡거성은 부산의 문화적 장점이다. 이러한 장점을 살릴 수 있도록 도시의 공간들을 조정하여야 한다. 보행자 공간을 늘이고 젊은 문화예술인들이 함께 어울릴 수 있는 활동공간을 확대해야 한다. 운동성을 지닌 도시는 창의적이고 대중적인 문화에 더 많은 가능성을 보인다. 부산의 청년 문화가 육성될 수 있는 방법이 강구되어야 한다. 산복도로 마을이나 항구와 포구의 마을들이 서로 연계될 수 있도록 도시 커뮤니케이션을 발전시켜야 한다. 특히 바다에 대한 접근성을 더 높여야 한다. 이와 함께 마을 만들기의 정신에 기초한 해양 문화마을 조성과 산복도로 르네상스가 진행되어야 한다.

도시 패러다임의 변화

21세기의 도시 전략

산업혁명 이후의 도시화 과정은 인간의 삶을 크게 바꾸어놓았다. 그동안 도시에 대한 해석은 크게 두 가지로 나뉜다. 그 하나는 도시를 인류문명의 꽃으로 보는 시각이고 다른 하나는 인류문명의 암으로 보는 관점이다. 이러한 상반된 해석은 오늘날도 여전하다. 우리 또한 두 극단 사이에서 도시를 바라보고 있는 것이다. 하지만 한 가지 분명한 사실은 오늘날 우리의 생활이 도시와 결코 분리될 수 없다는 것이다. 다시 말해서 시골과 도시의 선악 이분법에서 벗어나 도시를 통하여 삶을 영위하지 않을 수 없는 시대에 이른 것이다. 물론 현금의 도시도 환경오염과 도시빈민, 혼잡과 무질서, 범죄 등 많은 문제를 안고 있다. 새로운 도시에 대한 인류의 꿈은 거듭 반복되고 있다. 현대인들이 당면한 도시문제들이 극복되기를 바라고, 문화와 예술이 꽃피고 창의성이 도시의 활력이 되는 문화도시를 꿈꾸거나 자연과 인간이 조화를 이루는 생태도시를 희망하는 것은 당연한 일이다.

19세기만 하더라도 도시에 사는 인구는 세계인구의 10%에 불과했다. 그러던 것이 20세기에 이르러 전 세계인구의 절반인 30억이 도시에 거주하고 있는 것으로 알려지고 있다. 아울러 다가오는 2020년대에 가면 도시인구가 전체 인구의 65%를 상회할 것으로 예측된다. 우리나라의 경우 70년대 근대화과정에서 50%에 이른 도시

인구가 오늘의 시점에서 90%에 접어들었다 한다. 실로 도시르네상스, 도시혁명이라는 말이 무색하지가 않다. 말할 것도 없이 인구의 이러한 도시집중이 가져온 폐해는 한두 가지가 아니다. 무분별한 개발과 확장으로 환경오염과 무질서와 혼잡이 심화되고 지역 간, 계층 간 격차가 커지고 있는 것은 현대의 도시가 안고 있는 주된 문제들이다. 도로건설과 자동차 보급의 확대로 도시가 고층화되고 거대화되며 나아가서 도시 중심부 모순을 주변부로 해소하는 교외화 현상이 심화되고 있다.

도시의 팽창과 성장을 일방의 관점에서 설명하긴 힘들 것이다. 정치, 경제, 사회, 문화, 환경 등 다양한 층위가 중층적으로 얽혀 있는 공간이 도시이기 때문이다. 하지만 한 가지 분명한 사실은 이러한 도시를 합리적으로 관리하고 발전시키는 것이 국가와 지역의 경쟁력이 되었다는 것이다. 도시문제들을 해결하면서 도시가 함께 잘살 수 있는 공간으로 만들려는 계획과 운동은 지속되어야 한다. 오늘날 중심부 집중에 대한 지역분산, 개발과 성장에 대한 보호와 보전, 자본의 효율성에 대한 자유롭고 평등한 삶의 요구가 커지고 있는 것은 도시화가 부른 모순에 대한 시민사회의 대응과 연관된다. 다시 말해서 성장위주의 도시정책을 수정하라는 목소리가 커지고 있는 것이다.

도시에 대한 인식 변화는 먼저 도시 문제의 극복이라는 차원에서 전개되었지만 21세기에 이르러 과학기술과 발달과 세계화 현상에 따라 도시 패러다임의 근본적인 전환이라는 요청에 직면하고 있다. 이처럼 패러다임의 변화를 이끄는 요인들은 다음과 같다. 1)정보기술의 발달에 따른 산업 형태의 변화로 지식기반산업, 문화산업(문화 콘텐츠 산업), 관광·레저산업, 생명산업 등이 새로운 성장 동력이 되고 있다. 이에 따라 도시는 제조업에 노동력을 제공하는 것만 아니라 새로운 산업에 창조적 활력을 부여하지 않으면 안 되게 되었다. 2)세계화의 물결은 국가보다 도시의 위상을 높이고 있다. 도시가 국가의 부와 국가의 경쟁력을 창출하는 발전소가 되고 있는 것이다. 다시 말해서 도시 브랜드 가치의 중요성이 증대되고 있는 것이다. 3)지속가능한 개발 개념이 확산되고 있다. 성장위주의 도시 개발과 팽창이 아니라 환경과 조화를 이루는 도시 재생, 지속가능한 개발이 요구되고 있다.

이제 도시는 무조건 그 병폐만을 연상하게 되는 공간은 아니다. 물론 상존하는 도시문제는 끊임없는 비판과 극복의 대상이다. 하지만 중요한 것은 우리가 이러한 도시를 떠나서 살 수 없다는 엄연한 사실이다. 도시의 역할과 중요성을 새롭게 인식하지 않으면 안 되는 까닭이 여기에 있다. 앞서 도시 패러다임의 변화가 말하듯이 오늘날 우리가 적극적으로 이상적 도시 구현에 개입하여야 할 계기가 만들어지고 있는 것이다. 스스로 도시의 주체로서 도시의 창조적 활력의 일부가 되어야 하는 것이다. 도시민의 미래는 곧 그 도시의 미래에 달려 있다. 도시 공간, 건축형태, 도시 목표 등이 정치가, 행정가, 전문가의 전유물이 아니라 시민의 일상적인 실천의 대상이 되고 있는 것이다.

루이스 멈포드의 지적[1]처럼 현대의 도시는 '타락의 추세'를 지속시켜왔다. 인간의 내면적 삶과 외면적 생활의 조화, 인류 전체의 점진적인 통합, 지역과 문화와 인격의 다양성과 개별성의 발달이 아니라 경관과 인간 개성의 파멸로 나아가고 있는 것이다. 그는 계량

---

1) 루이스 멈포드, 김영기 역, 『역사 속의 도시』, 명보문화사, 1990, pp.610-616.

산복도로 경관

적 정신이 비대화된 현대인들에게 수량적 생산이 유일한 목표가 되어 물리적 힘, 산업생산성, 발명, 지식, 인구수에 있어서도 공허한 팽창과 폭발이 만연되고 있음을 지적하고, 도시가 새로운 임무를 갖지 않으면 도시민 스스로를 보전할 수 없는 지경에 이를 것이라 경고한다. 이제 우리는 우리가 사는 도시에 대한 새로운 임무를 져야 하는 시대에 직면하고 있다. 도시 탈출이 아니라 도시 안에서 도시를 재생하고 도시로부터의 인간 소외를 이겨내는 노력을 경주해야 하는 것이다. 이는 도시타락 사관이 지배하는 오랜 도시 역사에서 벗어나 도시 유토피아를 전망하는 새로운 도시 역사를 이야기하는 일과 무관하지 않다. 도시 르네상스는, 도시가 살기 좋은 공간, 아름다운 이야기가 있는 장소로 바뀌는 데서 가능하다. 르네상스가 그러했듯 21세기는 도시들이 거듭나는 과정을 보이는 시대이다.

도시는 다양하다. 모든 도시들은 서로 다른 얼굴로 서로 다른 이야기를 한다. 만일 도시들이 말을 할 수 있다면 우리는 파리와 런던과 도쿄와 서울, 그리고 부산으로부터 서로 다른 이야기들을 듣게 될 것이다. 세계의 모든 도시들은 그 기원과 유래를 달리한다. 도시는 기호이자 텍스트이다. 또한 미디어이다. 그래서 도시의 다양성은 달리 도시 경험의 다양성이라 할 수 있다. 훌륭하게 구성되고 관리된 도시는 정주자는 물론 산책자와 여행객들에게 많은 의미들을 던진다. 오늘날 많은 선진 도시들은 개성적인 도시재생을 통해 도시마케팅에 나서고 있다. 도시 이야기를 통해 도시민의 삶의 질을 높이는 한편 이를 관광 콘텐츠로 활용하고 있는 것이다.

분류나 유형화는 설명의 편의를 위한 것일 뿐 실제를 드러내는 방식은 못된다. 도시의 다양성은 민족지적으로 그려져야 할 대상이지 유형화의 대상은 아니다. 하지만 설명의 편의를 위해 그 규모에 따라 마을(Village), 읍(Town), 시(City), 거대도시(Megalopolis)로 나눌 수 있을 것이다. 다음으로 경제적 차원에서 세계의 금융과 유통의 중심지가 되고 있는 세계도시, 주요산업과 연관된 생산도시, 그리고 정보의 생성과 조작과 이용이 중심인 정보도시를 들 수 있다. 그런데 거대도시가 곧 세계도시인 것은 아니다. 인구 3천만의 멕시코시티는 세계경제에 미치는 영향력 차원에서 런던과 뉴욕과 도쿄 등과 같은 세계도시가 되지 못한다. 마지막으로 도시 이미지에 따라 앞서 말한 세계도시와 친환경적인 녹색도시, 즐거움이 넘치는 여가 · 소비도시, 문화도시, 다문화주의의 다원적 도시,[2] 그리고 작지만 독자적인 예술문화를 육성하고 지속적으로 내발적 발전을 통하여 새로운 산업을 창출할 수 있는 능력을 갖춘 창조도시[3] 등을 들 수 있다.

특히 세 번째 도시 이미지에 따른 도시 유형들은 오늘날 세계화 시대에 각광을 받는 도시들이라 할 수 있다. 도시의 모습이 도시민의 문화와 정체성과 경제성 등을 나타내는 지표일 뿐 아니라 글로벌리즘하에서 경쟁력을 표상하기 때문이다. 이러한 흐름에 따라 주요산업과 연관된 생산도시들도 산업의 성장과 성숙과 쇠퇴의 과정을 거치면서 도시재생을 통해 환경도시 혹은 문화도시로 거듭나고 있는 것이 현실이다. 가령 사사키 마사유키가 창조도시로 거론한 바 있는 이탈리아의 볼로냐와 일본의 가나자와 그리고 영국의 버밍엄 등을 그 예로 들 수 있을 것이다. 도시 패러다임 변화가 시사하듯 산업의 변화와 세계화는 세계의 대부분의 도시들에게 자기조정을 요구하고 있다. 이러한 가운데 문화도시 개념이 폭넓은 함의를 안고서 부각되고 있는 것이다.

현대 도시의 경쟁력을 높여주는 요소로 도시가 가지고 있는 문화예술자원, 도시경관, 도시 인프라, 도시경제 등 기본 인자와 이들을 통해 얻어지는 도시의 활력, 창조력, 심미성, 생산성 등을 들 수 있다. 문화적인 도시에 문화적 욕구가 높은 사람들이 몰리는 현상은 세계적인 추세이다. 따라서 문화도시 즉 정주 중심의 도시, 쾌적한

---

2) 도시 유형에 대한 것은 존 레니에 쇼트, 이현욱 · 이부귀 역, 『문화와 권력으로 본 도시탐구』, 한울, 2001 참조.

3) 사사키 마사유키, 정원창 역, 『창조하는 도시』, 소화, 2004와 찰스 랜드리, 임상오 역, 『창조도시』, 해남, 2005 참조.

환경을 지닌 도시, 안전한 도시, 걷기 좋은 도시, 다양한 커뮤니티가 있는 도시, 아름다운 경관을 지닌 매력적인 도시를 만들어가는 계획과 구상들은 필연적이다.

문화도시의 전략

넓은 의미에서 문화도시는 살기 좋은 도시, 문화예술이 풍부한 도시, 아름다운 도시, 문화유산이 풍부한 도시, 도시의 정체성이 뚜렷한 도시, 창조적인 문화산업이 발달한 도시, 교육하기 알맞은 도시 등을 포괄한다. 그런데 이러한 문화도시의 의미가 분명하게 부각된 것은 도시 패러다임이 바뀌기 시작한 20세기 말부터이다. 산업도시에서 탈피하여 도시 그 자체의 활력이 강조되는 시대를 맞으면서 도시공간의 환경적, 문화적 가치를 새롭게 창출하여 도시발전과 성장을 추구하는 방안들이 강구되기 시작한 것이다. 이리하여 각 도시들은 문화도시, 환경도시, 다원도시, 위락도시, 창조도시 등 도시 목표에 상응하는 지배적인 이미지들을 강조하고 있다.

여기서 우리는 도시문화와 문화도시를 구별하여 생각할 필요가 있다. 도시문화는 도시가 비전과 정체성을 수립하고 고유의 브랜드를 상품화하여 시민, 기업, 관광객에게 제공함으로써 도시의 사회적, 경제적, 문화적 발전을 이끌어내는 동력을 의미한다. 따라서 이는 21세기 모든 도시가 지향해야 할 목표가 되고 있다. 이와 달리 문화도시는 도시문화를 활성화하여 문화가 도시적 삶의 중심이 되는 경우를 의미한다. 물론 이 경우에도 광의의 문화개념이 적용되는 만큼 그 지향에 따라 문화예술 중심의 문화도시(문화예술도시), 생태환경 중심의 문화도시(생태환경도시), 문화유산 중심의 문화도시(유산문화도시), 문화산업 중심의 문화도시(문화산업도시) 등 다양한 모습들로 나타날 수 있을 것이다.

오늘날 세계의 많은 도시들과 국내의 여러 도시들이 문화도시 전략을 내세우고 있다. 문화도시를 만들어간다는 것은 궁극적으로 시민들의 삶을 아름답고 즐겁고 행복하게 만들어가겠다는 전략이다. 문화도시는 "시민들이 이웃과 맺는 인간관계의 규범을 돌이켜보고 새로운 규범을 창출할 수 있는 도시, 자기 삶의 목적과 기도를 반성하고 보다 나은 가치를 지닌 삶의 기획을 할 수 있는 도시, 경제·사회·예술적 행위를 비롯한 모든 시민행위와 그 산물들이 궁극적인 삶의 가치와 자기존재 가치에 부응할 수 있는 도시"[4]이다. 다시 말해서 문화도시는 물질적 풍요보다 삶의 질이 중요하게 인식되고, 문화적 향수와 여유가 넘치는 삶이 구가되는 도시이다. 또한 문화도시는 자기실현 욕구가 실현될 수 있는 인프라를 구축하고 문화가 도시의 자랑거리가 되며 그 도시에 사는 사람들은 그 도시의 환경에 만족하고 도시를 찾는 사람들이 그 도시의 문화에 취하는 도시를 의미한다.

그렇다면 왜 문화도시인가? 사사키 마사유키는 '글로벌 도시에서 창조적 도시로'라는 패러다임의 전환을 거론한다. 그에 의하면 오늘날 세계 사회는 '민족국가에서 도시로' 사회 범위가 바뀌는 중요한 변화를 겪고 있다. 달리 도시의 세기가 시작되었다는 것이다. 이러한 시대에 도시는 크게 두 가지 지향으로 나뉜다. 그 하나는 경제, 정치, 문화의 국제적 기능을 독점하면서 세계도시 순위에서도 수위를 달리는 세계도시이고 다른 하나는 창조적인 예술과 문화를 양성하고 혁신적인 경제적 기반을 육성할 수 있는 창조도시이다. 그

---

4) 문광부, 「기초연구보고서」, 2003(민형배, 「광주문화중심도시 추진과정의 성찰과 대안」, 『지역의 비전과 광주문화중심도시』, 전남대출판부, 2005, p.30 재인용.)

는 이러한 창조도시는 여섯 가지 필수 요소들을 구비해야 한다고
한다. ①예술인, 과학자, 일꾼, 장인뿐만 아니라 모든 시민들이 자유
로운 창조활동에 참여해야 한다. 그 결과는 모든 시민들이 보다 큰
만족을 스스로의 삶 속에서 찾을 수 있다는 점이다. 이러한 환경을
조성하기 위해서는 유용하고 문화적으로 가치 있는 재화와 서비스
가 양산될 수 있도록 지원을 아끼지 말아야 할 것이며, 공장과 사무
실의 환경이 개선되어야 할 것이다. ②시민들의 일상적인 삶도 예술
적으로 바뀌어야 한다. 그러기 위해서는 충분한 수입과 여가 시간
이 주어져야 한다. 덧붙여 말하면, 최상의 질을 가진 상품들이 합리
적인 가격으로 공급되어야 하고 공연과 같은 문화예술 활동도 낮은
가격에 관람할 수 있어야 한다. ③도시 내에서 과학과 예술의 창조
적인 활동을 지원하는 대학교, 기술학교, 연구기관, 극장, 도서관과
문화기관들은 창조성을 돕는 기반으로서의 기능을 수행해야 한다.
④환경정책은 매우 중요하다. 역사적 유산과 도시의 환경을 보존하
고 쾌적함을 향상시켜서 시민들의 창조성과 감수성을 고양시킬 수
있어야 한다. ⑤각 도시는 지속적이고 창조적인 지역을 지원할 수
있도록 그에 상응하는 경제적 기반, 자립도를 갖추어야 할 것이다.
⑥행정적 측면에서 창조도시는 공적 자금의 민주적 관리하에서 일
련의 창조적인 통합 도시정책, 다시 말해 문화, 산업, 환경을 포함하
는 종합적인 정책으로 구성되어야 한다. 사사키 마사유키는 이와 같
이 여섯 가지의 요건을 갖춘 창조도시가 앞으로 도시의 시대 21세기
의 주역이 될 것이라고 주장하고 있다.[5]

창조도시의 핵심은 내발적 발전에 있다. 이와 달리 세계도시는

---

5) 사사키 마사유키, 앞의 책, pp.115-116.

초국적 자본의 흐름과 같이 하며 도시경제의 저변은 좁아지고 불안정한 구조를 지니게 된다. 버블 경제를 겪은 도쿄는 세계도시가 처한 환경을 잘 말해준다. 세계도시는 세계경제의 의사결정지이며 세계자본이 집중되고 축적되는 장소이다. 이것은 세계도시체계의 중추적인 결절지 역할을 하게 되며, 범세계적인 기업, 금융, 무역, 정치력이 상호 조화롭게 결합되는 장소인 것이다. 세계도시를 조직하고 통제하는 것은 초국적 자본이다. 그래서 이것은 범세계적인 경제의 조정과 통제, 자본축적의 중핵역할을 하게 된다. 이러한 세계도시의 아래 계층에 세계적 중심도시가 있고 그 아래 국가중심도시와 기타도시들이 위계를 형성한다. 달리 세계도시는 그 기능적 특성에 따라 분류되기도 한다. 테일러는 크게 상위 세계도시와 하위 세계도시로 나누고 상위 세계도시에 기능적으로 종합된 세계도시와 특수한 기능을 지닌 세계도시를 두고 하위 세계도시에 준기능집적 세계도시와 세계적 세계도시를 둔다.[6] 문화적인 세계도시가 하위 세계도시에 속할 수 있게 되는 셈이다. 이는 문화의 세계화를 반영하는 대목이다.

세계도시로의 지향과 창조도시로의 지향, 그리고 이들 흐름 사이에 문화적 세계도시 지향도 포함될 수 있을 것이다. 하지만 한 가지 분명한 사실은 산업에 기반한 도시들이 도시패러다임의 전환에 따라 문화도시로 탈바꿈하지 않으면 안 된다는 사실이다. 문화도시는 앞서 언급한 대로 크게 네 가지 유형으로 나눌 수 있다. ①문화예술 중심의 문화도시(문화예술도시), ②문화유산 중심의 문화도시(유산문화도시), ③문화산업 중심의 문화도시(문화산업도시), ④생태환경 중

---

6) 『도시해석』(김인 · 박수진 편), 푸른길, 2006, pp.130-136.

심의 문화도시(생태환경도시). 이들은 상호 겹치는 경우도 적지 않다. 문화예술 중심도시는 대체로 소규모 도시로서 문화예술인들의 활동이 도시 이미지와 마케팅의 주축이 되는 경우이다. 문화유산 중심의 문화도시는 로마나 경주와 같이 유산산업을 통하여 도시의 비전과 정체성을 형성한다. 문화산업중심도시는 도시 패러다임의 변화에 따라 공업도시에서 문화산업도시로 전환한 경우이다. 생태환경 중심의 문화도시 또한 공해 도시에서 도시 재생에 성공하여 환경도시로 전환된 경우를 들 수 있다. 이러한 문화도시 운동의 전략을 살피기 이전에 성공사례를 먼저 네 가지 문화도시 유형을 따라 살펴볼 수 있을 것이다.

문화예술도시: 문화예술도시의 기원과 이념은 존 러스킨과 윌리엄 모리스에게서 찾을 수 있다. 러스킨은 영국 빅토리아 시대 사람으로 그는 모든 예술적인 것뿐만 아니라 상품들에 예술성의 의미를 부여하였다. 이러한 것이 소비자의 삶을 풍요롭게 하고 인성을 증진시킨다고 본 것이다. 러스킨을 이은 윌리엄 모리스는 미술공예운동을 주도한다. 대량생산에 반대하고 장인들의 창조적인 활동에 기반한 수공예적 제작 개념으로서의 인간애가 있는 노동과 생활의 예술화를 실현한 것이다.

EU가 선정하는 유럽문화수도는 문화예술중심의 문화도시라 할 수 있다. 유럽은 이들 문화수도를 선정함으로써 ①도시의 국제적 위상 제고 ②문화활동과 예술행사 프로그램 수행 ③도시의 장기간의 문화발전 ④자국과 타국의 방문객 유치 ⑤지역의 문화관객 증대 ⑥축제 분위기 조성 ⑦문화 인프라의 발전 ⑧다른 유럽 도시와의 관계 개선과 유럽의 문화협력 증진 ⑨창조성과 혁신성 제고 ⑩지역 예술가들의 경력과 재능 개발 등을 도모하고 있다. 따라서 EU 여러 나라들은 유럽문화수도에 자국의 도시가 선정되기 위해 노력을 아끼지 않는다. 자연 이러한 과정에서 도시재생과 도시 마케팅이 이루어지는 것이다.

유산문화도시: 로마와 같이 문화유산이 많은 도시에서 이러한 유산을 바탕으로 관광도시로 발전해나가는 경우이다. 유산산업은 오늘날 인바운드 관광객을 유인하는 중요 산업이다. 세계의 많은 도시들이 이러한 관광도시로 거듭나기 위하여 도시재생을 통한 도시 마케팅에 노력하고 있다. 하지만 이러한 유산문화도시는 대체로 지역주민의 노력보다 국가나 지역정부 주도로 발전하는 경우가 많다.

문화산업도시: 과거 철강과 조선업 그리고 무역업으로 화려했던 제조업도시가 쇠퇴하면서 다시 문화콘텐츠가 주요산업이 되는 도시로 바뀌고 있다. 사사키 마사유키가 예로 든 창조도시도 이러한 예에 속한다. 가령 이탈리아의 볼로냐와 영국의 버밍엄, 일본의 가나자와 등을 들 수 있을 것이다. 이탈리아의 볼로냐는 국가 경제가 위기에 빠지는 상황에서 한 도시의 창조력으로 경제적 회생을 이룩하는 진경을 보인다. 종래에 도시경관 보존 노력과 분권화 실험을 지속해온 볼로냐는 산업, 문화 복지 영역에서 주민의 창조력을 이끌어내는 사회시스템으로 전환하여 고도의 기능인 도시로 성장한다. 볼로냐는 예술가와 과학자, 기술자, 노동자와 기능인들이 자기 능력을 발휘하여 유연한 생산을 전개함으로써 글로벌 리스터럭처링의 폭풍에 저항하면서 자기혁신 능력이 충만한 도시 경제시스템을 갖추게 된 것이다. 특히 이러한 과정에서 볼로냐의 문화정책이 주목된다. 시

는 볼로냐의 도심을 창조적인 문화공간으로 창출하고 문화재와 근대산업 유산의 복원과 보존을 꾀한다. 도시 주민의 창조력과 감성을 높이는 경관을 갖추는 한편, 주민의 다양하고 창조적인 활동을 보장하는 시스템을 구현한 것이다.

영국의 버밍엄은 세계의 금속공장이라는 지위가 쇠퇴하면서 인간중심의 도시 되살리기 전략으로 전환하여 중심 시가지를 보행자 우선 거리로 바꾸고 도심을 문화의 창조공간으로 만든다. 아울러 지구별 고유의 특성을 살리는 재생을 도모함으로써 시민들의 활력을 이끌어낸다. 특히 사용하지 않는 생산 공장을 예술의 창조공간으로 전환시키는 사업들을 전개함으로써 예술과 미디어 구역이 탄생하는 창조 과정에 성공한다. 파트너십과 지역 우선의 문화예술정책을 펼침으로써 문화정책과 경제정책이 함께하게 한다.

일본의 가나자와는 이전에 섬유산업으로 지역경제에 이바지해왔다. 하지만 이러한 산업이 쇠퇴하면서 오래되어 더 이상 쓰이지 않는 창고와 섬유 공장들을 90년대 후반 시민들이 예술회관으로 전용하게 된다. 이리하여 이 공장 공간들은 공연과 연습 장소로 탈바꿈하고 일반 시민들에 의해 운용되고 있다. 본래 전통 미술 공예뿐만 아니라 문화유산을 보존해온 지역이므로 이러한 여건들이 결합하여 문화 예술도시로 유명해졌다.

생태환경도시: 산업구조가 바뀌면서 공해도시들이 환경도시로 탈바꿈하여 성공한 사례는 매우 많다. 1996년 유엔으로부터 환경과 경제발전을 양립시킨 도시 상을 받은 미국의 채터누가 시는 공해도시의 이미지를 벗어나기 위한 노력이 성공한 곳이다. 대기 오염이 극심했던 독일의 슈투트가르트 시는 바람 길을 만들어 대기오염을 극

복하였다. 미나마타병을 경험한 일본의 미나마타 시는 주민참여를 통하여 환경도시로 거듭났다. 중남미의 코스타리카는 생태관광으로 관광의 나라가 되었다. 브라질의 쿠리치바는 녹색개혁의 선구자로 세계의 쿠리치바가 되었다.

20세기 선진사회에서 탈도시화와 탈산업화로 도시 쇠퇴화가 대규모 공업도시를 중심으로 크게 확산되었다. 이러한 가운데 도시 쇠퇴화를 벗어나 새로운 도시질서를 형성하기 위한 노력들이 전개되면서 문화와 예술의 활성화를 통한 도시재생정책이 큰 관심을 끌어온 것이다. 오늘날 문화도시 이념이 주목되는 것은 이러한 도시사적 문맥을 갖는다. 따라서 문화도시는 문화예술의 활성화를 토대로 도시 경제 활성화에 이르는 순환체계를 중요하게 생각한다. 여기서 말하는 순환체계는 ①문화 예술과 적절히 정비된 사회기반시설을 토대로 도시 생활환경을 개선하여 ②고급인력을 도시 내로 유입시키고 ③고급인력을 필요로 하는 산업과 외부 투자의 유치를 도모하여 ④도시 경제의 활성화와 고용증대를 가져와 도시의 지속적인 발전을 가져오는 것이다. 이러한 순환체계가 시사하듯이 오늘날 문화도시 전략은 근본적으로 도시 이미지 개선에 직결되어 있다. 즉 도시를 아름답게 만들고, 도시의 경쟁력을 높이는 동시에 도시의 정체성을 확립하고 도시다움을 유지하는 데 있어 문화 예술을 활용하는 것이다. 이러한 점에서 문화도시 전략은 세 가지 기본 흐름들이 함께 만나는 가운데 이뤄진다. 그 첫째 흐름은 문화예술의 흐름이다. 이것은 ⓐ문화 예술의 활성화와 지적활동 조건 확보를 위한 문화시설 확대 ⓑ창조성·주관성·다양성의 문화환경 조성 ⓒ도시의 역사문화적 특성 문화적 정체성 형성 ⓓ문화 예술 다변화, 지역의 다양한 구성원들의 융화. 둘째 흐름은 도시생활의 흐름이다. 이것은 ⓐ

생활환경조건의 확보 ⓑ안전성 보건성 건전성 ⓒ도로율, 주택보유율, 하수도 보급률, 녹지율, 열린 공간 등의 확보. 셋째 흐름은 경제 사회활동의 흐름이다. 이것은 ⓐ경제 사회활동 조건의 확보 ⓑ경제성·편리성·쾌적성 ⓒ교통의 편리성, 도시경관의 쾌적성, 자연환경의 보전.[7] 이와 같은 세 가지 흐름이 만나는 지점이 도시 이미지이고 문화도시로 가는 길이다.

부산의 도시 목표와 도시정책

세계체제에서 한국이 반(半)주변부라면 부산은 한국의 반주변부에 속한다. 이러한 반주변부는 한편으로 곤경의 처지이면서 다른 한편으로 가능성을 지닌다. 즉 반주변부가 처한 독특한 위치가 창발적인 가능성으로 전화하는 계기가 될 수 있다는 것이다.[8] 중심부, 반주변부, 주변부에서 가치의 혼재 현상이 두드러진 곳은 반주변부이다. 특히 급속한 근대화를 통하여 주변부에서 반주변부로 진입한 우리 사회의 경우 가치의 혼란은 심각하다. 쉽게 말하면 주변부적 가치가 중심부적 가치에 의해 급격하게 파괴되면서 가치의 혼돈 상태를 겪고 있는 것이다. 이러한 상황에서 서구화를 추구하여 전통에서 탈출하는 것과 정체성의 근원으로서 전통을 재확인하는 것 사이에서 딜레마를 경험한다. 또한 서구와 전통의 양극에 빠지지 않으면서 이 둘의 병존을 통하여 삶의 전체적인 형태를 바꾸어가는 성찰적 노력을 시도하기도 한다. 이처럼 반주변부는 말 그대로의 혼란을 의

---

7) 주정민 외, 『문화도시의 도시재생과 문화콘텐츠』, 전남대출판부, 2005, p.33. 참조.
8) 김용규, 「반주변부 지역문화의 전망」, 『문화의 풍경, 이론의 자리』, 비온후, 2003.

미하는 것은 아니다. 문제는 자기에 대한 성찰이다. 이럴 때 반주변부는 혼성가치의 장이 된다. 우리의 경우에도 이러한 혼성가치는 전통과 근대의 복합, 서구와 동아시아의 긴장된 만남에 의해 상생적 고도화를 이룰 수 있는 조건을 제공하고 있다.[9]

서구의 근대성이 전지구를 변화시켜온 것이 사실이라고 하더라도 그들이 변화시켜온 것과 전지구적 동질화는 엄연히 구별된다. 세계체제는 지역적 세계체제와의 중첩된 역장 속에서 변화하고 있으며, 이러한 변화는 세계적인 것과 지방적인 것 사이의 변증법으로 구체화된다. 이러한 점에서 반주변부는 경계영역이다. 이는 전통과 근대, 근대성과 식민성, 서구와 동아시아, 문명과 자연, 도시와 시골 등 이질적인 것들이 저항하고 교섭하며 혼합되는 영역으로 앞서 말한 혼성가치의 장이다. 경계영역은 우월한 가치에 대한 모방욕망으로 흔들리는 주체를 드러내는 한편, 성찰과 저항으로 재정립되는 주체를 보여주기도 하는 공간이다. 따라서 이것은 종속과 추락을 지시하기도 하고 생성과 창조를 지향하기도 한다. 반주변부 부산이 이러한 가능성으로 도약하는 길을 어디에서 찾을 수 있을까?

부산은 식민도시로 출발하여 생산과 수출도시를 거쳐 항만물류 중심의 도시가 되었다. 근대화 과정에서 생산과 수출의 두 가지 기능을 맡았던 도시 역할에서 전자의 역할이 축소되고 후자의 역할에 중점이 놓이고 있는 것이다. 이러한 가운데 21세기에 적응하는 창조적인 도시로 거듭나기 위한 모색을 다각도로 하고 있다. 현재 세계도시, 아시아영상중심도시, 해양수도, 창조도시 등 여러 개념들이 등장하고 있는바, 도시 목표(Mission)에 대한 토론 과정에 놓여 있음

---

9)　이수훈, 『세계체제, 동북아, 한반도』, 아르케, 2004, pp.115-117.

1970년대 부산 풍경(사진제공-김한근 소장)

을 알게 한다. 이처럼 부산의 도시 목표와 전략 수립에서 혼란이 생기는 것은 제2도시 이데올로기의 일정한 간섭이 한 요인이라 생각된다. 말할 것도 없이 제2도시 이데올로기가 지역민의 자부와 정체성과 결부될 때 그것은 매우 생산적인 에너지를 지니게 된다. 문제는 변화하는 도시의 실상을 은폐하거나 상상적인 대리 만족의 이념이 될 때 나타난다. 가령 세계도시 전략은 많은 토론을 요한다. 부산이 최상위 계층에 있는 세계도시가 되기는 힘들다. 이들 세계도시는 세계체제의 중심부 국가에 속할 수밖에 없기 때문이다. 반주변부 국가의 경우 상파울루나 싱가포르 등이 1차 세계도시로 분류된다. 서울은 이들에 비해 2차 세계도시에 속한다. 부산이 세계도시가 된다는 것은 반주변부 국가에서 세계도시가 되겠다는 것이다. 물론 이러한 전략은 서울 예속에서 벗어나 스스로 도약하겠다는 의도에 상응한다. 더구나 부산이 규모나 잠재력에서 준기능 집적의 하위 세계도시가 되는 것은 불가능한 일이 아니다. 그렇다면 이러한 세계도시가 되기 위해 부산은 어떠한 도시 전략을 수립해야 할까? 여기에 서구의 공업도시 쇠퇴기 극복 방안으로 제기된 문화도시 전략이 원용될 수 있을 것이다. 그런데 이러한 개념들 사이엔 상충하는 국면과 경합하는 국면이 공존한다. 한편으로 성장과 개발 위주의 도시모델에 대한 지향이 있고 다른 한편으로 도시재생과 조정을 통한 문화도시에 기대가 있는 것이다. 문화도시는 세계 유수의 도시들이 추구하는 방향이고 21세기가 요구하는 모형이라는 점에서 이에 대한 부산의 전략이 요구된다.

경제 중심의 세계도시 지향과 문화중심, 해양중심 지향은 각기 다른 방향이다. 해양도시는 부산이 지닌 기본 성격이라 할 수 있다. 이를 바탕으로 세계도시 플랜은 동북아 금융과 무역의 결절지 부산을 상정한다. S. 사센 등이 말한 세계도시는 "1980년대부터 본격화한 글로벌 경제의 정점에 우뚝 선 다국적 거대기업과 거대금융기관의 본사나 의사결정부문이 있고, 카지노 자본주의의 거대한 룰렛이라고 부를 만한 국제금융시장이 형성되어, 금융과 경제의 세계적 사령탑의 역할을 하는 도시"[10]를 의미한다.

그런데 부산의 경우, 해양도시 인프라가 제대로 구축되어 있지 않다. 제조업과 항만 중심으로 성장한 도시여서 해양문화 인프라가 매우 부족한 것이 현실이다. 해양문화도시보다 영상중심도시라는 개념을 앞세운 까닭이 여기에 있을 것이다. 영상중심도시는 종합적인 도시 계획의 산물이 아니라 지자제 시행 이후 정책적인 선택의

---

10) 사사키 마사유키, 앞의 책, p.18.

산물이다. 이는 특정 문화산업에 편향된 도시 목표 설정이라는 한계를 지닌다. 더군다나 제작과 배급과 유통 등 제반 여건을 구비한 가운데 형성되고 있는 개념이 아니라는 점에서 근본적인 접근이 요청된다. 이러한 요청과 더불어 '해양문화도시 혹은 문화도시, 부산'이라는 전략이 제기된다. 요컨대 탈근대 미래도시 부산의 모습은 어떠해야 하는가? 먼저 도시공간의 질적 측면이 고려되어야 할 것이다. 이와 더불어 내발적인 발전요인들이 강화되어야 할 것이고 지역적이고 세계적인 스케일의 네트워크가 형성되어야 한다. 이러한 관점에서 그동안 제시된 도시목표와 비전이 지닌 적합성 여부가 세심하게 고찰될 필요가 있다. 세계도시라는 목표 설정에 과잉이 있다면 해양수도는 일국적(national) 비전이라는 한계를 지닌다. 아울러 초광역권 구상으로도 불리는 '도시국가' 개념이 국가중심 체계라는 현실을 간과한 이상주의적 측면이 있음을 간과할 수 없다. 이러한 점에서 '창조도시' 적합성에 대한 고민이 시의성을 지닌다. 민선 5기 시정목표는 다섯 가지다. 1)풍요로운 신경제도시, 2)사람중심 창조도시, 3)함께하는 선진복지도시, 4)매력 있는 생활문화도시, 5)글로벌 일류 도시. 그동안 강조되었던 세계도시(global city)와 함께 창조도시와 문화도시가 부각된 사실을 눈여겨보아야 한다. 행정기구로 '창조도시본부'가 구성되고 여러 가지 사업을 수행하고 있다. 원도심 창조도시, 산복도로 르네상스, 강동권 창조도시, 행복 마을 만들기, 도시 경관 디자인, 커뮤니티 뉴딜 사업, 시민공원 조성사업 등 다양한 정책을 펼치고 있다. 전문가 집단의 창조도시 포럼이나 학회가 활동하고 있고 시민사회 레벨에서 부산을 문화도시, 창조도시, 인간적인 도시로 가꾸기 위한 다양한 노력들이 전개되고 있다. 지역정부와 민간이 모두 '창조도시'를 중요한 지향으로 삼고 있음에 틀림이 없다.

하지만 부산은 규모가 크기 때문에 '창조도시'라는 목표에 도달하기가 쉽지 않다. 다양한 창조도시 이론(C. 랜드리, R. 플로리다, 사사키 마사유키 등)을 수렴하는 가운데 부산의 특이성에 상응하는 창조도시론이 정립되어야 하는 것이다.

부산이 안고 있는 과제는 ①문화 창의 산업 도시가 되어야 하고 ②정주 환경과 도시 이미지를 개선해야 한다는 것이다. 우선 ①은 기존의 산업들이 사양화되고 새롭게 부산의 주력 산업으로 받아들여지는 것 가운데 창의 산업과 문화산업이 중요하게 인식되고 있다는 사실과 연관된다. 그리고 ②는 북항 재개발, 도심 공원 조성 등 도시재생 프로그램이 당면 과제가 되고 있다는 사실과 직결된다. 특히 ②는 부산의 4대 주력 산업 가운데 하나인 관광 컨벤션 산업 활성화를 위해서도 중요한 사항이다. 그렇다면 이들 당면 도시 과제들은 창조도시 전략에 상응하는 것으로 보인다. 따라서 창조도시의 기본적인 체계를 형성하는 세 가지 흐름(생활환경 개선 운동, 경제와 사회활동의 조건 개선, 문화예술 활성화와 이를 위한 문화기반시설 확대)을 창조도시 부산 전략 수립 방법으로 받아들여도 될 것이다.

부산의 특이성과 문화도시 전략

부산의 특이성

부산이라는 토포스의 의미 과거에 대한 인식은 가족, 국가, 지역사회 등 집단적인 정체성을 형성하고 강화할 수 있는 방식들 가운데 하나이다. 특히 기원 담론은 신화가 되어 현재의 삶에 영향을 끼친다. 그런데 과거의 역사는 대개 현재의 욕망에 투영된 의미라 할 수 있다. 부산의 기원 담론 또한 과거를 통하여 현재를 말하려는 다양한

1875년 부산 중앙동 해안(사진제공–김한근 소장)

욕망의 산물이자 의미들의 생산이다. 어원학은 자주 기원의 신화를 만드는 데 기여한다. 증산(甑山)과 부산의 관련성을 말함으로써 애써 부산이 일제가 만든 식민도시라는 사실을 회피하려는 경향은 자주 목도되는 현상이다. 하지만 어원이 식민도시라는 공간 생산의 실제를 대신하는 것은 아니다. 공간적 차원에서 식민도시를 우회하려는 시도는 대부분 동래기원론과 동래해체론으로 집약된다. 동래가 부산의 기원이라고 말하거나 일제가 동래를 해체하기 위해 부산을 건설하였다고 함으로써 식민도시적 유산을 거부하고 민족적 주체를 획득하려는 것이다. 그러나 이러한 담론이 지니는 이데올로기적 한계 또한 분명하다. 부산이라는 도시는 일제에 의해 건설된 식민도시에서 출발한 것이 엄연한 사실이기 때문이다. 이러한 점에서 동래기원설과 동래해체설이 현재에 기여하는 목적들을 살피는 일이 제기된다.

　근대 이전에 '부산'은 존재하지 않는다. 다만 부산포라는 포구가 있었을 뿐이다. 이 지역의 중심은 단연 동래이다. 이와 함께 군사적 요충지이기도 한 기장과 수영과 다대포가 배치되어 있었던 것이다. 그렇지만 부산의 기원이 동래인 것은 아니다. 그럼에도 지역의 일부 역사가들과 지역민들은 부산의 기원을 동래라고 말하거나 그렇게 믿으려 한다. 이는 조일7년전쟁(임진왜란)의 아픈 역사와도 연관된다. 이러한 역사적 기억과 주장에 민족주의 이데올로기가 틈입하는 것은 피할 수 없다. 여기서 '왜관'의 존재를 동래와 함께 부산의 전사를 살피는 과정에 기입하는 일이 요청된다. 물론 왜관을 부산의 기원이라 규정하기보다 부산의 전사라는 맥락에서 이해하려는 것인데, 왜관을 부산의 전사로 보려는 것은 세 가지 차원에서 의미를 가진다. 먼저 부산의 탄생을 '일본인전관거류지'에서 발전한 식민도시에 한정하는 데서 탈피할 수 있고 다음으로 민족주의가 투영된 동래기원설의 편향을 넘어설 수 있다. 아울러 부산의 미래도시 비전을 재구성하는 방법으로 이를 활용할 수 있다. 이를 통해 제국과 식민의 이분법으로 부산을 이해하는 관점을 벗어나는 한편 21세기 세계로 열린 도시 개념을 창안하는 계기를 만들 수 있을 것이다.

　다시로 가즈이에 의하면 조선후기 260년 동안의 한일관계는 일찍이 없던 선린우호의 시대였던바, 이를 매개한 것이 왜관이었다.[11] 부산지역의 왜관은 1407년 이후 네 차례에 걸쳐 장소를 바꿔 설치된다. 부산포 왜관(1407~1600), 절영도 왜관(1601~1607), 두모포 왜관(1607~1678), 초량왜관(1678~1876).[12] 특히 1678년 설치되어 1873년

---

11) 다시로 가즈이, 정성일 역, 『왜관』, 논형, 2005, p.16.
12) 이러한 왜관에 역사에 대한 것은 양흥숙, 『조선후기 동래지역과 지역민동향: 왜관

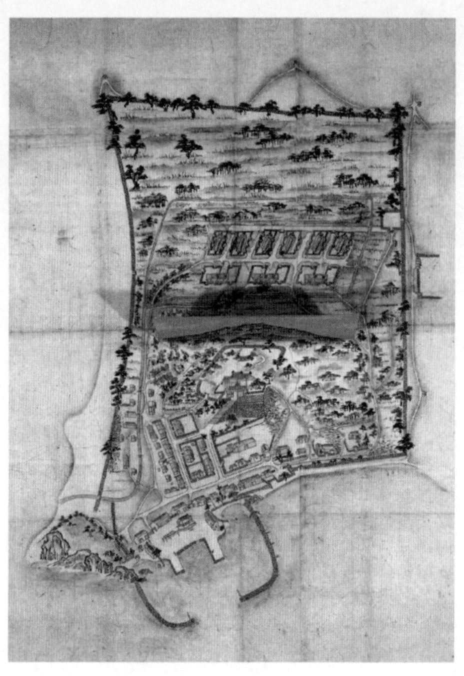

초량왜관도(제공-김한근 소장)

메이지 정부에 의해 접수된 이후 문을 닫았던 초량왜관은 부산의 전사에 해당한다. 이러한 왜관은 개항 장소를 특정한 곳으로 한정하여 그곳에 외국인 시설을 별도로 만드는 동아시아의 전통적인 교류 방법으로 고대 중국에서 유래하며 에도시대의 일본에서도 이와 유사한 예들이 있다. 규슈의 서쪽 나가사키의 데지마에 세워진 네덜란드 상관과 나가사키의 간나이쵸에 있던 도진야시키(唐人屋敷), 규슈의 남쪽 끝에 위치한 가고시마 성 주변의 유구관 등이 그렇다.

나라가 다르고 시대에 차이가 있고 시설이 만들어진 과정이나 운영 방식 등이 가지각색이지만 어느 것이든 동아시아 국제사회에 공통되는 거점 교류를 위한 시설이었던 것이다.[13] 초량왜관은 일본이 조선과의 교역을 위하여 국외에 유치한 시설인 셈이다. 왜관의 전말은 사대교린의 전통적 중화질서에서 새로운 자본주의 세계질서로 전환되는 과정과 일치한다. 초량왜관이 폐쇄되는 것은 메이지 정부가 일본 상인들의 무역을 장려하는 과정에서 초량왜관을 사실상 접수하

교류를 중심으로』, 부산대박사논문, 2009; 김정동, 「부산, 왜관의 근대성에 대하여」, 『건축 · 도시환경연구』 제6집 1998년 12월 참조.
13) 다시로 가즈이, 앞의 책, p.15.

는 데서 비롯한다.[14] 이는 대마도와 초량왜관 라인을 이어 중국으로 향하던 무역관계에 변화가 생겼음을 의미한다. 다시 말해서 시장규모를 확대하고 기술자급을 이룩해온 일본이 조선을 앞지름과 동시에 자본주의 세계체제에 깊숙이 편입되어간 것이다. 중국 따라잡기형 발전에서 일본은 은을 통하여 자본을 축적하고 국가가 자급화를 적극적으로 주도하여 기술발전에 성공한 것이다. 이에 비하여 조선은 조공체제에 강하게 편입되어 있어 독자적인 자본 축적과 기술 발전이 부족하였다.[15] 따라서 1876년 병자수호조규에 의하여 왜관이 일본전관거류지로 바뀐 것은 동아시아 지역질서 변동에 상응한 것이라 할 수 있다. 조선정부에 의해 설치되었다 메이지 정부에 의해 폐쇄되고 다시 일본전관거류지로 개편되어 마침내 부산으로 발전하는 왜관의 역사는 한일 간의 교류와 연대가 요구되는 오늘의 시점에서 부산의 전사로 재해석될 수 있는 여지가 많다. 왜관은 1407년 설치된 이후 1876년 개항까지 무려 350여 년 존속하면서 한일 간의 교역과 문화교류의 장이 되었다. 실로 왜관은 동아시아 물류의 한 중심이었다고 해도 과언이 아니다.[16] 부산이 동북아 허브 또는 플랫폼을 지향한다면, 왜관의 지위와 그에 대한 평가를 다시 할 필요가 제기되는 것이다.

교역과 상업의 도시 도시주의와 식민주의는 필연적인 연관성을 지닌다. 통제와 잉여 추출의 기능을 수행하고 시장, 소비의 중심, 축적

---

14) 김정동, 앞의 글, p.9.

15) 강진아, 「16~19세기 동아시아 무역권의 세계사적 변용」, 『동아시아의 지역질서』 백영서 외, 창비, 2005.

16) 김동철, 다시로 가즈이(정성일 역)의 『왜관』 서평, 『한일관계사 연구』 24권, 2006.

의 무대로 식민지가 존재한다는 점에서 식민주의는 도시적 성격을 지닌다. 식민주의의 현시방식은 도시적이라는 앤소니 킹의 지적처럼 식민주의가 식민지 국가의 공간조직과 도시체계에 미친 영향은 전세계적이다.[17] 이러한 점에서 일본전관거류지가 도시로 바뀌는 것은 제국 일본의 형성과 맞물리게 된다. 실제 일본 정부는 개항 초부터 일본 거류민 증가를 예상하여 도로망을 계획하고 가옥의 구조를 규제함으로써 식민도시를 형성해갔다. 왜관이 전관거류지로 바뀌자 돌벽과 성문 등을 헐어버리고 영사관 건물을 중심에 두는 한편 그 둘레에 경찰서, 상공장려관, 전신국, 은행, 병원 등 공공건물을 차례로 배치하여 일본화된 시가지를 만들어간 것이다. 이리하여 외국인이 보는 부산이란 일본인거주지를 의미하게 되었다.[18]

앤소니 킹에 의하면 식민주의가 식민지에 건설한 도시의 유형은 크게 두 가지이다. 첫째는 외부지향형 항구도시로 이 도시들을 통해 상품이 중심부로 수출되었고 식민주의의 후기단계에서는 제조품이 주변부로 수입되었다. 둘째는 식민사회의 도시계층의 재조직화와 식민수도를 포함한 정치, 행정, 군사 중심지의 구축이다.[19] 식민도시 부산은 단연 첫째 유형을 대표한다. 부산은 일본과 대륙을 잇는 관문이다. 철도와 철도연락선으로 일본 열도와 대륙을 통합하는 구상의 결절점인 것이다. 또한 중심부 대도시와 주변부 조선의 노동 분업을 가능하게 하는 항구도시로 대단히 중요한 위치에 놓이게 된다. 따라서 일제는 근대화된 일본의 위용을 드러내기에 족한 건축물들

---

17) 앤소니 킹, 이무용 역, 『도시문화와 세계체제』, 시각과 언어, 1999, pp.26-27.
18) 김정동, 「부산, 왜관의 근대성에 대하여」, 『건축 · 도시환경연구』 제6집, 1998, p.11.
19) 앤소니 킹, 앞의 책, p.27.

을 부산에 세워 도시 스펙터클을 형성함으로써 식민지민들을 압도
한다.

　청일전쟁이 동아시아 구질서의 몰락을 의미한다면 러일전쟁은
새로운 질서의 형성을 뜻한다. 러일전쟁 이후 일본거류민의 활동은
더욱 활발해진다. 중화적 동아시아 지역질서의 붕괴는 한편으로 서
양의 조약체제의 도전에 의한 것이기도 하지만 이보다 먼저 중국
의 중심성을 부정해왔던 일본에 의해 추진되어온 측면이 크다. 물론
일본의 근대화도 결코 순탄한 것만은 아니다. 일일이 이를 예거하
긴 어려우나 무엇보다 일본이 세계사적 행운을 거머쥔 것은 분명하
다.[20] 영국 패권이 쇠퇴하는 과정에 유럽에 보불전쟁이 일어나고 미
국이 근대 자본주의 국가로 재편되는 과정에서 내전을 겪게 됨으로
써 시간의 경쟁에서 일본은 기회를 얻었다 할 수 있기 때문이다. 이
러한 기회를 적극적으로 활용해 세계자본주의 체제의 반주변부에
서 중심부로 도약을 시작한 것이다. 실제 아편전쟁과 청일전쟁이 일
본인에게 끼친 영향은 페리 내항만큼이나 컸다고 할 수 있다. 페리
내항 이후 전술적 전환이 빨랐다면 청일전쟁 이후 새 질서의 주역이
되려는 의지가 확고해지는 것이다.

　서구 열강을 모방하고 있던 일본이 조선에 개항을 요구하여 1876
년 부산을 시발로 1879년 원산, 1883년 인천 등이 차례로 개항한다.
하지만 1882년 임오군란이 일어나고 1884년에는 갑신정변이 실패
로 끝나는 등 격동의 시기가 계속되면서 조선과의 교역은 크게 확대
되지 않는다. 1876년 개항과 더불어 일본 정부는 나가사키, 고토(五
島), 쓰시마, 부산을 잇는 항로 개설을 지원하고 조선 도항과 무역을

---

20) 마루야마 마사오와 가토 슈이치의 대담에서. 마루야마 마사오 · 가토 슈이치, 임성
　　모 역, 『번역과 일본의 근대』, 이산, 2000, pp.15-20.

장려한다. 이후 일본 상선은 한 달에 한 번씩 나가사키와 부산을 왕복하게 된다. 특히 1877년 '부산항 일본인 거류지조차조약'이 체결되어 왜관 부지 11만 평이 모두 일본의 전관거류지가 되면서 에도시대 이후 쓰시마와의 무역이 이루어졌던 왜관이 복원된다. 1871년 무렵 부산왜관에는 200여 명 정도가 거주하고 있었던 것으로 알려진다. 이후 정세에 따라 부침을 거듭하다 1891년에는 5,000여 명을 상회한다. 1889년 이후 부산의 일본인이 크게 늘어나게 되는데 오사카와 부산 간의 항로 개설도 영향을 미쳤을 것이다. 무역의 경우 1890년대까지 범선에 의존하던 것이 1890년대 말에 이르면 기선이 주도한다. 따라서 하층 계층은 조선에 정주하는 경향이 커졌다.[21] 이러한 조선 내 일본인 인구 증가현상은 개항지와 한성 등에서도 유사하다. 그런데 이러한 일본의 증가가 일본인의 조선시장 장악을 뜻하는 것은 아니다. 청일 전쟁 시기까지 조선에서 청상과 일상은 경쟁관계를 유지했다. 그런데 1893년 도쿄에 식민협회가 결성되면서 식민열이 고양되어 1892년 말 조선 내 일본인 수가 9,137명에 이르나 청일전쟁이 발발할 것으로 두려워한 이들이 귀국하여 이후 다소 줄기도 한다. 1893년 일시적으로 700여 명 정도 감소하나 청일전쟁 이후 1900년 전후 조선 이민론이 본격적으로 대두하면서 일본의 과잉 인구를 해결하고 러시아를 견제하기 위해 일본인 한국 이식을 적극 추진하게 되는데, 이러한 과정과 맞물려 철도건설이 추진된다. 1894년 9,354명이던 조선 내 일본인은 청일 전쟁 이후 1895년 말에는 1만 2,303명에 이르게 된다. 이후 1900년 말에 15,829명이던 것이 1905년 말에는 42,460명으로 증가하고 이민 붐이 일게 된다. 이러한 이

---

21) 다카사키 소지, 이규수 역, 『식민지 조선의 일본인들』, 역사비평사, 2007, pp.18-43.

1908년 관부연락선 잔교(사진제공-김한근 소장)

민 붐이 이는 시기와 관부연락선 취항이 일치하는 것이다.[22]

관부연락선은 일본의 식민정책의 산물이다. 특히 청일전쟁 이후 지속되어온 일본 정부의 이민 장려 정책이 한 획을 그은 것으로 볼 수 있다. 조선에 대한 군사적, 경제적, 문화적 우위를 확보하기 위하여 조선 이민이 장려된 것이다. 야마가타 아리토모는 1894년 11월 7일 「조선정책상주」에서 경부선과 경의선 철도 건설과 평양 이북 의주에 이르기까지 방인(邦人)을 이식하는 것을 제안하고 있다. 실제 조선 내 일본인의 수가 급격히 증가하는 것은 철도 건설 이후이다. 선로 주변에 새로운 일본인 도시가 형성되기도 한 바, 조치원과 대전이 대표적이다. 경의선이 개통된 이후 1908년 신의주의 일본인 거

22) 다카사키 소지, 앞의 책, p.56.

류민단원은 1,535명에 달했다.[23] 이러한 배경에서 1905년 42,460명이던 한국 내 일본인은 1906년 83,315명으로 증가하고 1910년 말에는 171,543명에 이르렀다. 1910년대에 이르러 부산의 일본거류민 수는 크게 증가한다. 이는 일본이 근대화에 따라 해체된 농촌 인구를 조선으로 다량 유입시키고 상인과 기업 등 일본 자본가들을 대량 조선으로 유입하게 함으로써 자국의 생산력을 확대시키려 한 정책의 소산이다.

식민도시 부산의 발전과정은 개항과 더불어 몇 단계의 과정을 거친다. 전관거류지가 확대되면서 1901년에 시가지가 형성되고 1902년에 이르러 본격적인 도시 계획이 시작된다. 1905년 이사청 설치 이후 1906년에는 시구개정 8개년 사업에 착수한다. 식민도시 부산의 면모가 일신되는 것은 1914년 부산부제 실시 이후라 할 수 있다. 1930년대에 이르러 서면 일대 부산진 공업지대가 형성되고 1940년대에는 동래지역까지 부산부에 포함된다. 1937년 조선총독부 고시 '부산시가지 계획령'이라는 부산 최초의 도시 종합계획이 수립되는 바, 목표 연도를 1965년으로 설정하고 있다.

동아시아 결절지로서의 위상과 제2도시론 식민도시에서 출발한 부산은 기존의 틀에서 크게 벗어나지 않는다. 다만 도심의 이동이라는 양상을 보인다. 그런데 이러한 과정에 공간의 무계획적인 팽창 현상이 나타남은 필연적이다. 식민적 근대 도시로 발전할 수밖에 없는 요건이 만들어진 셈이다. 공간 팽창과 함께 새로운 근대적 제도의 정착으로 삶의 양식 또한 급격하게 변하게 된다. 부산지역 공간의 식민

____
23) 다카사키 소지, 앞의 책, pp.63-92.

도시적 특성인 이중성이 그대로 반영되고 있는 것이다.[24] 또한 산업화 과정에서 배후 공업단지가 된 지역이 많고, 1995년 광역시로 확대하면서 동부산과 서부산 지역을 함께 포함하는 다층적이고 복잡한 구성의 "누적도시"가 되었다.[25]

근대화 과정에서 부산의 성장은 경부 개발축의 관문 역할을 하면서 빠르게 진행된다. 제2도시 이데올로기가 형성되는 것은 냉전체제의 하위체제인 분단체제하에서 군사물자와 원조물자를 수용하는 출입구이자 수출주도형 산업의 전진기기가 되는 데서 비롯한다. 부산은 한반도의 관문으로 20세기 냉전체제하에서 수출산업을 주도한 중추항만도시이다. 동서 이념 대립으로, 비유컨대 섬이 된 한국의 경제를 이끌어가는 하나의 축으로서 명실상부한 제2도시의 지위를 유지해왔다. 1960년대의 부산지역경제는 신발, 섬유, 합판 등을 중심으로 한 노동집약적 공업이 발달하여 전국평균수준을 넘어서는 경제성장을 이루었고 1970년대에는 정부의 중화학 공업 육성정책과 더불어 철강, 선박 등이 발달하면서 지속적인 성장세를 유지할 수 있었다.

부산경제가 하강국면을 맞는 것은 1980년대부터다. 제2차 오일 파동을 계기로 정부주도형 중화학공업 중심의 산업정책이 악화되는

---

24) 식민도시는 사회 문화적으로 (1)사회적 양극화-식민모국에서 온 상류계층의 정착민과 하류계층인 토착민 사이의 분화, (2)배타적이고 폐쇄적인 도시사회 형성, (3)이중 혹은 다원적인 집단 구성 등의 특징을 보이고 공간적으로 (1)해변 혹은 강변의 변화, (2)격자형 도시, (3)주거지역의 특수성, (4)외생의 엘리트층과 토착주민 간의 거주지 격리, (5)생활양식의 차이, (6)사용목적에 따른 지구의 분할 등의 특성을 드러낸다. 앤소니 킹, 앞의 책, pp.39-86.

25) 누적도시란 고밀도, 무계획, 이종혼재의 장기존속으로 급격히 가속화되고 있는 엔트로피 증가를 국지적인 개입과 수정으로 조절하고 있는 근대 이전에 생겨난 거대도시를 일컫는다. 봉일범, 『누적도시』, 시공문화사, 2005, p.33.

상황에 능동적으로 대처하지 못했을 뿐만 아니라 서울과 함께 성장관리도시로 지정되어 많은 제약을 받음으로써 전통적인 노동집약적 산업구조에서 탈피하여 기술집약적 산업으로 대체하는 구조조정을 이루지 못한 것이다. 아울러 1990년대에 이르러 제조업 등 역외 이전이 늘어나면서 지역경제의 침체가 가속화되었다. 이러한 부산경제가 새로운 전환의 기회를 맞는 것은 1996년 성장관리도시에서 제외되어 산업여건이 호전되면서부터다. 2000년대 들어 자동차와 철강, 조선 등 중공업의 호조에 힘입어 지역경제가 어느 정도 활력을 얻고 있으나, 경제활동인구의 전국 비중이 7.2%인 반면 지역내총생산은 5.7%에 그치고 1인당 지역내총생산은 전국 14위를 차지하고 있다. 실업률 또한 2005년도 기준으로 전국 12위이다. 이러한 부산 지역의 재정자립도는 2005년도 기준으로 서울과 경기는 물론이고 대구, 인천, 대전, 울산보다 낮은 것으로 나타나고 있다.

실제 부산의 변화는 몇 가지 요인에 의해 진행된다. 먼저 한국자본주의가 후기 자본주의로 가면서 노동집약적인 신발 산업 등 부산의 주력 제조업들이 침체한다. 다음으로 냉전체제 와해 이후 중국과의 교역 확대는 인천에게 일정한 역할을 위임하는 조정 국면을 맞기도 한다. 한편 한국사회의 고질적인 불균형인 수도권 집중 또한 지속적인 역내 인력 유출로 이어지고 있다. 이러한 상황에도 불구하고 지역민을 지배하고 있는 것은 제2도시 이데올로기이다. 오늘날 부산 지역민의 정서의 기저를 이루고 있는 소외, 박탈감 등은 대부분 오래된 제2도시 이데올로기의 환상과 결부되어 있다. 제2도시 이데올로기는 수도권과 내륙중심에서 바라보는 타자성과 그에 연유한 이질성을 함유한다. 따라서 양면성을 지니게 되는데 때론 이것이 저항과 운동의 형태로 나타나기도 한다.

1934년 부산항 경관(사진제공-김한근 소장)

일본의 식민지 도시 형성과정을 보면 대략 세 가지로 유형화할 수 있다. ①일본의 식민지 지배와 함께 완전히 새롭게 도시가 형성된 타입: 부산, 인천, 원산. ②재래 사회의 전통적 도시 위에 겹쳐지면서 식민지 도시가 형성된 경우: 경성, 평양, 개성. ③기존 대도시의 근교에 일본이 신시가를 건설한 경우.[26] 부산은 첫째 유형으로 일제 식민지배가 시작되면서 도시화가 진행된 도시이다. 역사적으로 부산의 도시 공간은 식민화와 근대화로 두 번의 계기에 의해 크게 확대된다.[27] 문화 차원에서 일제가 중앙동 중심으로 도시를 건설하면

---

26) 하시야 히로시, 김제정 역, 『일본제국주의, 식민지 도시를 건설하다』, 모티브, 2005, pp.17-19.

27) 부산의 바른 이해는 월러스틴에 연원한 지역문화론(geo-culture)으로 가능하다. 서구와 서구화한 근대 일본이 주변부 조선을 강제하는 과정에서 근대도시 부산이 형성되었기 때문이다. 중심부의 정치와 경제와 문화의 힘이 도시와 도시적 공간을 형성하는 주된 요인이 되었음을 부정하긴 어려울 것이다. I. 월러스, 김시완 역, 『지역정치와 지역문화』, 백의, 1995.

서 이식된 해양문화는 기존의 내륙문화와 갈등 관계를 형성한다. 이러한 과정에서 해양문화의 의식화가 진행되지 못한다. 근대화 과정에서 부두와 항만 위주의 개발이 강화되지만, 경제개발이라는 하나의 목표에 모아져 해양화의 내면화가 이루어지지 못한다. 해양도시이면서 해양문화가 없는 기이한 풍경이 연출되는 것이다. 이러한 점에서 부산은 문화적 레벨에서 '식민도시'의 자장을 벗어나고 있지 못하다.

예를 들어 한국문학 속의 부산의 풍경을 살피면 이는 몇 단계의 변모를 보인다. 먼저 개항과 더불어 변화가 시작된다. 일제의 대륙정책에 따른 일본화 과정이 신소설 등에 잘 나타나며 외래 문물을 향한 식민지인들의 인식변화 또한 분명하게 보인다. 합방 이후의 시기는 더욱 뚜렷하다. 항구와 기선, 철도와 열차, 은행과 우체국, 전차와 자동차 등 새로운 근대제도의 등장과 함께 근대도시 부산은 그 면모를 일신하게 되는 것이다. 특히 매립과 매축 등에 의한 공간의 변화는 식민도시의 근저를 만드는 기능을 한다. 외생의 식민지 모국 상류층 집단 거주지 형성은 여러 가지 차별과 차이를 만든다. 근대적 문명의 입구인 항구에는 분주하게 사람들과 문물이 오가는데, 상인과 유학생 나아가서 도항자들은 빈번하게 우리 문학 속에 등장한다. 이처럼 전통적 질서가 와해되는 양가적인 현실 앞에서 사람들은 혼란을 겪을 수밖에 없다. 따라서 이 속에 사는 사람들과 그 생활양식도 어느 정도 혼종성을 지니는 경향이 있다. 해양-내륙; 민중-선비; 유동-정착; 이주-토착; 식민-자유; 도시-농촌/어촌 등등, 서로 이질적인 문화요소들이 교차하는 것이다.

근대 초기의 부산항은 해양과 내륙을 매개하는 문학적 상상력의 중요 대상—이인직의 『혈의 누』, 최찬식의 『추월색』, 염상섭의 『만세

1951년 부산항(사진제공–김한근 소장)

전』, 이동구의 『도항노동자』, 임화의 『현해탄』 등―으로 등장한다.[28] 그런데 이러한 시기의 문학에 등장하는 해양은 기존의 연안역 생활 양식과 관조의 대상인 바다와 다르다. 해양은 근대와 더불어 형성되는 새로운 삶의 양식이다. 이러한 삶의 양식에는 근대성과 식민성이 혼재한다. 식민지 사회인 조선이 경우 일방적 수탈과 일원적인 저항만으로 구성된 것은 아니다. 오히려 조선인 스스로 직·간접적으로 참여하는 가운데 '식민지 근대성'을 형성하였다는 관점이 타당성을 더한다.[29] 식민지 조선은 근대적 지배와 종속관계에서 협상과 타협을 통해 헤게모니가 만들어진 사회이다. 부산은 이러한 식민적 근대의 특성이 집약된 도시라 할 수 있다.

28) 조갑상, 『한국소설에 나타난 부산의 의미』, 경성대출판부, 2000.
29) 신기욱·마이클 로빈슨 편, 도면회 역, 『한국의 식민지 근대성』, 삼인, 2006, p.10.

부산지역 공간은 식민도시적 특성인 이중성이 그대로 반영되고 있다. 이러한 양상은 식민적 근대를 경험한 자아의 양가성으로 드러나기도 한다.[30] 문학작품 도처에서 이러한 양가성은 변화하는 도시 풍경과 같이한다. 식민적 근대도시 부산은 해방과 더불어 또 다른 변화를 보이게 된다. 귀국인파에 의해 왜곡된 공간은 더욱 무질서를 보인다. 아울러 일본적 근대와 서구적 혹은 미국적 근대가 혼재하는 가운데 무질서는 극화된다. 이러한 문제가 가장 극대화되는 것이 한국전쟁이다. 일제시대 이래 병참기지로서의 부산이라는 군사적인 공간 배치의 확대와 더불어 내국이민의 급증이라는 현상이 겹치면서 부산은 또 한 차례 새로운 면모를 지닌 도시가 된다.

'끓는 가마솥' 으로서의 부산 부산의 입장에서, 부산으로부터 부산을 보고 지역과 세계를 보는 방법이 요긴하다. 가령 그 기원에서 부산은 식민도시로 출발하였다고 볼 수 있다. 그러나 조금 더 거슬러 올라가 왜관의 존재방식을 생각하면 식민도시론은 상당 부분 보충될 내용을 가진다. '왜관'이 전근대 동아시아 교역의 장이었다는 점에서 부산은 벌써 동아시아 지역적 네트워크의 한 결절점(nodal point)임에 틀림이 없다. 이러한 역사적 경험은 식민경험에 대한 과도한 부정에 기반하여 제기되는 동래 기원설의 한계를 뒷받침한다.

현재 부산에서 일제시대 문화유산 가운데 기념비적인 것은 거의 사라지고 없다.[31] 부산부 건물인 구 부산시청이 롯데로 넘어가 해체될 때 시민사회의 저항은 거의 없었던 것으로 기억된다. 식민도시

---

30) 이러한 양가성 혹은 양면성(ambivalence)이 가지는 의미에서 대하여, 호미 바바, 나병철 역,『문화의 위치』, 소명출판, 2002, pp.145-147 참조.
31) 김기수 외,『근대문화유산조사 및 목록화 사업보고서』, 부산광역시, 2005 참조.

부산 이전의 원근거지인 동래 인근에 새로운 시청이 터를 잡았으니 문제가 없다는 것이다. 문민정부가 역사바로잡기 차원에서 총독부 건물인 중앙청을 허문 것의 지방 복사판이라 할 수 있다. 그런데 이를 아쉬워하면서 부산부 건물을 동아시아 근대역사기념관으로 남겼어야 한다는 주장을 한 논자(김민수, 서울대 교수)가 있었다. 돌이켜 이와 같은 선택이 정말 필요했었다고 생각한다. 식민 유산 또한 부산을 채우는 내용이다. 그것은 해체되어야 할 잔재가 아니라 보존하면서 활용해야 할 유산인 것이다. 확실히 부산은 식민 기억에 대한 완강한 거부 의식을 보이고 있다. 몇 년 전 지역정부가 일본인 거리 조성에 대한 계획을 발표하였다 곤욕을 치르고 철회한 적이 있다. 시민들의 비판이 거세었던 것이다. 일찌감치 조성된 상해 거리와 비교된다. 민중의 이야기가 서려 있는 영도다리가 보존되는 한편 동래 읍성이 복원되는 등 과거의 기억에 대한 부산시민의 양가적 태도는 여전하다. 이 대목에서 조선후기 260년 동안 유지되어온 왜관을 떠올리는 것은 하나의 방법이다. 일본인 마을을 허용한바 있는 과거와 일본인 거리조차 만들 수 없는 현실의 거리는 무엇일까? 아울러 이러한 거리를 극복할 수 있는 길은 없을까? '부산을 위한 부산학'은 부산의 시각에서 부산을 재구성하는 일과 연관된다.

식민지 도시의 유산을 마땅히 청산해야 할 잔재라고 규정하는 민족주의는 그 당위성에도 불구하고 21세기 부산의 미래 구성에 활력이 되지 못한다. 식민도시 이래 근대화 과정에서 기형적으로 팽창을 거듭한 부산을 재정비하면서 내발적인 에너지를 지닌 동아시아 네트워크 도시로 이끄는 일이 긴요하다. 이중도시의 불균등 발전 구조가 온존하거나 확대 재생산된 국면은 수정되어야 하지만, 식민도시 이래 여러 계기에 의해 진행된 문화 혼종화는 부산을 다문화 네트워크 도시로 만드는 바탕이 될 것이다. 식민시기의 범월과 이산, 해방 공간과 한국전쟁기의 귀환과 피난, 근대화 시기의 이촌향도 등 다양한 역사적 경험들은 부산을 동아시아의 문화적 허브이자 세계로 열린 해항도시의 위상을 품게 한다. 이러한 점에서 제2도시 이데올로기나 세계도시 등 부산의 도시 목표와 연관된 다양한 이념들이 재검토되어야 한다. 중심부 서울에 비친 일국적 시각과 세계체제 중심부의 관점이 투영된 개념들은 타자지향적이어서 주체적인 부산 창생이라는 과제와 다소 어긋난 측면이 있다. 모두 부산을 통하여 부산을 보고 있지 못한 탓이다.

부산을 한마디로 요약하는 것은 어렵다. 하지만 부산의 유래와 역사를 되새겨볼 때 한국사회의 '끓는 가마솥'임에 틀림이 없다. 정부가 우리 사회를 다문화사회로 규정한 것은 최근이다. 그런데 그 어느 지역과 달리 부산은 일찍부터 다문화사회였다고 볼 수 있다. 화교와 일본인 그리고 러시아인들이 거주하거나 왕래해왔으며, 지금은 많은 외국인들이 거주하고 있다. 교역과 상업의 도시, 인종과 문화가 교류하고 융합되는 도시, 부산은 이제 동아시아의 '끓는 가마솥'이 될 수 있을 것이다.

교역과 교류의 네트워크 도시 아시아 여러 해항도시와 차별되는 위상 탓에 부산의 역사에서 가능성을 찾는 일이 쉽지 않다. 식민 상황이지만 문화교섭의 다양한 양상을 추적하여 오늘의 관점에서 그 의미를 새롭게 하는 방법적 노력이 필요하다. 이는 변전의 공간인 해항도시를 민족지학적으로 접근할 것을 주문하는 W. 코콧(2008)의 입장과도 연관된다. 그는 해항도시가 형성되고 산업구조가 재편되면서 재생되는 일련의 역사적 과정을 민족지학적으로 서술하는 일의 중요성을 지적하는데 민족지학이 '지구적 변동의 국지적 결과들'을 면밀하게 연구하는 데 유익하기 때문이다.[32] 이러한 코콧의 방법은 21세기 해항도시의 변화를 서술하는 데 매우 요긴하다. 식민도시에서 근대도시로 나아가 탈근대 네트워크 도시로 변화하려는 도정에 있는 부산의 처지에서 그 기원에 내재한 지역성과 세계성, 식민성과 근대성을 함께 읽어내는 일이 가지는 의의가 적지 않다.

'네트워크 도시'는 하마시타 다케시가 홍콩을 규정한 개념이다. 부산은 일본과 러시아와 중국을 잇는 네트워크임에 틀림이 없다. 따라서 부산으로 스며드는 동아시아를 받아들이고 동아시아 문화가 다양한 장소와 공간에서 자리 잡을 수 있도록 해야 한다. 이러한 점에서 차이나타운의 건립은 물론, 러시아 등 외국인 이주자들이 활동할 수 있는 다문화공간을 구성하고 나아가 한일 간의 교역의 상징인 왜관을 복원하는 일도 가능한 일이다. 부산에는 벌써 여러 가지 양상으로 에스닉 스폿이 형성되어 있다. 부산역 앞이 대표적인데 가게의 간판이나 거리에 있는 미디어들이 외국 국적의 사람들의 활동을 반영하고 있다. 중국, 일본, 러시아 그리고 동남아 여러 나라들에서 온 이주자들의 독자적인 생활세계는 지역적 삶의 변동을 가져오고 있으며 미디어를 통하여 지역에 회로를 형성함으로써 우리가 사는 도시를 변용한다. 이들의 시야는 몸은 로컬 영역인 부산에 있지만 그들의 국가와 지역을 향한 더 넓은 세계와 네트워크가 이루어지고 있는 것이다.

---

32) W. Kokot, "Port Cities as Areas of Transition—Comparative Ethnographic Research", *Port Cities as Areas of Transition*(W. Kokot et. al. ed., Transcript), 2008, pp.16-17.

다층적 공간과 혼종문화 도시 부산을 이해하는 데 있어 두 가지 관점이 필수적이다. 그것은 1)도시 공간의 변화와 2)문화 경험에 대한 고찰이다. 모든 도시는 공통성뿐만 아니라 개별성을 지닌다. 다른 대도시와 마찬가지로 사회적, 문화적으로 다양한 지역, 계층, 양상의 복합체로 존재한다. 상업지구, 소비 환락가, 공업지구, 퇴락한 주거지, 농업과 어업 지역, 미래 도시처럼 보이는 새로운 지구 등 다층적이다. 이처럼 다층적인 공간이 부산인데 그 근저에 이중도시라는 맥락이 놓여 있다. 이중도시(dual city)는 식민도시 형성 단계에서 시작된 것으로 다양한 양상으로 현대에 이르기까지 젠트리피케이션(gentrification)과 슬럼의 대비라는 양상으로 지속된다.[33] 젠트리피케이션은 도심의 고급화, 주택의 고급화, 건물의 고층화 등을 의미하며 도시 재개발은 이러한 공간 구성을 가속화한다. 부산은 식민도시 형성에서 일본인 거주지 중심의 젠트리피케이션과 근대화 과정에서의 도심, 그리고 새로운 도심의 형성과 신도시 개발 등을 통하여 다층적인 형태의 이중 도시성을 지속해왔다.

일제시대의 부산을 염상섭은 "식민지의 축도"로 보았고 김열규는 '식민지의 식민지'라고 의미를 부여한바 있다. 그만큼 부산은 지정학적인 위상을 지니고 있었던 것이다. 일본에 한반도는 대륙을 잇는 통로이기도 하지만 동아 나아가 대동아를 구상하는 병참기지였다. 이러한 가운데 부산은 군사기지적 성격을 지니게 되었다. 군사적 목적으로 구축된 김해공항과 수영공항 그리고 도시 곳곳의 군사 시설들은 냉전체제가 와해되는 시기까지 부산의 많은 공간을 점령하고 있었다. 그러나 한편으로 이러한 군사적 공간이 존재함으로써

---

33) 이득재, 『대구 경북의 도시 공간과 문화지형』, 문화과학사, 2010, p.72.

1951년 6월 용두산에서 본 부산항(사진제공-김한근 소장)

부산의 공간적 재편이 쉽게 이루어진 측면이 없지 않다. 많은 경우 대단지 아파트가 들어서기도 했지만 부산시청의 이동이나 센텀시티와 문현금융단지 등의 조성이 가능하였다. 또한 하야리아부대 자리에 센트럴 파크가 만들어질 예정이고 보면, 군사적 공간들이 빠져나가면서 부산이라는 도시가 제 모습을 찾아가고 있다고 보아도 과언이 아닐 것이다.

부산은 고밀도, 무계획, 이종혼재의 장기존속으로 급격히 가속화되고 있는 엔트로피 증가를, 국지적인 개입과 수정으로 조절하고 있는 '누적도시'의 성격이 크다. 이는 여러 번의 급격한 인구이동과 정착과정과 연관된다. 먼저 해방과 더불어 일본인 거주지가 와해되고 귀환민들이 정착하는 과정을 들 수 있다. 국제시장 형성사가 말하듯이 패전으로 귀국하는 일본들이 내다 놓거나 남겨둔 물품의 시장이 만들어지고 미군정하에 밀무역의 중요거점이 되기도 한다. 한국전쟁으로 부산의 인구는 엄청나게 팽창하며 피난민들이 만든 판자촌으로 대규모 주변부가 형성된다. 여러 차례의 대규모 화재가 불러온 집단이주는 도시를 확장하는 계기가 된다. 한국전쟁기에 부산은 명실상부한 제2도시의 지위를 획득한다. 이러한 사정에는 임시수도의 지위를 획득한 일도 포함되지만 이보다 일제 시대에 구축된 항만을 통해 전쟁물자와 원조물자들이 수송될 수 있었던 탓이 크다. 이러한 항만은 냉전체제로 섬이 된 한국이 수출주도형 근대화를 이루는 발판이 된다. 1960년대 후반 이후 부산항은 지속적인 확장을 이루며 부산의 해양도시적 면모를 주도한다. 1963년의 직할시 승격은 근대도시 부산의 위상을 상징한다. 인근 농촌지역에서 대량의 인구가 근대화과정에서 유입되면서 부산은 동과 서로 확대를 거듭한다. 1995년 광역시 승격으로 부산은 거대도시가 되었다. 이러한 과정에서 부산은 중심과 주변이라는 이중성이 마치 프랙털과 같은 형상으로 중첩되고 중층화되었다.

부산의 도시공간과 문화지형을 모순으로 이해할 것인가, 아니면 중첩과 혼종으로 이해할 것인가? 도시민 사이의 격차가 공간적으로 표출되고 있는 현상에 대하여 '모순'을 말하지 않는 이는 없을 것이다. 센텀시티와 같이 사무실과 주거동, 대형 쇼핑몰, 레스토랑, 영화관과 미술관, 방송국과 학교 등 다양하고 복합적인 시설들이 사람을 유인하고 흡수하는 공간은 부산의 문화지형을 바꾸어놓고 있다. 부산이라는 공간 안에 다시 글로벌 도시가 들어선 형국이다. 세계화의 도전에 직면하면서 극도의 이중도시화가 진행된 것이 센텀시티라 할 수 있겠는데 이러한 현상은 향후 북항 재개발에서도 반복될 것이라 짐작된다. 도시 속에 또 다른 도시가 존재하면서 도시의 안과 밖, 고급과 저급과 같은 비대칭성이 존재하는 공간의 이중도시화 현상은 부산이 안고 있는 공간 모순의 핵심에 해당한다. 추상화되고 있는 도시 공간을 구체적인 경험 공간으로 변화시키는 일은 이중화가 중첩된 누적도시의 엔트로피를 해소하는 길이다. 이러한 점에서 부산의 공간을 다양한 문화적 혼종화의 양상으로 이해하고 이러한 혼종화가 일어나는 접경을 살려내는 방안을 강구할 필요가 있다. 혼종화와 이중도시화는 상호연관성을 지니면서 다른 맥락을 지닌다. 이중도시화라는 외적 공간 분할과 달리 혼종화는 문화와 경험의 양상을 의미한다. 문화가 삶의 전체적인 과정이라는 점에서 개발로 인한 추상화를 넘어서 장소와 공간의 다층적인 관계와 사람들의 감정의 구조에 가 닿은 접근이 요구된다. 이러한 접근을 통하여 부산은 다양한 문화적 혼종화가 이루어지고 있는 복합적인 공간임이 드러날 것이다.

부산은 식민지의 식민지였지만 오늘날은 동아시아의 허브 도시로 그 잠재력을 보이고 있다. 허브는 국경을 초월하는 거점으로 국내와 국외를 네트워크한다. 이러한 공간에서 모방과 창조가 동시에 일어나는 것은 당연하다. 하지만 로컬리티가 중요한 가치로 대두하고 있는 세계화 시대라는 관점에서 부산이 지닌 개성을 살리는 작업이 글로벌 도시 공간을 모방하는 일 못지않게 중요하게 되었다.

문화도시 전략

1) 부산의 도시 위상과 문화도시 전략

본래 부산은 해양문화와 내륙문화가 만나고 그것들이 조화를 이루어오던바, 일제가 중앙동 중심으로 도시를 건설하면서 기존의 동래와 다대포와 기장 지역이 주변화되는 과정을 겪고, 근대화 과정에서 부두와 항만 위주의 개발이 이루어져 항만중심의 도시가 된다. 또한 산업화 과정에서 배후 공업단지가 된 지역이 많고, 광역시로 팽창하면서 동부산과 서부산 지역을 함께 포함하는 다층적이고 복잡한 구성의 '누적도시'가 되었다. 이러한 누적도시로서의 부산은 부산을 문화도시로 전화하는 기획에 있어 복합적이고 다층적인 지역문화전략이 필요조건임을 시사한다.

근대화 과정에서 부산의 성장은 경부 개발 축의 관문 역할을 하면서 빠르게 진행된다. 이러한 부산이 변화하는 것은 먼저 한국자본주의가 후기 자본주의로 가면서 노동집약적인 신발 산업 등 부산의 주력 제조업들이 침체하면서 시작된다. 아울러 냉전체제 와해 이후 중국과의 교역 확대는 인천에게 일정한 역할을 위임하는 조정 국면을 맞기도 한다. 한편 한국사회의 고질적인 불균형인 수도권 집중 또한 지속적인 역내 인력 유출로 이어지고 있다. 부산이 도시 목표와 전략에서 다소 혼란스럽게 된 것도 이러한 여러 상황과 맞물려 있다. 따라서 해양수도, 세계도시, 영상산업도시 등의 혼재하는 도시 목표에 대한 검토가 필요하다. 특히 세계도시 전략에 대한 토론이 활발하게 전개될 필요가 있다. 부산이 최상위 계층에 있는 세계도시가 될 수는 없다. 이들 세계도시는 중심부 국가에 속할 수밖에 없기 때문이다. 반주변부국가의 경우 상파울루나 싱가포르 등이 1차 세계도시로 분류된다. 서울은 이들에 비해 2차 세계도시이다. 부산이 세계도시가 된다는 것은 반주변부 국가에서 세계도시가 되겠다는 것이다. 물론 이러한 전략은 서울 예속에서 벗어나 스스로 도약하겠다는 의도에 상응한다. 말할 것도 없이 부산이 규모나 잠재력에서 준기능 집적의 하위 세계도시가 되는 것은 불가능한 일이 아니다. 그렇다면 이러한 세계도시가 되기 위해 부산은 어떠한 도시 전략을 수립해야 할까? 여기에 서구의 공업도시 쇠퇴기 극복 방안으로 제기된 문화도시 전략이 원용될 수 있을까?

부산이 안고 있는 과제는 ①문화산업 도시가 되어야 하고 ②도시 이미지를 개선해야 한다는 것이다. 우선 ①은 기존의 산업들이 사양화되고 새롭게 부산의 주력 산업으로 받아들여지는 것 가운데 문화산업이 중요하게 인식되고 있다는 사실과 연관된다. 그리고 ②는 북항 재개발, 도심 공원 조성 등 도시재생 프로그램이 당면 과제가 되고 있다는 사실과 직결된다. 특히 ②는 부산의 4대 주력 산업 가운데 하나인 관광 컨벤션 산업 활성화를 위해서도 중요한 사항이다. 그렇다면 이들 당면 도시 과제들은 문화도시 전략에 상응하는 것으로 보인다. 따라서 문화도시의 기본적인 체계를 형성하는 세 가지 흐름(생활환경 개선 운동, 경제와 사회활동의 조건 개선, 문화예술 활성화와 이를 위한 문화기반시설 확대)을 문화도시 부산 전략 수립 방법으로 받아들여도 될 것이다.

2) 시민 참여형 부산 문화도시 운동 전략

부산이 문화도시가 되기 위해서는 세 가지 요소들이 결합한 기본 시스템을 갖추어야 한다. 이들 세가지 기본요소는 생활환경의 기본 토대와 경제·사회활동의 기본 토대, 그리고 문화예술 기본 토대이다. 서구의 많은 공업도시들도 세계자본주의의 환경 변화에 따라 쇠퇴하면서 단순하게 문화예술 활성화만으로 문화도시로의 전환을 이룬 것은 아니다. 이와 더불어 도시기반시설을 재정비하고 도시를 재생하면서 장소마케팅을 병행하는 가운데 문화도시, 문화산업도시, 창조도시로 거듭난 것이다. 이러한 점에서 이들 세 가지 기본요소들이 유기적인 관계를 형성하는 시스템이 구축되어야 하고 문화도시 운동 전략도 이러한 세 가지 층위에서 전개되어야 한다.

(가)생활환경 토대 개선 층위의 문화도시 운동

큰 틀에서 부산이라는 도시의 미래를 디자인하는 일과 연관된다. 런던 플랜과 도쿄 플랜 등에 상응하는 중장기 도시 계획을 지역정부와 시민사회가 함께 구상하고 이를 단계적으로 추진하는 운동이다. 이러한 계획을 수립하는 데 있어 가장 먼저 문제가 되는 것은 도시목표이다. 지역정부는 싱가포르나 홍콩과 같은 세계도시를 지향하고 있는 반면, 시민사회는 전지구적 자본의 영향권 하에서 불안정한 구조를 지니는 세계도시가 아니라 내발적 발전의 시스템을 갖춘 문화도시, 창조도시, 해양도시를 지향하는 경향이 크다. 말할 것도 없이 부산은 통합된 도시 가치로 내발적 발전을 내세우기에는 그 규모가 크다. 대체로 창조도시는 인구 100만 이하일 때 그 가능성이 큰 것으로 알려져 있다. 하지만 부산의 도시목표가 세계도시를 지향하는 것도 일방적이다. 부산시역 내 자치구·군이 모두 세계도시를 지향해야 할 필요도 없을 뿐 아니라 그러한 여건을 가지고 있지 않기 때문이다. 가령 절충적인 차원에서 창조적인 세계도시라는 개념을 제시할 수는 있을 것이다. 부산이 동아시아 물류도시로서의 결절점 역할을 한다는 점에서 세계도시의 기능적 측면을 발전시키는 것은 타당한 일이다. 그러나 이러한 측면을 광역화된 역내 지역 전체에 부과하는 것은 도시 모순을 확대 재생산하는 일이 될 것이다. 또한 많은 하위 세계도시들이 문화도시로서도 손색이 없는 도시 발전을 지향하고 있다는 사실에 비춰 부산이 문화도시로 가는 것은 필연에 가까운 일이 아닌가 한다. 따라서 문화도시 부산 만들기 전략이 중요하게 대두하고 있는 것이다. 그리고 이러한 전략은 다음과 같은 충위들을 내포한다.

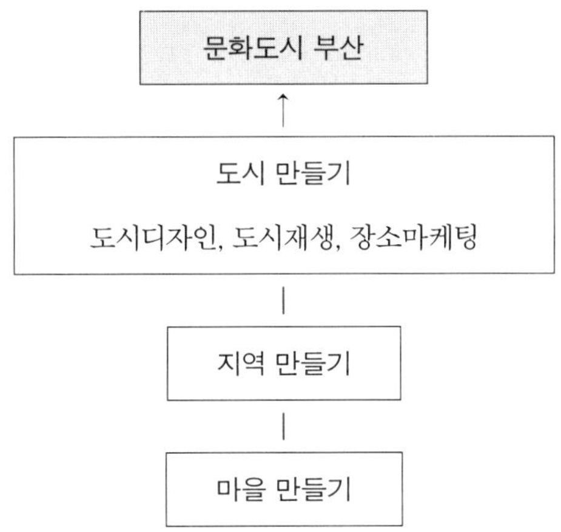

그런데 도시 만들기든 지역 만들기든 모두 마을 만들기의 사상을
공유한다. 농촌이나 어촌, 산촌, 그리고 도시 모든 주거지역을 개조
하는 운동을 포괄하여 마을 만들기라고 할 수 있을 것이다. 이러한
점에서 지역 만들기와 도시 만들기의 개념은 그 규모의 차원이지 정
신이나 사상의 차원은 아니다. 무엇보다 마을 만들기의 이념적 토대
위에서 가능한 일들이기 때문이다. 마을 만들기의 이념은 ①총체성
의 이념 ②시스템의 이념 ③공유 환경의 이념 ④시민공용 공익의 이
념 ⑤시민공존 공생의 이념 ⑥시민협동 동동책임의 이념 ⑦시민 공
감 공동 애정의 이념 ⑧상호교류의 이념 ⑨내발성의 이념[34] 등으로
열거된다.

---

34) 다무라 아키라, 강혜정 역,『마을 만들기의 발상』, 소화, 2005, pp.131-132.

그런데 이러한 마을 만들기는 중앙 집중적 관료주의, 관 주도의 행정, 전문가 위주의 계획 등의 관행이 유지되는 상황에서는 어렵다. 무엇보다 지자체와 시민의 역할과 가능성에 대한 기대가 커지고 지역적 개성과 매력을 높여야 한다는 시민적 공감대가 형성되면서 토지 이용과 개발에 대한 합리적인 룰이 만들어지고 이를 추진하는 시스템이 갖춰질 때 가능한 일이다. 요코하마 도시 만들기를 성공적으로 실천한 경험이 있는 다무라 아키라는 마을 만들기가 행정당국의 변화와 시민의 변화가 연동할 때 가능하다고 지적한다. 요코하마 성공요인에서 보듯이 행정당국은 오직 하드웨어에 집중하던 정책을 바꾸어 도시 건설에 질적 내용을 가미해 도시 디자인을 주창하고 시민 참여를 추구하였고, 시민들은 행정당국의 손에 맡긴 채 자신은 객체로 살기만 하던 자세에서 도시와 마을에 대해 스스로의 문제로 생각해나가는 행동을 실행하였던 것이다. 여기서 시민들은 도시 전체라는 큰 단위에서만이 아니라 자신들 주변의 주택지나 상점가 등 작은 단위에 주목한다. 이래서 마을 만들기는 시민들에게 친근하고 이해하기 쉬운 개념이며 하드웨어와 소프트웨어를 포괄하는 총체적인 이미지를 가지고 있다.[35] 이러한 마을 만들기는 그 목표로 ①안전성 ②보건성 ③편리성 ④주거의 쾌적성(amenity)을, 그 대상으로 ① 물질적 요소 만들기 ②일자리 만들기 ③생활 만들기 ④시스템 만들기 ⑤규칙 만들기 ⑥ 사람 만들기 ⑦행사 꾸리기를, 그 효과로 ①기능 만들기, ②개성 만들기 ③매력 만들기 ④활력 만들기 ⑤의식 만들기 ⑥개성 만들기 등을 지향한다.[36]

아직 마을 만들기에 대한 시민들의 인식은 부족하다. 그 초보적

---

35) 다무라 아키라, 앞의 책, pp.32-33.
36) 다무라 아키라, 앞의 책, p.62.

인 단계에서 여러 지역에서 그 필요성들이 제기되고 있는 실정이다. 물론 물만골 공동체, 반송 사람들 등 그 나름대로 일정한 시스템을 보이고 있는 경우도 없지 않다. 하지만 마을 만들기 운동은 이제 시작 단계를 맞고 있다고 할 수 있다. 그러나 이는 북항 재개발, 도심 공원 만들기[37) 등 당면 이슈와 동부산권과 서부산권 개발과 관련한 지역주민 차원의 대응 등에서 발전적 국면을 맞을 가능성도 없지 않다. 아울러 백만 평 공원 만들기 운동이나 도로 연대 등에서 추진하고 있는 공원과 보행자 도로 확보 전략 등은 비록 마을 만들기의 사상을 전적으로 담보하고 있지는 못하지만 시사하는바 없지 않다. 또한 담장 허물기나 이야기가 있는 골목길 만들기 등에서 마을 만들기 운동의 가능성이 열리고 있음을 볼 수 있다.

(나)경제·사회활동 기본 토대 개선 층위의 문화도시 운동

사람보다 자본이 중시되는 도시는 자본의 권력을 드러내는 건물과 사적 이익에 분주한 간판, 그리고 상품의 이동이 용이한 도로 등이 지배적이 된다. 루이스 멈포드는 이러한 자본이 지배하는 비인간적 도시는 마침내 네크로폴리스(죽은 자의 도시)가 될 것이라 예언한다. 도시는 평범한 소시민들이 창조적이며 존엄한 삶을 누릴 수 있는 장소가 되어야 한다. 존 쇼트는 사람이 중시되지 않는 도시를 ① 자본만이 중요시되는 도시 ②전문가들만이 중요시되는 도시 ③일부의 사람들만이 중요시되는 도시라 규정한다.[38) 우리 부산이 이러한 도시가 아닌가 한다. 부산의 항만과 건물과 도로들은 이윤을 좇

---

37) 북항 재개발과 하야리아 부지 공원화 사업이 성장연합의 일방적 계획으로 추진되지 않기 위하여 문화매개집단과 시민사회 등의 연대활동이 필요하다.

38) 존 쇼트, 백영기 역, 『인간의 도시』, 한울, 2000.

아 건설된 것들이다. 관광명소가 되고 있는 광안대교조차 항만의 물류이동의 목적으로 건설되었다는 점을 간과할 수 없다. 끊임없이 지어지는 건물들 또한 자본의 위용을 드러내기에 적합한 스펙터클을 만들기 위해 그 규모의 웅장함에 부심하고 있다. 공유된 사회적 가치보다 사적 경제 권력을 드러내는 표상으로 건축되고 있는 것이다. 보다 좋은 도시를 창조하기 위해서는 생동하는 공간을 창출하는 건축가들이 필요하고 삶을 개선시키는 계획을 제공하는 계획가가 필요하다. 그러나 부산의 건축가들과 도시 계획가들은 본의 아니게 도시경관을 왜곡하고 자연경관을 파괴하는 데 더 골몰하고 있는 것 같다. 오직 자본과 권력의 표상을 만들기에 급급한 것이다. 이제 이들 맹목적 전문가들에게 도시를 맡길 것이 아니라 시민들이, 주민들이 나서지 않으면 안 된다.

도시에는 생애주기에 따라 서로 다른 세대의 사람들과 사회적 약자나 소수자들이 살기 마련이다. 하지만 자동차천국(Autopia)이 되어버린 도시는 자동차를 사용할 수 없는 사람들과 장애인과 노인들과 어린이들을 끊임없이 곤경에 빠뜨린다. 그렇다고 자동차가 전혀 필요 없다는 것은 아니다. 대중교통 시스템을 개선하여 교통의 편리성을 증대하고 보행자들이 안심하고 걸을 수 있는 거리들을 만들어야 한다. 또한 환경오염을 유발하지 않는 자전거 도로를 조성해야 한다. 존 쇼트는 오늘날의 자동차 중심 도시가 사람 중심의 도시로 바뀌어야 함을 강조한다. "도시에는 자신들의 목소리를 낼 수 없는 사람들이 많이 있다. 그들은 다른 사람들이 만드는 도시에서 살고 있다. 궁극적으로 우리는 이 여러 다른 목소리들을 통합시키고 도시를 여성 위주로 만들 필요가 있으며, 젊은이와 노인의 관여를 촉진하여야 한다. 우리는 모든 시민들의 요구와 선호를 반영하는 도시를 필요로 한다. 그렇게 하지 않으면 우리의 도시와 사회를 빈곤하게 만든다. 도시의 진정한 부는 모든 시민들의 응집된 창조성과 개별적인 창조성에 달려 있다." 그렇다면 이러한 도시를 만들기 위한 시민들의 적극적인 개입과 참여가 필요하다.

지구단위로 차 없는 거리를 만든다는 소극적인 생각에서 벗어나 도시 전체를 대상으로 보행자 권리 운동을 펼쳐야 한다. 이를 위한 보행자 연대, 혹은 자전거 커뮤니티, 또는 이야기가 있는 골목 만들기 그룹 등을 생각할 수 있다. 보행자 권리는 먼저 안전한 가로 확보에서 시작될 수 있다. 다음으로 육교 없애기와 횡단보도 만들기 운동을 전개할 수 있다. 횡단보도 대신에 육교나 지하도를 보행자가 이용하도록 강요하는 것은 자동차 중심의 관점이다. 도로가 도로 이편과 저편을 단절시키고 양측의 문화적 소통을 가로막고 있다면 이를 극복하는 방법은 횡단보도를 만드는 길밖에 다른 방도가 없는 것이다. 부산이 해양도시라고 하지만 바다로 가는 길들은 동서로 가로놓인 대로에 의해 자주 가로막힌다. 이러한 사실은 남포동과 자갈치의 대조적인 경관을 주목해보면 쉽게 이해될 수 있다. 자전거 도로 또한 유기적이거나 연속적이지 못하다. 일부 지역에 만들어진 자전거 도로조차 네트워킹되고 있지 못한 것이 현실이다. 이참에 도시경관 회복을 위한 문화 커뮤니티 운동도 생각할 수 있을 것이다. 자연경관과 도시경관의 불균형은 우리 부산의 도시환경이 얼마나 열악한가를 반증한다. 우리는 자주, 부산이 산과 바다와 강으로 이뤄진 천혜의 자연경관을 지니고 있음을 주장하는 견해에 접한다. 일리가 없는 바 아니나 이러한 자연경관이 도시경관과 조화를 이루지 못할 때 그 가치를 발할 수 없는 것은 췌언의 여지가 없다. 따라서 자연경관을 들어 부산의 문화도시 전환 가능성을 드는 견해는 일면

적임을 면할 수 없다. 문제는 끊임없이 훼손되고 있는 자연경관과 제대로 형성되지 못한 도시경관인 것이다.

(다)문화 예술 토대 개선 층위의 문화도시 운동

문화도시의 외연은 문화예술도시보다 넓다. 그러나 문화예술 활성화를 배제한 문화도시는 존재하지 않는다. 문화예술 활동이 문화도시의 기초가 되기 때문이다. 문화도시를 동심원에 비유한다면 창조적인 예술은 그 중심에 위치하게 되고 문화산업 분야인 출판, 광고, 관광, 미디어 등은 그 원의 중심 부위를 둘러싸게 되는 것이다. 실제 창의성과 다양성은 지역과 국가의 활력을 가늠하는 척도가 된다. 예술은 이러한 창의성과 다양성을 심도 있게 드러내는 양식이다. 이 점에서 예술은 시민이 창의적인 상태에 이르는 토대가 된다. 예술은 한 사회가 발전하는 데 필요한 읽고 쓰는 능력, 셈하는 능력을 풍부하게 한다. 예술은 창의적 과정의 산물이기도 하지만 인간 정신활동의 결정체로서 가장 직접적으로 창의성을 인식할 수 있는 형식이다. 따라서 이러한 예술을 활성화하고 폭넓게 시민들이 이를 향유하는 것은 문화사회, 문화도시를 형성하는 기본이 된다.

그런데 문제는 이러한 예술의 중요성에 대한 인식이 날로 약화되고 있다는 것이다. 영화, 애니메이션, 게임, 대중음악 등의 비약적인 발전과는 달리 이러한 대중문화가 그 원천이라고 할 수 있는 개개 예술가의 창의성으로부터 비롯된다는 사실을 제대로 인식하고 있지 못하고 있는 것이다. 지역 정부의 경우 문화산업과 관광산업 그리고 축제 등을 집중 지원하는 대신, 기초 예술의 중요성에 대한 인식이 부족하다. 이러한 점에서 기초예술 연대의 필요성이 제기될 수 있다. 부산지역의 경우 예술가에 대한 지원과 예술을 향유하는 시민들의 참여율이 신장되는 모습이 보이지 않는다. 기초예술에 대한 지원 정책이 답보상태를 면하지 못하고 있는 것이다.

이러한 상황에서 문화예술 커뮤니티가 더욱 활성화되고 문화매개집단의 적극적인 비판적 개입이 절실히 요구된다. 문화예술집단의 연대와 문화예술교육 활성화 그리고 주요 문화기반시설의 문화예술경영에 대한 비판적 개입이 시급하다. 이를 위해 활동가들과 기획가 그리고 문화정책이론가들이 네트워크를 형성하고 지역문화 발전을 위한 대안 모색에 나서야 한다. 단체나 조직 활동에 매몰되지 않고 지역문화 발전의 비전 아래 커뮤니티를 이뤄, 지역의 문화예술 환경을 변화시키는 노력이 필요한 것이다. 아울러 문화예술이 문화도시 형성의 바탕이 된다는 인식 아래 관심의 지평을 확대해야 한다. 장소와 공간에 대한 관심을 갖고 도시재생과 디자인에 적극적으로 관여함으로써 문화도시 만들기의 주체가 되어야 하는 것이다.

2부　　　해항도시와 해양풍경

1. 해항도시 부산을 보는 시선들

방법으로서의 부산

부산의 기원을 어디로 삼느냐는 문제는 논란의 여지를 남기고 있다. '초량왜관'의 존재의의를 간과하지 않으면서 개항과 더불어 진행된 도시화 과정에 주목하면서 이를 재현한 글쓰기를 탐문하려 한다. 부산의 풍경이 소설 속에 등장하는 것은 청일전쟁(1894~1895)을 배경으로 삼고 있는 신소설에서 비롯한다. 개항(1876) 이후 한동안 부산 이야기는 주로 외국인들의 기행문에 등장한다. 부산이 먼저 타자의 시선으로 그려지고 있는 것이다. 개항과 더불어 형성된 식민도시 부산은 이주 일본인 문화와 로컬 토착 문화가 교차하는 공간이다. 또한 근대 해양세계(maritime world)로 열린 공간이어서 근대가 수용되는 창구이다. 이러한 부산의 근대 풍경을 실감 있게 서술하고 있는 매체가 소설인데, 이인직의 『혈의 누』와 『귀의 성』, 최찬식의 『추월색』, 염상섭의 『만세전』 등에 잘 드러나 있다.[1]

아시아의 여러 해항도시—광저우, 나가사키, 마드라스 등이 17세

---

1) "한국소설 속에 나타난 부산의 의미"에 대한 선행 연구는 조갑상에 의해 이뤄졌다. 조갑상, 『한국소설 속에 나타난 부산의 의미』, 경성대출판부, 2000; 조갑상, 『이야기를 걷다』, 산지니, 2006.

변박의 초량왜관도. 국립중앙박물관 소장

기 이래 아시아 해양경제의 주역이 되어 활동해온 반면, 조선은 왜관의 활동을 제외하고 이러한 경제활동에 참여하고 있는 해항도시를 갖지 못했다. 그나마 왜관의 중요성이 부각되는 까닭이 여기에 있으며 개항 이후 식민지 해항도시 부산과 왜관을 상관적으로 바라보는 시야가 요청된다. 개항에 대한 시각 또한 긍정/부정을 넘어서 "동아시아 역내의 상호관계로부터 보는 지역적(regional) 시야"[2]가 요긴한데 식민도시를 일반화하기 어렵다 하더라도 외부의 권력에 의한 지배라는 변수가 도입되어 이종적이고 다원적인 문화 혼종화 경향이 나타난 지역임을 알 수 있을 것이다.[3] 그런데 이러한 문화적 연구가 지나치게 탈맥락화

---

2) 인하대한국학연구소 편, 『동아시아, 개항을 보는 제3의 눈』, 인하대학교출판부, 2010, p.10.

3) Haneda Masashi, "Framework and Methods of Comparative Studies on Asian

하는 것은 경계해야 한다. 정치·경제사 중심의 협소한 일국사적 담론을 넘어서기 위해서 문화연구를 도입하는 것은 필수적이지만 그렇다 하더라도 식민지 해항도시가 지니는 '복합성'을 견지하는 일이 필요하다.[4] 이 글은 식민지 해항도시 부산의 이중성, 모순성, 복합성을 개항에서 3·1운동 이전까지의 시기를 배경으로 삼은 소설을 중심으로 고찰하고자 한다. 이를 위해 1)근대 표상-철도와 기선 등 미디어 2)도시 공간과 경관 3)일상생활-주거공간과 의복과 음식 등에 대하여 분석할 것이다. 그런데 소설에 재현되지 못한 개항 이후 러일전쟁(1904~1905) 이전의 근대풍경은 외국인의 여행기(travel writing)가 보충할 것이다. 말할 것도 없이 '여행자의 시선'이 지니는 제약이나 소설에 가미된 상상적인 것의 한계를 생각하지 않을 수 없을 것이다. 하지만 그럼에도 민족지적 기술에 육박하는 자료가 드문 상황에서 이들은 부산의 면모를 드러내는 최선에 가깝다 하겠다.

식민지 이중도시와 타자의 시선

해항도시 부산의 이중성은 먼저 타자에 의해 구성된다. 일본은 개항과 함께 초량왜관이 포함된 지역을 근대법적인 전관거류지

Poret Cities in the Seventeenth and Eighteenth Centuries", *Asian Port Cities 1600-1800*, Haneda Masashi, ed., NUS press, 2009, pp.7-11.

4) 식민도시의 복합성은 달리 이중성 혹은 모순성이라 할 수 있을 것인데 김백영은 이를 다음과 같이 설명한다; "식민지 도시공간은 문명의 위광을 과시하는 제국의 스펙터클이 상연되는 극장이자, 인종차별적 양극화의 처절한 드라마가 양산되는 비극적 삶의 무대이기도 한 것이다. 따라서 식민지 도시의 '진실'에 접근하려면 그 모순성과 이중성에 대한 주의 깊은 이해가 선행해야 한다. 김백영, 「식민지 도시 비교연구를 위한 이론적 고찰」, 『공간 속의 시간』(도시사연구회 편), 심산, 2007, p.330.

(concession)로 설정하고 그 안에 거류지역소, 영사관, 경찰서, 상업회의소, 금융기관, 병원 등과 같은 근대시설을 설치하여 신속하게 도시의 면모를 갖추게 된다.[5]

여기는 아무리 바쁜 시기에도 그렇게 활기가 넘치는 곳은 아니지만, 지난 2주 동안 증기선이 한 척도 들어오지 않았다. 그 말은 집에서 보낸 편지도, 빛, 생동감, 문명이 있는 바깥 세계의 소식도 접하지 못했다는 뜻이지. 코리아에서 사는 것이 참 무료하고 지루하다는 걸 느낄 수 있지. 증기선이 온다는 소식을 듣고 며칠째 기다리고 있다. 그리고 이런 기다림이 우리의 마음을 설레게 한단다. 그런데 너와 존, 그리고 이다의 편지를 싣고 와 우리를 기쁘게 해줄 증기선이 아직 오지 않고 있다. 그래도 증기선이 시커먼 연기를 뿜고 즐거운 뱃고동 소리를 내며 올 때까지 기운을 내어 최선을 다해서 참아야 하겠지. 그제는 우리 모두 코리아의 절영도에 가서 한나절을 보냈단다. 진달래가 만발하게 피어 있었고, 그 화려한 색으로 산 한 면을 밝게 물들이고 있었다. (…) 블라디보스톡에서 출항한 일본 정기선 '쓰루가 마루'가 오늘 여기에 올 것이다. 그리고 내일 여기를 떠나 나가사키로 가는데, 그러면 집으로 편지를 실어다 주겠지. 이제 그만 쓰고 나가사키에서 보낸 전보를 보아야 하겠다. 증기선이 예정대로 어제 밤에 출항했다고 하는구나. 몇 줄을 더 적을 시간이 있으면 그렇게 하마.[6]

---

5) 김승, 「일제강점기 해항도시 부산의 형성과 발전」, 『동아시아, 개항을 보는 제3의 눈』(신기욱 · 마이클 로빈슨 편), 인하대학교출판부, 2009, p.66.

6) W. N. 로밧의 편지(초대 부산해관장, 영국인), 1885. 김재승 외, 『근대 부산해관 (1883-1905)과 고빙 서양인해관원에 관한 연구』, 전망, 2006, pp. 84-85 재인용.

1885년 부산항 경관(사진제공-김한근 소장)

초대 부산해관장인 영국인 W. N. 로밧이 1885년 쓴 편지의 일부
이다. 이 글에서 말하듯이 1885년 당시의 부산항은 "무료하고 지루
하다"고 느낄 정도로 교역이 활발하지 않았다. 이는 그가 경험한 영
국의 문명사회와 판이한 풍경에 대한 이해에 기반한다. 그렇지만 블
라디보스톡을 서쳐 부산에 이르는 '스루가 마루'의 항로가 시사하듯
이 러시아와 일본과 조선이 동일한 해역권을 형성하고 있었다는 점
이다. 이는 부산을 둘러싼 청과 러시아 그리고 일본의 각축을 예고
한다. 그만큼 근대초기의 부산은 동아시아의 결절점이었다. 로밧의
편지에서 또 하나 주목할 것은 부산의 경관이다. '절영도'[7]의 아름다

---

7) "사슴섬(deer island)"으로 기술되어 있다.

운 봄을 배경으로 하고 있는데 절영도는 초량에 사는 사람들이 소풍가는 곳으로 보인다. 그런데 1889년 3월 부산항을 둘러본 일본인의 시각은 로밧이 보는 부산과 다르다.

부산, 선박교통은 지금 크게 번성하여 시모노세키로부터 매일 3~4회, 나가사키로부터는 5~6회, 때로는 하카다나 대마도로부터 대개 격일 정도 일본의 우편물을 받아볼 수가 있다. 부산만의 서북해안에 연하여 봉대산의 동남록을 동북진하여 하나의 구릉을 지나면 작은 평지가 있으니 사방은 5정 정도로 이를 중국인 거류지라 한다. 당시 하나의 이사부와 2~3개의 상점이 있을 뿐이라 별로 기록할 것이 없다. 동남쪽 인근을 초량항이라 한다. 인가 100여 호 주민은 모두가 어업과 사업으로서 생활한다. 다시 7정 가량 가면 140-150호의 부락이 있어 구관이라 한다. 그 동북 6~7정 떨어진 곳을 부산진이라 한다. 인가 400여 호가 상업과 어업으로 생계를 한다. 동편에 석조 성곽이 있다. 높이는 2간 반, 주위에 10여 정, 네 개의 문이 비치되어 있다. 서문 위에는 누각을 만들고 액에는 '금루각'이라 대서하였다. 진성의 해안에 연하여 동행하기 약 반 리가량에 우암포가 있다. 인가 불과 10여 호로 우리 표류민을 수용하던 곳이다. 그리하여 황석거류하는 관민 모두가 일체 관외에는 나올 수가 없었으나, 이 표류민을 인계받을 때에 한하여 대마도 사신은 부산진성 아래를 지날 수가 있었다는 것을 알 수가 있다. 부산진을 떠나 북으로 향하여 마비현을 지나 약 2리 남천을 건넌다. 폭은 불과 10간, 좀 견고한 석교가 가설되어 있는데 세병교라 한다. 좌우에 제방이 있고, 위에는 대나무 숲으로 되어 있다. 그 북쪽으로 약 40리 가량 가면 동래부가 있다.

남문은 이중으로 만들었고, 외곽은 와제로 되어 있다. 높은 형체에 높이 3간 위에 누각을 세워 세병문이라는 편액을 달았다.[8]

로밧의 편지글과 4년의 시차이지만 일본인이 보는 부산은 그와 큰 차이를 드러낸다. 여기서 일본인 서술자는 선박교통과 우편제도의 활성화로 일본인 전관거류지에 대한 서술을 요약하면서 시야를 그 외부로 펼치고 있다. H. N. 알렌이 1884년 일기에서 부산은 "완전한 왜색 도시"[9]라고 한 바 있듯이 시모노세키 등에서 정기선이 왕래하는 부산은 이미 일본 도시와 다를 바 없는 경관을 형성하고 있었다. 소위 이중도시(dual city)의 성격을 갖추게 된 것이다. 식민 초기 단계에서 이중도시적 성격은 매우 명료하다. 전관거류지를 중심으로 모든 건대적 기구와 소통의 체계를 형성하였기 때문이다. 인용한 일본인의 기록이 말하듯이 내부와 외부의 풍경은 대비를 이루고 있다. 그런데 부산이 세계적인 토포스로 부상하는 것은 1894년 청일전쟁 시기이다. 오스트리아인 헤세-바르텍은 그의 여행기를 통하여 이렇게 말한다: "지난 몇 달 사이에 조선의 남해안에 위치한 작은 항구 도시 부산은 유명세를 타게 되었다. 1894년에 일어난 청일전쟁이 아니었다면 결코 있을 수 없는 일일 것이다. 신문 독자들은 말할 것도 없고 유럽의 지리학자 중에 그해 전반기의 부산에 대해 조금이라도 알고 있던 사람이 과연 몇이나 될까?"[10] 청일전쟁을 통하여 부산은 일본과 러시아와 청국이 해역의 교두보를 마련하기 위해 각축

---

8) 동방협회 편,『조선휘보』1893. *1889년 3월 부산항을 둘러본 기록임. 김재승 외, 앞의 책, p.68. 재인용.

9) H. N. 알렌, 김원모 역,『알렌의 일기』, 단국대출판부, 1884, p.22.

10) 헤세-바르텍, 정현규 역,『조선, 1894년 여름』, 책과함께, 2012, p.16.

하던 장소에서 세계의 지정학적인 공간으로 알려지게 된다. 앞서 인용한 일본인의 기록은 바로 이러한 상황을 준비한 보고서의 일부가 아닌가 한다. 그런데 청일전쟁 전야에 조선을 여행한 헤세-바르텍은 그의 여행기에서 부산에 관한 많은 서술을 남긴다.[11] 이는 대부분의 여행자들이 부산을 단순하게 지나치는 공간으로 언급한 일과 크게 구별된다. 앞서 말했듯이 그가 부산의 지정학적인 중요성을 깊이 인식한 데 기인한 것이라 할 수 있다. 그의 부산에 대한 서술에서 주목되는 내용은 대략 다음과 같다.

①니폰유센가이샤(日本郵船會社) 소속 겐카이마루(玄海丸)을 타고 스시마를 경유하여 부산에 도착한다. 일본과 다른 조선 해안의 황량함에 실망하고 낙원 같은 일본과 대비되는 조선을 미개와 반문명으로 인식한다. 철저한 유럽중심주의의 시각으로 일본과 조선을 이해하고 있다.

②초량왜관과 1876년 강화도조약을 통한 지위 변화를 서술하고 일본인 전관거류지가 러시아 블라디보스톡 항로와 나가사키 항로의 결절점임을 설명한다. 부산의 지정학적인 위상에 대한 이해를 보이고 있다.

③여행자의 시선으로 볼 때 부산은 '철저하게 일본의 항구'라고 생각한다. 쓰시마와 규슈에서 건너온 5천여 명의 일본인 여성을 목도하면서 일본인 거리의 안정되고 깨끗한 배치와 대비되는 배후 풍경을 지적한다. 애초 식민도시가 지닌 이중도시의 성격을 문명/미개로 치환하고 있다.

---

11) 헤세-바르텍은 전체 31장 가운데 2, 3장을 부산에 할애하고 있다.

④세관을 통제하고 있는 중국과 공무원으로 일하는 유럽인들을 만나면서 부산에 사는 유럽인들의 처지를 연민한다. 7주에서 8주가 소요되는 편지며 무료한 시간과 생활여건을 들고 있다. 도시 남부에 있는 '선교사 힐'의 존재에 대하여 서술하며 미국선교사와 캐나다 선교사 몇이 사는 아름다운 집을 조망한다. 도시 남부에 있었다는 선교사 힐은 지금의 어디쯤일까?

⑤세관을 거쳐 시내로 나가는 과정에서 조선인, 일본인, 중국인의 인종적 차이에 주목한다. 백색신화를 믿는 그의 시선에 타자화된 인종들이 전시되고 있는 것이다.

⑥일본인 거주지와 다른 조선인 어시장의 풍경—지금의 남부민 방파제 부근—을 그로테스크하게 그려내고 있다. 조선인 어민들이 벌이는 상어와 해삼의 해체와 가공 그리고 판매에 대한 서술과 해녀들의 모습과 그녀들의 조개잡이, 8천 명의 부산어부들이 2천여 척의 배를 통해 돌고래와 고래를 잡는 이야기가 있다. 여기서도 날것과 고래고기를 먹는 조선인에 대한 편견이 엿보인다.

⑦부산의 짐꾼들에 대한 묘사. 일본인들의 생활과 달리 부산과 그 주변에 사는 조선인의 비참한 생활을 그들 스스로 초래한 일이라 지적한다. 이에 비하여 니혼마치는 매우 안정적인데 그곳에서 더러 조선인들을 만나기도 한다. 하지만 식민도시의 혼종(hybrid) 가능성에 대한 인식은 없다. 이중도시적 시각은 현실이기보다 서술자의 관념에 가깝다.

⑧부산을 "조선의 영토라는 것을 제외하고는 조선과 아무런 연관도 찾을 수 없는 철저한 일본도시"라고 생각하는 서술자는 부산 주변의 동래를 살펴보기로 한다. 통역 등의 문제가 있지만 조선의 지방도시를 보고자 한 의도가 큰 것이다.

⑨초량에서 구관(두모포 왜관)까지 중국인 통역과 조선인 선원을 대동하여 배를 타고 가는데 중국인거주지를 지나는 와중에 러시아 증기선인 블라디미르호가 일으키는 물결에 떠밀리기도 한다. 여기서 당시 일본인 거주지에서 구관(현재 수정시장 위치)에 가는 경로가 해로라는 것을 알 수 있다. 그런데 러시아의 블라디미르호는 바이칼호와 더불어 원산, 부산, 나가사키, 상하이를 왕복하며 우편 업무들을 담당한다. 서술자는 이 배들의 존재가 지닌 정치적이고 전략적인 의도를 간파한다. "러시아는 1년 내내 얼지 않은 원산항을 수중에 넣음과 동시에 시베리아 국경선 너머의 조선을 감시하고자 하는 이해관계를 갖고 있기 때문이다." 이 대목에서 서술자는 청일전쟁뿐만 아니라 다가올 러일전쟁마저 예감하고 있는 듯하다.

⑩구관에 도착하여 말을 타고 동래를 향한다. 조선 고유의 촌락과 허물어진 성벽과 초가들 그리고 이와 대비되는 기와지붕을 얹은 관청을 바라본다. 서술자는 조선인을 매우 게으르고 더럽다고 생각한다. 또한 조선의 관리는 부패해 있다고 믿는다.

⑪"일본과 중국 사이에 언제 전쟁이 터질지 모르는 상황"이기에 동행한 중국인 통역은 불안해한다. 먼발치서 동래를 본 서술자는 구관으로 돌아가 정크선을 타고 초량에 정박한 증기선에 오른다.

여행자의 응시가 비교적 세심하게 그려져 있다. 그러나 근본적으로 제국의 시선을 넘어서지 못한다. 선상에서 내륙의 풍경을 바라보듯이 그는 타자를 응시한다. 유럽중심주의적 세계관이라는 필터에 의해 인종적 편견과 문명과 미개의 대비가 부각된다. 아울러 부산을 처음부터 이중도시로 인식하며 조선인 사회의 내부에 접근하지 못한다. 그럼에도 부산의 지정학적 토포스에 대한 인식은 뚜렷하다. 제국의 관점에서 전지구적 자본주의의 동향을 이해하고 있기 때문이다. 헤세-바르텍의 이러한 시각은 비숍에 이르러 크게 달라지지 않는다. 비숍은 『조선과 그 이웃 나라들』(1897)에서 다음처럼 말하고 있다: "어느 면으로 보나 부산의 거주지는 일본풍이다. 5,508명의 일본 인구 이외에도 8천 명에 달하는 일본인 어부들의 유동인구가 존재한다. 일본 총영사관은 세련된 유럽식 가옥에 기거하고 있다. 은행 기관들은 도쿄의 일본 제일은행에 의해 설립되었으며 우편전신업무 또한 일본인에 의해 갖추어졌다. 일본인들은 거주지를 청결하게 할 뿐만 아니라 조선에 알려지지 않았던 산업들을 소개하기도 했는데, 그 산업들은 기계에 의한 탈곡과 정미 고래잡이 상어지느러미와 광삼의 요리 어분비료제조법 등이다. 특히 고약한 냄새가 나는 마지막의 산업은 엄청난 양이 일본으로 수출되고 있다. 이쯤에서 성급한 독자들은 투덜거리며 항의할 것 같다. "도대체 조선인은 어디 있단 말이냐? 난 일본인들에 관해 알고 싶은 게 아니잖아!" 나 또한 일본인들에 관하여 쓰고 싶지 않다. 그러나 현실이란 냉혹한 것이며 내가 말하고 있는 것은 부산의 부정할 수 없는 현실이다."[12] 비숍의 말처럼 1897년 당시 부산이 일본도시라는 사실을 부정하긴 힘들지 모른다. 을사조약 전야에 조선을 여행한 스웨덴 기자 아손은 비교적 조선과 조선인에 대하여 우호적 시선을 보이려 한다. 그럼에도 그 역시 깨끗함/더러움과 같은 이분법적 시각을 벗어나진 못한다.

사쿠라이 군노스케(1894)의 『조선시사(朝鮮時事)』에는 타자의 눈 혹은 제국의 렌즈에 비친 부산의 모습이지만 다음과 같이 당시의 부

---

12) 비숍, 이인화 역, 『조선과 그 이웃 나라들』, 살림, 1994, p.34.

산의 풍경을 그리고 있다.

부산은 조선의 개항장 중에서 가장 큰 항구이다. 경상도 동남쪽
에 위치하고 뒤에는 노송이 울창한 용미산이 있고 앞에는 절영도
가 있어 하나의 큰 만의 형상을 이루고 있다. 큰 선박과 함선들이
항상 모여들어 돛대가 숲을 이루고 있다. 특히 천진, 인천, 원산,
염포 등으로 항해하는 배들은 갈 때나 올 때나 이 항구에 닻을
내린다. 부산 거리의 번창함은 시모노세키나 미스미 항에 비교할
수 없다. 다만 우려할 만한 것은 이 항구의 상업, 무역은 아직 조
선무역이라고 하기보다 오히려 일본 거류지 내에 한정된 미미한
상태라고 평하는 편이 타당할 것이다. 인천, 서울, 원산 등의 무역
이 발달함에 따라 부산의 상업은 점차로 부진해졌다. 해가 거듭
될수록 시장이 활기를 잃어가는 모습이 눈에 띄고 그 결과 거류
민들도 늘어나지 않아 작년과 그다지 차이가 없다. 조금 상인 근
성이 있는 사람은 인천, 서울, 염포는 쳐도 부산은 빼놓는 경우가
있다. 참고로 5월 하순에 조사한 부산에 거류하는 외국인의 수는
다음과 같다.
일본인 거류인 호수 957호 인구 4,582명(남 2,495명, 여 2,087명)
그 외 외국 거류인 129명(청국인 108명, 영국인 9명, 미국인 2명, 러시
아인 2명, 독일인 2명)
부산의 일본 거류지에는 이같이 호수도 많고 인구도 많다. 그래
서 살아가는 데 필요한 기관은 모두 갖추어져 있다. 제국총영사
관, 경찰서, 동아무역신문사, 우편전신국, 공립공원 등이 있고, 일
본우선회사, 오사카 상선회사, 제일국립은행, 제백국립은행 등의
지점이 있다. 조선어학교, 공립소학교, 혼간지(本願社) 별원도 있

다. 이러한 기관들은 완전하다고까지는 할 수 없지만, 또한 불완
전하다고도 말할 수 없다. 숙박시설도 비교적 갖추어져 있다. 오
이케(大池), 도요다(豊田), 쓰요시(津吉), 고시마(小島), 마쓰노(松
野), 후쿠시마(福島) 등이 모두 깔끔히 정돈되어 여행자가 편히 쉴
만하다. 숙박료는 매우 싼데도 일본 국내의 숙박시설과 별다른
차이점이 눈에 띄지 않는다. 음식점은 도쿄로(東京樓)와 게이항데
이(京阪亭)를 최상으로 친다. 일반 손님이 가득 들어차서 가무와
악기 소리로 밤새 시끌벅적하다. 대개 재류인들은 요란스럽게 놀
려고 하는 것처럼 보인다.

부산 부근을 돌아보니 마음 놓고 쉴 만한 곳이 없었다. 약 3리 반
정도를 가면 금산리라고 하는 곳에 온천이 나오는데 이곳은 원래
조선인이 개발한 것이라 몹시 더러워서 하루도 머물 수가 없다.
다만 6리 정도 떨어진 곳에 있는 범어사라는 절은 산수가 수려하
고 경내가 빗질자국이 물결무늬를 이루고 있을 정도로 정결하다.
이곳은 여름에 더위를 식히러 찾아오기에 적당하다. 그리고 동래
부는 그 이름이 알려진 지 오래되고 또한 집도 많지만 한번 가보
니 냄새가 나고 더럽다는 느낌부터 일어났다.[13]

마이니치 신문사 특파원의 시각에 비친 19세기 말 부산의 풍경으
로 이중도시적 양상이 뚜렷하다. 아직 북빈 매축이 되기 이전이므로
전관거류지와 조선인이 사는 곳의 대비가 확연한데 특히 동래부와
의 대비를 포함하고 있는 것이 주목된다. 이러한 이중도시적 시각은
문명/야만, 건강/질병, 깨끗함/더러움이라는 이분법적 표상을 드러

---

13) 사쿠라이 군노스케, 한상일 역, 『서울에 남겨둔 꿈』, 건국대 출판부, 1993,
　　pp.269-272.

낸다. 제국의 눈이라는 특권화된 시각으로 식민지를 바라보기 때문이나 그 실제에 있어 이중도시의 상호연관성이 지적되기도 한다.[14] 그런데 이러한 이중도시의 상호연관성은 전관거류지 중심 시가지가 외부로 확장되는 과정에서 나타난다. 용미산이 깎이어 북빈이 매축되면서 부산항이 근대화되는 시기에 부산은 '식민화된 사회 내의 도시'라는 의미를 갖게 된다. 전관거류지가 지닌 동질성이 어느 정도 해체되면서 이질적인 혼종화 과정이 전개되는 것이다. 이러한 점에서 '왜관'의 전관거류지화는 부산의 전사로서 주목된다. 이중도시는 먼저 제국의 눈을 가진 타자의 시각에 의해 규정되고 이후 탈식민주의적 시각에서 다시 반복된다. 그럼에도 한 가지 놓쳐서는 안 되는 것이 불균등 발전의 과정이다. 식민거류민들과 원주민들의 공간과 문화를 이분법적으로 단순화하는 것도 문제지만 그들 사이의 섞임과 혼재만을 부각하는 것도 한계가 있다. 이들 경계영역에서 보이는 불균등 발전을 간과하지 않으면서 문화 혼종화 과정을 서술하는 일이 요긴하다. 사쿠라이 군노스케와 달리 영국 언론인 조지 린치는 1903년의 여행기에서 부산을 다음처럼 서술하고 있다.

일본과 러시아의 새로운 전략에 걸맞게 철도가 침략의 선봉에 서 있다. 우선 이주민을 들여놓으려고 시도하고 철도 부설을 인정받은 뒤에 말이다. 일본은 제물포-서울 노선을 개통했고 소유권을 갖고 있다. 나아가 부산-제물포 노선도 시공 중인데, 이 노선은 곧 그들의 영토 확장을 위한 침투선이기도 하다.

---

14) 식민도시를 이중도시론으로 보는 시각을 극복하려면 많은 실증이 필요하다. 가령 김종근(2011), 「식민도시 인천의 거주지 분리 담론과 실제」, 『인천학연구』 14집 (인천학연구원)은 인천을 이중도시로 보는 시각을 해체하려 한다.

부산은 이 간선 철도망의 남쪽 종착역으로서 향후 18개월 내에 무역항으로 개방될 것이다. 부산은 일본에 가장 근접한 항구로, 어떤 전함도 안전하게 정박할 수 있는 완벽한 자연항이다. 일본의 감독 아래 수많은 한국인이 이곳에서 일하고 있다. 부두를 조성하여 선박들이 곧바로 하역작업을 할 수 있게 하려는 것이다. 그래서 공사가 결코 만만치 않지만, 이곳에서 이런 일은 수월한 편이고 비용도 별로 들지 않는다. 같은 규모의 작업을 시베리아 철도의 종착역인 대련에서 한다면 훨씬 더 어렵고 비용도 많이 들 것이다.

이렇게 부산은 조만간 철도가 열리고 항구의 교역량이 늘어남에 따라 극히 중요한 도시가 될 수밖에 없다. 이런 전망에서, 일본인은 철도 인근의 요지를 확보하는 데 성공했다. 종착역 부근과 시내 중심가에 상당한 규모의 일본인 거류지가 들어섰다. 그 주위로 목재 가옥들이 들어서면 시내 중심가는 지금보다 두 배로 커질 것이다. 이제 조선인을 비롯하여 그 누구도 이곳의 주거지나 상가 부지를 구입할 수 없다. 모두 일본인 손에 넘어가고 말았기 때문이다.[15]

조지 린치는 일본 고베에서 모스크바로 이어지는 긴 여정[16]의 첫 관문에서 부산을 만난다. 마침 북빈 매축공사가 막 시작되는 시점인데, 항로와 철로를 잇는 부산항의 미래를 인식한다. 책의 표제가 말

---

15) 조지 린치, 정진국 역, 『제국의 통로』, 글항아리, 2009, pp.40-41.
16) 부산→제물포→서울→여순과 대련→북경→천진→산해관→우장→영구→봉천→ 하얼빈→몽골→러시아의 이르쿠츠크→바이칼 호→톰스크→크라스노야르스크→ 모스크바에 이르는 여정.

하듯이 그는 철도를 '제국의 통로'라고 규정한다. 철도는 먼저 제국과 식민의 시공간을 통합한다. 그렇기 때문에 철도를 둘러싼 제국의 각축은 심각하다. 조지 린치는 먼저 동아시아에서 철도 부설권을 차지하려는 일본과 러시아의 경쟁에 주목한다. 여기서 먼저 '시베리아 철도의 세계사적 의의'에 대하여 주목할 필요가 있다. 당시 세계의 제해권은 영국이 장악하고 있었고 유럽에서 아시아에 이르는 해상교통은 영국해군의 수중에 있었다. 이러한 상황에서 러시아가 유일하게 육로를 통해 유럽과 아시아에 이르는 가능성을 가지고 있어서 영국 주도의 국제정치에 도전할 수 있는 잠재적인 조건을 갖추게 된 것이다. 이는 영국이 중국에서 보유해온 통상적 권익이나 외교적 우위성을 위협할 뿐만 아니라 국경을 인접한 중국과 일본에게 심대한 위협이 되었다.[17] 일본의 입장에서 러시아는 위협의 대상이지만 시베리아철도가 만들어짐과 더불어 일본이 해역과 육역의 결절지가 될 것이라는 구상을 하게 된다.[18] 이래서 조선반도를 가운데 두고 러시아와 일본의 대결이라는 피할 수 없는 상황이 연출되는 것이다. 조지 린치가 본 것 또한 이러한 상황이다. 그리고 그는 일본인 거주지를 중심으로 도시를 만들어가는 과정을 보면서 일본의 지배를 간파해낸다. 그의 눈에 부산은 일본의 대륙 침략의 기지인 것이다. 사쿠라이 군노스케와 조지 린치의 시각 차이는 말할 것도 없이 이들의 글이 쓰인 10년의 시간적 거리에서 비롯한다. 청일 전쟁의 승리 이후 전통적인 중화체계를 뒤집은(중화체계의 근대적 변용/화이변태) 일본은 조선에 대한 법적, 제도적 지배를 강화하는 한편 자국민을 조선에 이주시킴으로써 보호국으로 만드는 과정을 착실히 진행시킨

---

17) 야마무로 신이치, 정재정 역, 『러일전쟁의 세기』, 소화, 2010, pp.63-66.
18) 야마무로 신이치, 앞의 책, pp.67-68.

다. 사쿠라이 군노스케는 점차 안정적인 식민공간이 되어가는 전관
거류지를 서술하고 있는 것이다. 그런가 하면 조지 린치는 러시아와
일본이 경쟁하는 장소(topos)로서의 부산을 설명한다. 다시 말해서
전자가 철저하게 제국의 눈으로 부산을 보았다면 후자는 부산이라
는 국지적 영역(local)을 동아시아 지역(regional)와 세계체계(global)와
연관시키는 다층적인 스케일을 통해 부산을 인식한 것이다.

　1904년 12월 24일 당시 부산 우체국 국장이 프랑스인이며 프랑
스인에 의해 운영되고 있었다는 사실이 주목된다. 그의 여행은 프랑
스인 국장에 의해 수월해지며 개통된 경부선을 타고 경성을 향하게
되는데, 낯선 이방인 조선인에 대한 그의 이해는 한계를 지닌다.[19]

> 만약 20년 전 한국을 방문한 어느 여행자가 1906년 다시 이곳을
> 방문하게 된다면 그는 대외 문호개방에서 빚어진 물질적 변화
> 에 적이 놀랄 것이다. 일본의 무력과 자본은 부산이라는 보잘것
> 없는 어촌을 수도시설 전기시설, 널찍한 호텔, 은행 박물관, 그리
> 고 당당한 설비를 갖춘 번화한 도시로 변모시키었다. 그보다 더
> 소규모의 도시 원산, 목포, 군산의 경우도 마찬가지라고 말할 수
> 있다.[20]

　헐버트의 이러한 지적처럼 식민도시 부산은 20세기 초에 이미 근
대적 면모를 구비한 것으로 보인다. 또한 H. N. 알렌의 진술[21]처럼

---

19) 아손 그렙스트, 김상열 역, 『스웨덴 기자 아손, 100년 전 한국을 걷다』, 책과함께,
　　pp.28-45.
20) 헐버트, 『대한제국멸망사』, 1906.
21) 예전 같으면 요코하마나 고베로부터 제물포로 가려면 4~6일이 걸렸는데 오늘날
　　에는 많이 바뀌었다. 미국에서 조선을 가는 동안 겪어야 하는 고충 중에서 제일

부산은 경부선과 경의선 나아가 만철을 연계하면서 일본과 한반도
를 이어주는 네트워크 도시가 된다.

> 일본인은 지금 조선에 도항하는 것을 먼 나라에 가는 것처럼 생
> 각하기 때문에 조선을 다른 곳처럼 바라본다. 하지만 시모노세키
> 와 부산 사이에는 대형 연락기선과 고속 기선이 왕래하고 있으
> 므로 일본인은 계속 도항해야 한다. 요컨대 내지인이 조선해협을
> 다리를 건너는 기분으로 왕래해야 일본의 조선정치는 성공할 것
> 이다. 부산의 인사들은 조선해협에 다리를 가설할 것과 이를 통
> 해 시모노세키와 모지를 부산으로 이전시키는 것을 이상으로 삼
> 아야 한다. 나는 일본 국가를 위해 관민 모두가 발분하여 이러한
> 이상이 실현되기를 바라마지 않는다.[22]

시게 시게타카의 말이다. 일찍이 해양국가론을 제창한 민족주의
자 시게 시게타카는 또한 제국주의자이다. 그의 의도처럼 '부산'은

견디기 어려운 것은 그 케케묵은 일본의 소형 연안 선박을 타는 일이었는데, 요즘
은 그렇지 않다. 왜냐하면 도쿄나 요코하마에서 기차를 타고 시모노세키에 도착
하여 엄청나게 크고 편안한 기선으로 하룻밤 사이에 부산에 도착하면 다시 기차
를 타고 서울이나 제물포에 도달할 수 있기 때문이다. 부산에서는 미국인들이 미
국의 기차를 본떠서 표준 규격으로 부설한 철도를 타고 하루면 서울에 닿을 수가
있다. 식당으로 가면 믿고 먹을만한 식사가 나오고 쾌적하게 달리는 기차 밖을 내
다보면 먼 산허리에 자리잡고 있는 고색창연한 사원이며, 멀찌가니 보이는 그림
같은 마을 풍경이며, 여기저기 언덕 위에 흰옷 입고 앉아 있는 주민의 모습, 그리
고 길다란 담뱃대 위로 속절없이 피어오르는 담배연기가 보인다. 그들의 표정을
보니 자기들의 땅으로부터 그 조용하던 은둔을 빼앗아 갔고 오랫동안 가꾸지 않
아 잡초만 무성하던 도로가 북돋워지도록 한 외국인들의 괄목할 만한 개혁에 대
하여는 아무런 흥미도 엿보이지 않는다. H. N. 알렌, 『조선견문기』, 1908.

22) 시가 시게타카, 『대역소지』, 1908.

제국 일본의 결절지가 된다. 이미 1900년대 초부터 일본은 일지주유권(日支周遊圈)을 설정하였다. 『조선만주지나안내』가 시사하듯이[23] 일본과 만주와 중국을 하나의 통합 공간으로 보기 시작한 것이다. 다카하마 교시는 조선을 여행한 경험을 살려 쓴 소설 『조선』(1911)으로 널리 알려져 있다. 이 소설에서 그는 부산을 거쳐 대구를 향한다. 대구에는 이미 청일전쟁 이후 정착한 친척이 있다. 멀리 평양을 가보려 하는 그에게 부산은 그리 새로운 공간이 되지 못한다.

> 우리 부부가 창밖의 경치를 신기하게 바라보고 있는 동안에 벌써 대구 정거장에 도착했다. 부산을 출발해서 서너 시간의 거리였다. 순식간에 아내를 둘러싼 한 무리 사람들이 있었다. 머리를 묶은 쉰 몇 살 정도 되어 보이는 부인은 작은 무늬의 고풍스런 하오리를 입고 있었는데 그녀는 아내의 숙모였다. 그리고 조금은 색바랜 무늬의 옷을 입고 가장 먼저 아내에게 말을 건 스물네다섯의 여자가 아내의 사촌이었다. 그 밖에도 서로 닮은 젊은 남녀 얼굴들이 많이 있었다. 아내의 숙부 부부는 청일전쟁 당시 이미 부산에 이주해 와 있었기 때문에 나는 이들과는 모두 처음 만나는 것이었다.[24]

---

23) 본서 지방 안내기 배열은 책 첫 부분의 색인지도가 나타내는 것처럼 맨 처음 상륙 지점을 부산으로 가정하여 거기에서부터 순차적으로 조선 내지에 들어가 안동현에서 만철 연선의 남북을 다 돌고 하얼빈에 이르고, 봉천으로 돌아가 경봉선에서 북 지나 각지를 경유하여 양자강 연안 각지에 들어갔다 나오고, 거기에서 상해부터 해로 남지나 연안 및 항을 지나서 홍콩, 광동 및 운남 방면에 이르는 순서가 채택되어 있다.("조선만주지나안내", 철도원, 1919)

24) 다카하마 교시, 조경숙 역, 『조선』, 제이앤시, 2009.

이처럼 부산은 철도여행의 한 경로에 불과하다. 서술자가 보이는 파노라마적 시선은 곧 제국의 시선과 겹쳐진다. 이 소설이 많은 의미를 부여하는 공간은 평양이다. 벌써 만주를 향한 제국의 열망을 반영하고 있는 것이다. 그러나 식민도시를 바라보는 내부자의 시선은 이와 다르다. 염상섭의 『만세전』은 식민도시의 혼종성에 주목하고 있다. 다카하마 교시와 달리 서술자는 주인공 '이인화'를 자발적인 산책자로 만들어 식민도시의 경계를 관찰하게 한다. 그리고 그 경계영역과 주변부의 공간과 주거, 그리고 일상과 생활이 상당 부분 혼종화되어 있음을 확인한다. 그리고 이러한 부산을 '식민지의 축도'라 규정하고 있다. 이처럼 내부자의 시선은 식민도시의 구체성에 가 닿으려는 경향을 보인다. 이러한 경향은 비슷한 시기에 동아일보 기자가 쓴 글에서도 나타난다.

부산항의 번창을 보고 매우 느꼈었다. 비록 어떤 사람의 力과 智로 되었든지 간에 우리 반도에서는 유일의 양항이요 또 유수한 도시라. 영국 사람이 '맨체스터'를 사랑하고 미국 사람이 뉴욕을 사랑하고 일본 사람이 대판을 사랑함과 같이 나로 하여금 부산을 사랑하게 한다. 그리하고 본정을 지나면서 양측을 돌아보니 즐비한 상포에 모두 조선인의 명패가 걸리었다. 수년 전 그 가로들이 통행할 때 다만 수간의 조선인 황화점 외에는 모두 눈에 익지 아니한 명패만 보이던 안목으로 변한 새 현상을 볼 때에 스스로 격세감을 금치 못하는 동시에 제반 신경영이 많이 있다는 말을 듣고 매우 기뻤다. 그러나 나는 그 상포들의 내용에 대하여는 의심이 없지 못하여 모 실업가에게 의심이 있는 바를 말하였

다.[25] (인용자가 현대식 표기로 고침)

이 글에서 '일기자'의 의심은 이어지는 글에 따르면 휴일 휴무에 대한 것일 뿐이다. 그렇다면 그는 부산을 예찬하고 있다. 영국인에게 맨체스터가 있고 미국인에게 뉴욕이 있고 일본인에게 오사카가 있듯이 조선인에게 부산이 있다는 것이다. 이러한 자부에는 본정에 이입된 조선인 상가에서 비롯한다. 상품의 유통과 화폐의 교환으로 이중도시의 경계가 해체되는 국면이다. 따라서 문화적인 혼종화는 필연적이다. 말할 것도 없이 이중도시와 혼종화는 양자택일의 개념이 아니다. 이중도시가 지니는 지배양식을 간과하지 않으면서 혼종화도 살피는 복안이 요구된다. 가령 1910년대 부평시장을 예를 들 수 있다. 비록 일본인 중심상가의 곁다리에 놓여진 경우가 많았지만 조선인 상가도 적지 않았다. 김열규의 회고에 의하면 그의 집은 일본인 상가들이 즐비한 부평동 사거리에 있었다. "달랑 넷뿐"이었지만 조선인 상가 또한 당당하게 자리하고 있었던 것이다.[26] 이처럼 식민도시 부산은 차별이 내재한 공존의 공간이었다. 해항도시였으므로 개방적인 문화교섭이 가능했던 것이라 할 수 있다.

식민지 해항도시와 재현의 정치학

타자의 눈에 발견된 부산이 식민지 지식인인 작가의 글 속에 등장하는 것은 이인직의 『혈의 누』(1906)가 처음이다. 개항 이후 부산

---

25) 일기자(一記者), 「부산에서」, 〈동아일보〉 1920년 5월 3일.
26) 김열규, 앞의 책, pp.14-15.

은 앞서 사쿠라이 군노스케가 말하고 있듯이 다른 개항장에 비하여 그리 활발한 편이 아니었다. 부산보다 서울을 인접한 제물포가 실질적인 관문 역할을 한 것이다. 확실히 부산의 성장은 철도와 연동되었는데 경부철도가 놓이면서 부산의 위상은 제국과 식민지 대륙을 잇는 결절지가 된다. 이러한 점에서 이광수의 『무정』(1917)이 '관념적인 차원'에 머문 요인 가운데 하나가 관부연락선이라는 제도적 장치와 부산이라는 구체적인 공간을 생략한 것이라는 지적[27]이 설득력 있다. 그런데 부산을 "조선을 축사한 것, 조선을 상징한 것"[28]으로 본 이는 염상섭이다. 그만큼 식민지 근대에 대한 구체적 인식이 더해진 셈이다. 이인직으로부터 염상섭에 이르는 궤적을 따라 갈 때 부산의 근대 풍경과 그것을 바라보는 주체들의 시선들을 만날 수 있는 까닭이 여기에 있다.

외부를 향한 표상 공간—신소설의 경우

이주상인과 새로운 시장

이인직이 그의 소설 쓰기의 배경을 청일전쟁으로 삼은 것은 중요한 의미를 지닌다. 청일전쟁을 통하여 형성된 그의 세계관을 반영하기 때문인데『혈의 누』를 통하여 일본은 물론 미국을 시야에 포함하였다는 것이 의미심장하다. 이 소설이 발표된 시기가 러일전쟁 이후라는 사실은 중요한 참조체계에 속한다. 동아시아의 질서의 전면적 재편이라는 관점이 소설 속에 투영된 것이다. 그런데『혈의 누』상편에 등장하는 해항도시는 부산이 아니라 제물포다. '옥련'이 부

---

27) 조갑상, 2000, p. i .
28) 염상섭, 『염상섭』(최원식 외 편), 창비, 2005, p.112.

상을 당하여 일본군 군의의 도움으로 제물포에서 오사카로 가게 되는 것이다.

> 옥련의 눈에는 모두 처음 보는 것이라. 항구에는 배 돛대가 삼대
> 들어서듯 하고, 저잣거리에는 이층 삼층집이 구름 속에 들어간
> 듯하고, 지네같이 기어가는 기차는 입으로 연기를 확확 뿜으면서
> 배는 천동지동 하듯 구르며 풍우같이 달아난다. 넓고 곧은 길에
> 갔다 왔다 하는 인력거 바퀴 소리에 정신이 없는데, 병정이 인력
> 거 둘을 불러서 저도 타고 옥련이도 태우니 그 인력거들이 살같
> 이 가는지라, 옥련이가 길에서 아장아장 걸을 때에는 인해 중에
> 넘어질까 조심되어 아무 생각이 없더니, 인력거 위에 올라앉으며
> 새로이 생각만 난다.[29]

이처럼 제물포는 항구와 배 그리고 이층 삼층집 형태의 근대적인
주거공간 그리고 기차와 화륜선 등 다양한 표상으로 그려지고 있
다. 여기서 한 가지 눈에 띄는 표상이 '기차'다. 경인선이 부설된 것
이 1899년이니 1894년 당시 '기차'는 가장 중요한 근대 표상 가운
데 하나인데 원근법으로 서술함으로써 문명의 표상들을 한데 배치
하려는 작가의 의도를 반영한다. 제물포와 오사카를 연결하는 항로
는 개항 이후 많은 사람들이 이용한 뱃길이다.[30] 이인직이 해항도시

---

29) 이인직, 『혈의 누』(권영민 편), 뿔, 2008a, p.37.

30) 1882년 수신사 박영효, 서광범 일행이 일본으로 가는 뱃길에서 국기인 태극기
　를 고안한 것도 인천을 기항지로 삼아 나아간 행로에서였고, 1884년 갑신정변
　에 실패한 김옥균이 일본으로 망명한 것도 인천을 통해서였다. 그리고 유길준의
　'서유견문'의 출발도 인천이다. 이희환, 『문학으로 인천을 읽다』, 작가들, 2010
　pp.47-48.

부산을 그의 작품 속에 등장시키는 것은 『혈의 누』 하편이다. 물론 '옥련'의 아버지 '김관일'이 부산에 사는 장인 '최주사'의 도움을 받아 미국으로 떠난 곳은 부산으로 추정된다. 장인과 함께 인천으로 갔다 미국으로 가지는 않았을 터이므로 당시의 항로로 볼 때 부산항에서 일본을 경유하였을 가능성이 크다. 조갑상은 '최주사'와 부산의 관계에 중요한 사회학적인 의미를 부여한다. "최주사는 평양의 아전계급 출신으로 부산으로 내려와 객주업으로 큰돈을 번 인물로 파악될 수 있다"는 것이다.[31] 청일전쟁 십여 년 전, 갑신정변(1884)이 일어나던 해 전후에 부산으로 이주한 '최주사'의 뚜렷한 이주 동기는 알 수 없다. 아마 상업적 목적에서 비롯한 일일 터인데 1876년 부산의 개항 이후 원산(1880), 인천(1883), 목포와 진남포(1897), 군산과 마산(1899) 등이 차례로 그 대열에 합류하면서 개항도시에 조선과 일본 상인들이 이주하여 상업 활동을 전개하게 된다.[32] 평양출신의 상인 '최주사'가 부산으로 이주한 것도 개항장을 통해 장사를 하기 위한 것이라 생각되며 그 근거는 여럿이다. 첫째, 개항이 되자 조선인 객주와 상인들이 전국 사방에서 부산으로 몰려들었다는 점. 둘째, '최주사'가 이주할 당시에 생긴 부산의 상업 조건의 변화—일본 상인은 조계지 10km 밖 여행이 금지되었으나 1885년에 가서 개항장 밖 행상이 가능해졌음. 셋째, 출신지역과 무역하는 관행이 있었다는 점.[33] '최주사'는 변화하는 상업 상황에 적극적으로 대처하여 부산으로 내려와 평양의 상품들을 일본과 조선의 다른 상인들에

---

31) 조갑상, 2006, p.3.

32) 오미일, 「개항(장)과 이주상인」, 『정소성의 형성과 재현』(부산대 한국민족문화연구소 편), 혜안, 2010, p.53.

33) 이러한 요인들에 대한 것은 오미일. 2010, pp.61-65.

게 파는 '거류지무역'에 합류한 것이다. 그런데 정작 부산의 경기가 크게 살아난 시기는 1889년 이후로 보인다. 1883년 말 1,740명이던 부산의 일본인은 1889년에는 한꺼번에 3,033명으로 증가하고 1890년에는 4,344명, 1891년에는 5,254명으로 대폭 늘어난다. 오사카와 부산 간의 항로개설이 영향을 미쳤을 것이다.[34] 1889년 부산 거류 일본인의 직업별 분포는 고용인 240호, 날품팔이와 하역 날품팔이 166호, 소매잡상 135호, 여러 직공 115호, 도매상 95호, 무역상 90호, 어부 61호, 잡점 잡업 60호, 관공리 39호, 교사·의사·신관·승려·서생 25호, 무직 17호, 전당포 10호, 제조업 8호, 유곽·예기 6호, 해상운송 대리업 5호, 요리점 4호, 은행 2호, 해상운송업 2호 여관 1호, 총 1,081호이다.[35] 이러한 일본인들의 동향에 비춰 이들과 조선인들을 매개하는 객주업이 더불어 번성했음을 짐작할 수 있다. 그런데 본격적으로 부산의 근대풍경이 등장하는『혈의 누』하편의 배경은 임인(1902) 년이 지난 뒤이다. 옥련의 어머니가 그녀의 편지를 받는 것으로 상편이 끝나기 때문이다.

> 부산 절영도 밖에 하늘 밑까지 툭 터진 듯한 망망대해에 시커먼 연기를 무럭무럭 일으키며 부산항을 향하고 살같이 들이닫는 것은 화륜선이다.
>
> 오륙도, 절영도 두 틈으로 두 좁은 어구로 들어오는데 반속력 배질을 하며 화통에는 소리가 하늘 당나귀가 내려와 우는지, 웅장한 그 소리 한마디에 부산 초량이 들썩들썩한다. 물건을 들이고 내는 운수 회사도 그 화통 소리에 귀를 기울이고 사람을 보내고

34) 다카사키 소지, 이규수 역,『식민지조선의 일본인들』, 역사와비평사, 2006, p.42.
35) 다카사키 소지, 앞의 책, p.43.

맞아들이는 여인숙에서도 그 화통 소리에 귀를 기울이는데, 화륜
선 닻이 뚝 떨어져서 삼판 배가 벌떼같이 드러난다. 부산 객주에
첫째나 둘째 집 가는 최주사 집 서기 보는 소년이 큰사랑 미닫이
를 열며,

(소년)"여보시오, 주사장. 진남포에서 배 들어왔습니다. 우리 짐도
이 배편에 왔을 터이니 사람을 내보내보아야 하겠습니다."

최주사는 낮잠을 자다가 화륜선 화통 소리에 잠을 깨어 일어나
앉아서 무슨 생각을 하고 있던 터이라. 서기의 말을 들은 체 만
체 하고 앉았다가 긴치 않은 말대답하듯,

(최)"날더러 물을 것 무엇 있나. 자네가 알아서 할 일이지."

소년은 자기 방으로 가고 최주사는 큰사랑에 혼자 앉았더
라.[36](밑줄—인용자, 이하 동일함)

『혈의 누』 하편의 도입부에 배치된 이러한 풍경에서 '최주사'가
'진남포'와 무역을 하고 있는 사정을 알 수 있다. 평안도 지역의 상
품과 특산물들을 부산으로 실어와 일본상인과 조선상인에게 판 것
으로 보인다. 소위 '거류지무역'으로 부산에 펼쳐지고 있는 상업자
본주의의 양상을 이해할 수 있지만[37] 이 소설이 그 구체적인 경과
를 서술하고 있지는 않다. 오히려 시각과 청각을 동원하여 '화륜선'
이라는 근대 표상을 전면에 부각하고 있을 따름이다. 이러한 표상의
묘사는 사회문화적 표상체계의 변동을 의미한다. '화륜선'은 교통

---

36) 이인직, 2008a, pp.83-84.

37) 개항장 거류지무역은 종래 왜관에서 동래상인들에 의해 전개되었던 대일무역과는
    전혀 다른 새로운 거래형태였다. 부산항의 이주상인들은 자본주의 상품경제란 새
    로운 경제상황에서 새로운 상업 질서를 만들어나가고 있었다. 오미일, 2010, p.65.

의 새로운 미디어로 자본주의 기계문명을 표상하며 이것이 뿜어내
는 시각과 청각의 이미지는 기존의 자연현상을 대체한다.[38] 그런데
이와 같은 이인직의 풍경에는 장소의 구체성이 결여되어 있다. 클로
즈업되는 '화륜선'처럼 외부의 문명만 비대화된다. 그에게 지리적 공
간의 결정성보다는 시간적 요소에 의해 유동화하는 공간의 변용성
을 내포하는 장소(토포스)에 대한 인식 결여되어 있는 것이다. 즉 타
자를 의식하고 타자와 비교함으로써 자기존재의 의미를 찾는 장소
인식(토포스적 인식) 없이 오직 의식이 외부의 타자를 향해 있는 것이
다.[39] 다시 말해서 청일전쟁을 겪고 러일 전쟁의 전야에 임박했음에
도 태평성대를 구가하고 있는 '최주사'의 태도처럼 이인직의 문제의
식은 내부를 성찰하지 못한다. 그에게 식민도시 '부산'은 문명세계
로 가는 관문에 불과하다.

개방성과 혼종성

이인직은 『혈의 누』에서 '최주사'의 '부산'을 통하여 상인의 의미
를 어떤 관점으로서 제시하고 있다. 상인은 고도의 적응능력을 가
진 계층으로 객주나 거간 같은 중개상인 경우 그러한 성격은 더욱
강하다고 할 수 있다. 그래서 개항장 부산은 자본주의 문화의 패
권적 우위에 대한 거부할 수 없는 개방성을 로컬리티의 한 원형으
로 삼게 된다.[40] 상인들이 보이는 이(異)문화(타문화)에 대한 문화접
변(acculturation)의 양상은 '필요성'이라는 필터에 의한 수용이다. 그

---

38) 이리하여 기계문명은 제2의 자연이 된다. 이승원, 『소리가 만들어낸 근대의 풍경』,
　　살림, 2005, p.17.
39) 토포스와 토포스적 의식에 대한 것은 장인성, 『장소의 국제정치사상』, 서울대출판
　　부, 2002, PP.57-72.
40) 오미일, 2010, p.94.

들은 자본주의 문명과 문화의 운반자라 할 수 있다.[41] 해항도시 부
산의 원형에 내재한 상품시장으로서의 개방성이 도피와 월경의 공
간으로 반영된 소설이 『귀의 성』이다. 축첩제도의 모순 속에서 빚어
진 살인과 복수의 드라마를 연출하고 있는 이 소설이 서술하고 있
는 사회상은 무질서에 가깝다. 이인직은 이 소설을 통해 범죄행위
에 대하여 공적인 제도에 의하여 처결되지 못하는 반문명적 사회상
을 제시함으로써 역설적으로 문명의 가치와 원칙을 강조하고 있다.
이 소설에서 부산은 한편으로 살인자들의 도피처이고 다른 한편으
로 그들에게 복수를 가한 또 다른 살인자들이 월경하는 공간으로
그려진다.

    1) 일이 탄로가 되어 부산으로 도망한 후에 김승지의 부인도 세
도하던 꼭지가 돌았던지 돈 한 푼 쓸 수 없이 되었는데, 점순이가
처음으로 부치던 편지는 잘 가고 회편에 백 원이 왔으나, 점순의
마음에는 이만 돈은 이후에 몇 번이든지 서울서 부쳐주려니 생각
하고, 부산 초량 같은 번화한 항구에서 최가와 돌아다니며 구경
도 하고 무엇을 사기도 하다가, 겨우 하루 동안에 돈이 반은 없어
지는지라. 최가는 돈을 몇만 원이나 가진 듯이 희떱게 돈을 쓰려
하는데, 본시 점순이는 주밀한 사람이라. 우선 오막살이 집이라
도 사서 있는 것이 주막집에 있기보다 조용하겠다 하고, 방 한 칸
부엌 한 칸 되는 집을 사서들인 터이라. 이전 같으면 점순이 같은
위인이 그러한 집 꼬락서니를 보면, 점순의 마음에 저 속에도 사
람이 있나 싶던 점순이라, 죄짓고 탄로가 되어 망명한 중인 고로

---

41) 히라노 겐이치로, 장인성 외 역, 『국제문화론』, 풀빛, 2004, pp.94-101.

마지못하여 있으나, 마음에는 지옥에 들어앉은 것 같은지라.[42]

2) 김승지도 평생에 홀아비로 지내려 하는 작정이요, 침모도 평생을 과부로 지내려 하는 작정이 있더니, 강동지가 그런 편지 한 것을 본 즉, 김승지와 침모의 마음에 죽은 춘천집의 모자도 불쌍하거니와 산 강동지의 내외를 더 불쌍하게 여겨서 김승지와 침모가 내외 되어, 강동지 내외 일평생에 고생이나 아니하고 죽게 하자는 의논을 하였으나, 강동지는 김승지 부인을 죽이고 침모의 집에 가던 그날 그 마누라를 데리고 남문 밖 정거장 앞에 가 앉았다가, 경부 철로 첫 기차 떠나는 것을 기다려 타고 부산으로 내려와서, 부산서 원산 가는 배를 타고 함경도로 내려가더니, 며칠 후에 해삼위로 갔다는데 종적을 알 수 없더라.[43]

1)에서 '부산'은 살인의 범죄를 저지른 이들의 도피처이다. 우선 서울에서 먼 곳으로 피신하였다는 의미를 지니는데 그럼에도 편지를 보내고 우편환을 받기도 한다. 사쿠라이 군노스케의 서술에서 보았듯이 일본인 거류지에는 필요한 근대적인 제도들이 대부분 갖추어져 있다. 빠른 전신환이 있었기에 점순 일당을 서울에서 지원하기 어렵지 않았던 것이다. 여기다 1904년 2월 러일전쟁이 발발하자 다급해진 일본이 공사를 급진전시킨 탓에 경부철도가 그해 8월에 개통이 되었으니 식민지 조선의 시공간이 급속하게 통합된 것이다. 철도건설과 더불어 러시아를 견제하기 위해 일본이 적극적인 이민 정책을 펼치게 되면서 부산을 위시한 조선의 여러 지역의 일본인은 놀

---

42) 이인직, 『귀의 성』(권영민 편), 뿔, 2008b, pp.207-208.
43) 이인직, 2008b, p. 246.

라울 만큼 증가한다.[44] 철도가 이들 범죄자들의 신속한 도피를 가능
하게 했다면 러일전쟁 이후의 혼란스러운 상황이 이들의 은폐를 도
왔을 것이다. 아울러 '번화한 항구'는 이들을 익명성의 공간 속에 묻
어버린다. 1987년 전관거류지가 설정될 때까지 도시라고 할 만한 시
설이 없던 공간에 거류지를 구획하고 행정조직과 영사관을 두고 그
주변에 광대한 매립지를 조성하여 세관과 철도용지로 사용함으로
써 도시를 형성하였는데, 한일병합 이전에 이미 주요 시가지의 원
형이 형성되었던 것이다. 여기다 1909년경 부산항의 조선인 상인이
1,367명이었다고 하니[45] 당시로 '번화한 항구'였음에 틀림이 없다.
그런데 2)는 부산항이 월경을 위한 공간으로 서술되고 있다. 딸의
원수들을 살해한 '강동지 부부'는 부산에서 배를 타고 원산을 거쳐
블라디보스톡으로 잠적한다. 이들이 러시아를 선택한 데 일정한 연
유가 없지 않을 것이다. 일본과 대결 국면에 처한 나라로 피신함으
로써 향후 있을 처벌을 피할 요량이 아니었나 한다.

1905년 러일전쟁에 승리하면서 조선을 보호국화한 뒤 부산의 도
시공간은 더욱 팽창한다. 경부철도가 놓이고 이에 연동하여 관부연
락선이 개설되면서 식민지 해항도시 부산의 규모가 확대되는 것이
다. 본정(지금의 동광동), 변천정(지금의 광복동), 부평정(지금의 광복동
일부) 등 일본인 거리 중심에서 일본인의 증가와 더불어 조선인 거주
지가 주변부를 형성하게 된다. 이러한 주변부엔 일본인 거리를 둘러
싼 남부민정(지금의 남부민동), 곡정(지금의 아미동), 대신정(지금의 대신

---

44) 1894년 9,354명이던 조선 내 일본인은 청일 전쟁 이후 1895년 말에는 1만 2,303
   명에 이르게 된다. 이후 1900년 말에 15,829명이던 것이 1905년 말에는 42,460
   명으로 증가하고 이민 붐이 일게 된다. 이러한 이민 붐이 이는 시기와 관부연락선
   취항이 일치하는 것이다. 다카사키 소지, 2007, p.56.
45) 오미일, 2010, p.61

동)이 있고 교외의 초량정, 영주정, 좌천정, 범일정 등이 있어 조선인들이 살았다.[46] 소위 식민도시가 표상하는 이중도시의 면모를 갖게 된 것이다. 그런데 이러한 이중도시를 이분법적 시각으로 이해하는 것은 잘못이다. 불균등발전을 전제하되 상호연관성에서 비롯하는 혼종화 과정을 주목하지 않을 수 없다.[47] 이해조의 「비파성」(1912)은 부산의 혼종적 국면을 "부산항은 내외 상인이 복잡하게 모여들고 동서양 물화가 번창하게 왕래하는 곳이라 도처마다 객주 집에는 너무 조용치를 못한즉, 잠시라도 유숙할 수 없는 중"[48]이라 하였다. 개방성과 더불어 혼종문화(hybrid culture)는 식민지 해항도시 부산의 특성이라 하겠다.

식민지 해항도시 부산의 개방성과 혼종화가 잘 드러나는 소설이 최찬식(1912)의 『추월색』이다. 이 소설의 기본 구도는 일본과 조선과 만주가 철도에 의해 하나의 시공간에 있음을 전제한다.[49] 부산은 주인공 '이정임'이 일본으로 탈주하는 과정의 결절지이다. 그것은 단순하게 "동경을 가자면 남문 역에서 연락차표를 사가지고 부산 가서 연락선 타고 하관까지 가고, 하관서 동경 가는 차를 다시 타고 신교 역에서 내린다"[50]는 과정에서 거쳐 가야 할 곳에 지나지 않는다. 그럼에도 작가는 부산에서 주인공을 고난에 처하게 하는 흥미진진한 삽화를 개입시킨다. 그만큼 식민지 해항도시가 가지는 소설적

---

46) 하시야 히로시, 김제정 역, 『일본제국주의, 식민지 도시를 건설하다』, 모티브, pp.22-23.
47) 앤소니 킹, 이무용 역, 『도시문화와 세계체제』, 시각과 언어, 1999, pp.53-84.
48) 이해조, 「비파성」, 『한국신소설전집』 3, 을유문화사, 1968, p.413.
49) 소설 말미에 만주를 배치한 것은 당시 만주 경영에 대한 제국의 관심에 상응하는 바 있다.
50) 최찬식, 『추월색』(권영민 편), 뿔, 2008, p. 33.

매력이 있기 때문이다. 식민도시 부산에서 겪게 되는 주인공의 고난은 여자들을 색주가에 팔아넘기는 인신 매매범에게 감금되었다 도주하는 일이다. 도시가 커지고 다층화되면서 도심 내 유흥가가 발달하고 주변에 빈민가나 사창가가 형성되었다는 의미이다. 그런데 일본이 건설한 식민도시에는 피지배 민족의 매춘부뿐만 아니라, 일본인 매춘부나 기타 유흥업에 종사하는 일본 여성이 많이 생활하고 있었던 것으로 알려져 있다.[51] 주인공의 고난은 소위 '도시 문제'를 의미한다. 다음으로 주인공이 일본인 복장을 하고 월경하는 과정을 들 수 있다. 이는 이목을 피하기 위한 방편에 그치지 않고 의복이 신체의 연장(延長)이라는 점에서 일본과 식민지 조선의 문화가 혼종화되는 양상 혹은 기미를 의미하는 것이라 이해해도 무방할 것이다. 마지막으로 관부연락선에 의한 수월한 월경을 들 수 있다. 1901년 고베에서 규슈의 북단까지 사철(私鐵)을 개통한 바 있는 산요(山陽)철도주식회사는 1905년 9월 11일 신조선 이끼마루(壹岐丸)를 투입하여 시모노세키에서 부산까지 격일 운항을 시작한다. 그러다 이해 11월부터 매일 취항하게 되는데, 1906년 12월 국유화된다. 11월 27일 정부가 매수하여 철도청 물수부가 담당하도록 한 것이다. 이로부터 관부연락선과 항로는 일본 철도청 히로시마철도국에서 관장하며 1945년 6월까지 독점적으로 운영된다. 1906년 국유화 이후 관부연락선은 매일 야간항해편을 운영하는 한편 격일로 주간항해편을 운행하였다. 그리고 1911년 12월부터 주간항해편도 매일 운항하게 되

---

51) 하시야 히로시, 2005, p.88. 조선에서는 이미 합병 전인 1900년에 부산, 1902년에 인천, 1905년에 서울의 일본인 거류지에 유곽이 만들어졌다. 유곽은 때에 따라 이전하면서 경성의 신정, 부산의 녹정, 인천의 부도정 등의 유곽가를 형성해갔다. 하시야 히로시, 2005, p.103.

었는데 그때부터 매일 주야 2회 부산과 시모노세키 양지에서 출항하게 된 것이다.[52]

식민도시의 혼종화 과정─염상섭의 『만세전』

식민지 이중 공간의 산책자

앞에서 말했듯이 부산을 "조선을 축사한 것, 조선을 상징한 것"으로 규정한 이는 염상섭이다. 염상섭의 『만세전』(1922년 발표, 1948년 개작)은 동경 유학생이 조혼한 부인의 장례를 치르고 다시 동경으로 떠나는 여로를 서술하고 있다. 이 소설의 주인공 '이인화'는 기차와 연락선을 번갈아 가면서 동경에서 고베와 시모노세키, 부산과 김천을 경유하여 경성에 이른다. 그리고 경성을 떠나면서 재혼을 권유하는 형의 요청에 "겨우 무덤 속에서 빠져나가는데요?"[53]라고 응답한다. 이러한 응답처럼 이 소설이 발표될 당시의 원제는 '묘지'이다. '만세 전', 즉 3·1 이전의 조선의 현실을 빗댄 은유라는 점에서 그는 문명을 지향한다. 그러나 그를 일방의 근대주의자로 몰아가는 것은 단견이다. 염상섭은 소설의 주인공을 내세워 1차 대전 이후의 세

---

52) 이러한 관부연락선을 이용한 선객은 1905년 35,000여 명 정도이고 1906년 95,000명, 1907년 112,000명, 1908년 116,000명, 1909년 120,466명, 1910년 148,254명, 1911년 175,502명, 1912년 200,674명으로 합병 이후 매년 15~18% 증가한다. 이러한 가운데 조선인의 도항도 증가하는데 관부연락선 취항 전 1904년 233명에 불과하던 것이 1905년 303명, 1908년 459명, 1909년 790명, 1911년 2,527명, 1912년 3,171명으로 크게 증가하였다. 합병전인 1909년까지 조선인 승객은 대부분 상인이나 도일 유학생이었으니 대륙으로 정책적으로 이주하거나 진출하려는 일본인의 수가 대부분을 차지하고 있음을 알 수 있다. 김재승(2005), 「관부연락선 40년의 현해탄항로」, 『시민시대』 2005년 9월, 10월호.
53) 염상섭, 2005, p.201.

계개조론에 기대어 일본과 식민지 조선을 사색한다. 소설은 그 첫머리에서 "조선에 '만세'가 일어나던 전해 겨울", "세계대전이 막 끝나고 휴전조약이 성립되어서 세상은 비로소 변해진 듯 싶고, 세계개조의 소리가 동양 천지에도 떠들썩한 때"라는 설정으로 시작하여 예의 '무덤' 탈출이라는 주장으로 끝막음한다. 이런 가운데 소설의 주제를 암시하는 다음과 같은 구절을 결말에 배치한다.

> 우리 문학의 도(徒)는 자유롭고 진실된 생활을 찾아가고, 이것을 세우는 것이 그 본령인가 합니다. 우리의 교유, 우리의 우정이 이것으로 맺어지지 않는다면 거짓말입니다. 이 나라 백성의, 그리고 당신의 동포의, 진실된 생활을 찾아나가는 자각과 발분을 위하여 싸우는 신념 없이는 우리의 우정도 헛소리입니다.[54]

동경의 여인 '정자'와의 관계를 정리하는 편지의 말미이지만 제국개조론[55]을 반영한 대목으로 보인다. 그러므로 그가 이 소설을 통해 식민지 조선을 '무덤'으로 비유한 것을 제국의 시선으로 바라본 사시(斜視)로 오인할 까닭이 없다. 이 소설의 주인공 '이인화'는 사색가이지만 관념의 주변을 맴돌지 않는다. 그래서 그는 "…하다. 그러나" 또는 "…하지만 …하다"와 같은 어법을 구사한다. 그야말로 구체적인 진실을 탐문하기 위하여 일상과 생활의 겉과 속을 따

---

54) 염상섭, 2005, p.200.

55) 염상섭이 요시노 사쿠조(吉野作造)의 제국개조론을 염두에 두었는지에 대한 영향관계는 보다 엄밀하게 고찰되어야 할 과제이다. 그럼에도 그는 당시의 개조론을 이 작품을 통하여 의도하였다고 판단된다. 요시노 사쿠조의 제국개조론에 대한 것은 요네타니 마사후미, 조은미 역, 『아시아/일본 사이에서 근대의 폭력을 생각한다』, 그린비, 2010, pp.113-132.

1910년대 후반 부산항(사진제공-김한근 소장)

지는 것이다. 그만큼 구체에 몰두하되 그 세목에 매몰되지 않는 면모를 보이는데, 사람을 만나거나 거리를 나설 때 한결같이 이와 같은 태도를 견지한다. 이러한 그가 관부연락선을 타고 부산에 도착하여 연계되는 경부열차를 타기까지 틈새 시간을 식민지 해항도시를 산책하는 것도 조선의 축도인 부산을 탐문하려는 데 기인한다.

　부산에 도착한 주인공이 처음 겪는 일은 검문이다. 당시 관부연락선을 이용하여 도항하고 귀향하는 조선인의 수가 많이 늘어난 시기이므로 유학생 청년인 그가 귀향 과정에 심문의 대상으로 지목된 것으로 보인다.[56] 주인공은 "출출한 듯하기도 하고, 차시간까지는 서

---

56) 조선인의 이용 통계는 1917년 도항 14,012명 귀국 3,927명, 1918년 도항 17,910명 귀국 9,305명, 1919년 도항 20,968명 귀국 12,947명 1920년 도항 27,497명 귀국 20,947명으로 조선인의 이용수가 점차 늘어나고 있다. 김재승, 2005,

너 시간 남았고, 늘 지나다니는 데건마는 이때껏 시가에 들어가서 구경하여본 일이 없기에, 조선 거리로 들어가 보기로"[57] 한다. 내포된 작가에 의하여 "조선 거리"라 명명하는 데 있어 주인공의 이중적인 시선이 감지되는데, 유학생인 그에게 일본의 여러 시가가 익숙한 때문이다. 그러나 이러한 산책의 동기가 제국의 렌즈를 낀 유학생의 단순한 호기심에 있는 것은 아니다. 주인공은 부산을 식민지 조선의 제유(synecdoche)로 인식하며, 그 실상을 경험하기 위하여 시가를 향한다.[58]

> 부두를 뒤에 두고 서편으로 곱들어서 전찻길을 끼고 큰길을 암만 가야 좌우편에 이층집이 쭉 늘어섰을 뿐이요, 조선 사람의 집이라고는 하나도 눈에 띄는 것이 없다. 얼마도 채 못 가서 전찻길은 북으로 꼽들이게 되고 맞은편에는 극장인지 활동사진인지 울그데불그데한 그림 조각이며 깃발이 보일 뿐이다. 삼거리에 서서 한참 사방팔방을 돌아다보다 못하여 지나가는 지게꾼더러 조선 사람의 동리를 물어보았다. 지게꾼은 한참 망설이며 생각을 하더니 남쪽으로 뚫린 해변으로 나가는 길을 가리키면서 그리 들어가면 몇 집 있다 한다. 나는 가리키는 대로 발길을 돌렸다. 비릿하기도 한 냄새가 코를 찌르는 해산물 창고가 드문드문 늘어선 샛

---

pp.76-77.

57) 염상섭, 2005, p.112.

58) 우선 부산이란 데로만 보아도, 부산이라 하면 조선의 항구로 첫손 꼽을 데요 조선의 중요한 첫 문호라는 것은 소학교에 한 달만 다녀도 알 것이다. 그러니만큼 부산만 와봐도 조선을 알 만하다. 조선을 축사(縮寫)한 것, 조선을 상징한 것이 부산이다. 외국의 유람객이 조선을 보고자거든 우선 부산에만 끌고 가서 구경을 시켜주면 그만일 것이다. 나는 이번에 비로소 부산의 거리를 들어가보고 새삼스럽게 놀랐고 조선의 현실을 본 듯싶었다. 염상섭, 2005, p.112.

골짜기를 빠져서 이리저리 휘더듬어 들어가니까, 바닷가로 빠지는 지저분하고 좁다란 골목이 나타났다. 함부로 세운 허술한 일본식 이층집이 좌우로 오륙채씩 늘어섰는 것이 조선 사람의 집 같지는 않으나 이 문 저 문에서 들락날락하는 사람은 조선 사람이다. 이 집 저 집 기웃기웃하며 빠져나가려니까, 어떤 이층에는 장구를 세워놓은 것이 유리창으로 비치어 보인다. 그러나 문간에는 대개 여인숙이라는 패를 붙였다. 잠깐 보기에도 이런 항구에 흔히 있는 그러한 너저분한 영업을 하는 데인 것이 분명하다. 그러나 아침결이 돼서 그런지 계집이라고는 씨알머리도 눈에 아니 띈다.[59]

중심부 일본인 거리를 향하지 않고 주인공은 애써 조선인 거리를 찾다 보니 주변부 '여인숙' 거리에 이르게 된다. 전형적인 이중도시의 풍경이다. 그러나 이 시기 부산은 일본인 전관거류지로부터 북쪽 부산진에 이르는 공간으로 팽창한다. 부산진 매축이 한창인 때였으므로 주인공은 지금의 중앙동 방향으로 향하다 해안지대에 이른 것으로 추정된다. 북빈매축공사(1902~1908), 영선산착평공사(1909~1913), 부산진매축공사(1912~1921)의 과정[60]을 거치면서 식민지 해항도시 부산의 규모는 놀라보게 증식한다. 배후 산업지 조성 등 불균등발전이 있었고 주변부로 조선인들이 모여드는 현상이 있었지만 이중도시의 면모가 상당 부분 변화되는 양상이 없지 않다. 이는 당시의 인구 변화의 추이를 보아도 알 수 있을 것인데 당시 부

---

59) 염상섭, 2005, pp.112-113.
60) 김승, 2009, pp.68-76.

산의 인구는 일본인과 조선인을 합쳐 약 7만으로 추정된다.[61] 이러한 인구구성에서나 소설이 서술하고 있는 도시공간과 주거공간에서 드러나듯이 상당한 문화 혼종화 양상이 진행되고 있는 것이다. 특히 이러한 혼종화는 "함부로 세운 허술한 일본식 이층집이 좌우로 오륙 채씩 늘어섰는 것이 조선 사람의 집 같지는 않으나 이 문저 문에서 들락날락하는 사람은 조선 사람"이라는 구절에서 전형적이다.

식민도시의 문화 혼종화

공간적 배치는 이미 그 자체가 사회적으로 형성되는 사회적 현상이며, 사회적 변화가 사람들에게 영향을 미치는 통로며, 그 변화에 의해 야기되는, 집합적인 삶의 양상 자체의 변화이다.[62] 『만세전』의 이인화가 경험하는 해항도시 부산 또한 식민지 근대적 삶의 양식을 창출하고 있는 공간인 것이다. "인류학자는 걸어서 도시에 도착하고, 사회학자는 자동차를 타고 큰길을 통해, 그리고 커뮤니케이션 전문가는 비행기를 타고 도착한다"고 했듯이 주인공은 마치 인류학자처럼 도시를 걸으면서 제국 일본의 문화가 융합, 결합, 침투 그리고 대립, 대화하는 과정을 구체적으로 살피는데 이 소설을 통해 드러나는 식민지 해항도시 부산의 혼종화 과정[63]은 여러 가지 양상으로 나타난다. 1)주거공간의 혼종화, 2)거주 일본인의 혼종화, 3)인종적 혼종화. 1)은 조선 사람들이 사는 집들이 일본화되어가는 양상으

---

61) 1910년 일본인 21,928명 조선인 20,990명이던 것이 1920년 일본인 33,085명 조선인 40,532명으로 증가한 데서 알 수 있다. 김승, 2009, p.77.

62) 이진경, 『근대적 시·공간의 탄생』, 그린비, 2010, pp.161-162.

63) 세계체계의 변동과 이와 연동된 도시 문화의 혼종화 과정에 대한 것은 네스토르 가르시아 칸클리니, 이성훈 역, 『혼종문화』, 그린비, 2011, pp.11-41.

로 나타난다. 집이 삶의 양식을 만드는 조건이라는 점에서 주거공간
의 변화는 단지 방편이 달라진 것이 아니라 의식과 생활이 바뀌었음
을 뜻한다.

> 다시 큰길로 빠져나와서 정거장으로 향하다가, 그래도 상밥 파
> 는 데라도 있으려니 하고 이 골목 저 골목 닥치는 대로 들어가 보
> 았다. 서울 음식같이 간도 맞지 않을 것이요 먹음직할 것도 없겠
> 지마는, 무엇보다도 김치가 먹고 싶고 숟가락질을 하여보고 싶
> 어서 찾아다니는 것이다. 그러나 조선 사람 집 같은 것은 그림자
> 도 보이지 않는다. 간혹 납작한 조선 가옥이 눈에 띄기에 가까이
> 가서 보면 화방을 헐고 일본식 창틀을 박지 않은 것이 없다. 그러
> 나 우스운 것은 얼마 되지도 않은 좁다란 시가지지마는 큰 길이
> 고 좁은 길이고 거리에 나다니는 사람의 수효로 보면 확실히 조
> 선 사람이 반수 이상인 것이다.[64]

이처럼 주거공간의 혼종화가 일반화된 것이 부산의 시가이
다. 당연히 그에 따르는 생활의 변화가 있기 마련이라면 음식과
의복에서도 혼종화 양상이 있을 것이나 문면에 묘사된 바는 없
다. 2)는 주변부 지역으로 이주해 온 일본인 여성들의 생활에서
드러난다. 주변부 주점 접대부 일을 하고 있는 그녀들은 조선의
대중문화와 결합한다. 하지만 그녀들과 식민지 조선인들 사이
에 오가는 시선의 권력은 제국과 식민지의 구도를 벗어나지 않
는다. 주인공이 조선인이기 때문에 그녀들은 더 개방적이고 노

---

64) 염상섭, 2005, pp.113-114.

골적이지만 그 내면에는 특권화된 의식이 자리한다. 3)은 일본인 아버지와 조선인 어머니 사이에서 태어난 혼혈여성의 존재를 의미한다.

> 조선 사람 어머니에게 길리어 자라면서도 조선말보다는 일본말을 하고, 조선옷보다는 일본옷을 입고, 딸자식으로 태어났으면서도 조선 사람인 어머니보다도 일본 사람인 아버지를 찾아가겠다는 것은, 부모에 대한 자식의 정리를 지나서 어떠한 이해관계나 일종의 추세라는 타산이 앞을 서기 때문에 이별한 지가 벌써 칠팔 년이나 된다는 애비를 정처도 없이 찾아간다는 것이라고 생각할 제, 이 계집애의 팔자가 가엾은 것보다도 그 에미가 더 가엾다고 생각지 않을 수 없었다.[65]

여기에 등장하는 혼혈 여성은 식민지 문화의 부정적 상징으로 등장한 것은 틀림이 없다.[66] 피의 섞임은 바로 정체성의 훼손이라는 시각이 지배적인 탓이다. 사실 혼종화 과정과 정체성 형성은 별개의 문제가 아니다. 그럼에도 인종적 순수성을 특권화하는 제국과 식민지의 구도에서 혼혈은 정체성의 분열을 의미한다. 달리 말해서 이 경우 혼종화는 인종차별주의와 연관되어 열등한 잡종인간이라는 해석을 낳게 한다. 말할 것도 없이 염상섭이 이러한 인식의 지점에 이른 것은 아니다. 다만 이 소설에 등장하는 혼혈 여성은 식민지 해항도시에서 나타나는 혼종화 과정을 매우 효과적으로 상징하는 장치로 받아들일 수 있을 것이다. 이처럼 『만세전』은 이중도시가 내포

---

65) 염상섭, 2005, p.122.

66) 이혜령, 『한국소설과 골상학적 타자들』, 소명, 2007, p.127.

한 불균등성이라는 모순을 간과하지 않으면서 중심부와 주변부의
상호작용과 이로부터 형성되는 문화 혼종화 과정을 구체적으로 서
술하고 있다.

2. 시 속의 영도다리

우리의 근대를 가장 잘 나타내는 도시를 꼽으라면 나는 서슴지 않고 '부산'을 들 것이다. 부산은 처음부터 식민도시(colonial city)였다. 염상섭은 부산을 "식민지의 축도"(『만세전』)라고 하였고 김열규는 "식민지의 식민지"(『늙은 소년의 아코디언』)라고 하였다. 부산은 식민도시로 출발하여 근대도시로 성장하였다. 이러한 부산의 역사적 기억들을 가장 잘 집약하고 있는 장소가 '영도다리'이다. 영도다리는 일제가 식민도시 부산의 배후 공업지인 영도를 연계하기 위해 만들었다. 도개교로 만든 까닭 또한 남항과 북항으로 많은 물자들을 용이하게 이동하기 위한 데 있다. 이러한 부산과 영도다리를 일찍이 식민성으로 읽어낸 시인은 임화다.

벌렸다 다물고 다물었다 벌리는,
강철 개폐교 이빨 새에,
낡은 포구의 이야기와 꿈은,
이미 깨어진 지 오래리라만,
그렇다고 나는 저 산 위 올망졸망한,
오막들의 고달픈 신음 속에,

구태여 옛 노래를 듣고자 원하진 않는다.
　　―「상륙」, 『현해탄』 부분

"전차도 커지고,/자동차도 새로워지고,/삼 층 사 층 양옥들이 곱다란/이 넓은 길이 어디로 통하는가?"로 시작하는 이 시는 "현해탄"을 건너 고향으로 돌아온 식민지 지식인의 심경을 잘 반영하고 있다. "인제 부산도 옛 포구는 아니다"라는 진술처럼 그는 번창하는 식민도시의 현실을 수긍한다. 그렇지만 또한 그는 "내가 입고 자란 옷/주절대고 큰 말소린/하나도 찾을 길이 없다./나는 고향에 돌아온 것 같지도 않고,/아, 고향아!/너는 그동안 자랐느냐? 늙었느냐?"라고 탄식하게 된다. 식민지 근대와 고향 사이에서 그 어디에도 마음 둘 곳 없는 시인의 눈에 다가온 것이 영도다리이다. 그에게 영도다리는 난폭한 근대의 표상으로 비친다. "고달픈 신음 속에" 있는 식민지의 현실에서 그가 돌아갈 곳이 "옛 노래"의 고향은 아니다. "아아, 나는 내 시대의 맥박이 높이 뛰는 이 하늘 아래 살고 싶다"라는 시인의 갈망은 "대륙의 명예를 이을" 새로운 지평으로 "바다"를 선택한다. "바다에는 기폭으로 아로새긴 만국 지도,/거리엔 새 시대의 왕자 금속들의 비비대는 소리,/목도(牧島) 앞뒤엔 여명이 활개를 치고 일어나는 고동 소리"라는 진술이 말하듯이 영도(=목도) 앞뒤 바다를 통하여 그는 희망을 구한다. "대양, 대양, 대양,/실로 대양의 파도만이 새 시대가 걸어가는/장엄한 발자취에 행진곡을 맞추리라." 제국과 민족의 현실 그 어디에서도 절망한 임화는 "대양"에서 새로운 지평을 찾는다.

부산이 식민도시에서 근대도시로 넘어가는 과정은 도시계획이 있을 수 없는 상태에서 진행된다. 해방과 한국전쟁이라는 두 가지

1934년 영도다리(사진제공-김한근 소장)

역사적 상황과 이러한 상황에 처한 국가의 상태가 부산의 도시공
간을 크게 변화시킨다. 먼저 해방은 부산을 거류 일본인들의 출국
과 국외 한국인들의 귀환이 이루어지는 공간으로 만든다. 또한 해방
은 민주주의 연합국의 한 축인 미군의 진주를 의미한다. 일제 말 일
본의 병참기지였던 부산이 미군에게 접수되면서 부산은 일본제국의
결절점에서 미국의 새로운 거점항구로 변신하게 되는 것이다. 이러
한 사정은 한국전쟁을 통하여 부산이 가장 중요한 교두보의 역할을

하면서 그 의미가 커지게 된다. 한국전쟁은 미군을 위시한 유엔군을
부산으로 불러올 뿐만 아니라 부산을 수많은 내국 난민을 수용하는
공간이 되게 한다.

영도다리 난간에 기대어서서
오늘도 생각한다
내 이곳에 왜 왔나.

부두엔 등불이 밝고
外國商船들 때맞춰 꽃고동 울려도
손목잡고 밤샐 친구 하나도 없이
아침이면 소요한 群衆에 등을 밀리고
黃昏이면 고단한 그림자 이끌고
이 다리 지난 지도 어언 한해
'살기가 왜 이리 고달프냐'던 素月 만나러
酒幕집 燈불 찾으면
赤銅色 船夫들 낯선 사투리로 떠들어 대고
내려다보니 太平里나루터엔 바람소리뿐.

無名山 기슭엔 누가 사는지
나란히 조는 등불 정다웁지만
영도다리 난간 이슬에 젖도록
혼자 서서 중얼거리니
먼―훗날 누가 날 이곳에서 만났다 할까.
　　― 김광균, 「영도다리―소월에게」 전문

1·4 후퇴 때 피난 온 김광균이 부산에서 한 해를 보내면서 쓴 시이다. 전쟁이 나고 아우가 잡혀가는 등의 와중에서 부산으로 이주한 그의 심경이 잘 드러나 있다. "손목잡고 밤샐 친구 하나도 없이" 지내는 피난지에서 그는 젊은 나이에 생활고를 견디지 못해 자살한 "소월"을 생각한다. 그만큼 깊은 고절감에 사로잡힌 탓이다. 이러한 시인의 상황과 달리 "영도다리 난간"에서 바라다보이는 부산의 풍경은 전시상황임에도 매우 분주하다. 많은 배들이 드나들고 수부들과 군중들로 왁자하다. 그러나 시 속의 주인공에게 와 닿는 풍경은 다리 건너 쓸쓸한 나루터와 정답게 느껴지는 가로등불이다. 외로움과 그리움이 뒤엉킨 감정 속에서 그는 "먼—훗날 누가 날 이곳에서 만났다 할까"라고 되물어 본다.

김광균이 영도다리에서 누구를 만나려 한 것인지 알 수 없다. 그의 「영도다리」는 "소월"을 생각하면서 자기와 대면하는 고백적 목소리가 뚜렷하다. 그런데 많은 사람에게 영도다리는 만남의 장소였다. 1934년 11월 개통된 영도다리는 하루에 오전 세 번, 오후 네 번 들었다 내렸다. 개통 당시 부산의 인구가 15만이었는데 5만이 모였다 한다. 이 정도 사건이면 조선의 모든 지역에 다 알려졌을 터이다. 아울러 관부연락선으로 현해탄을 오간 사람들이 영도다리를 모를 리 없다. 그래서 한국전쟁 당시 영도다리가 피난민들이 만나는 장소가 된 것이다. 영도다리 아래 점집이 많은 것도 피난민들의 사정과 연관된다. 언제 가족과 친지를 만날 것인지, 애타는 심정을 점집을 드나들며 푼 것이다.

지금은 늙고 병들어 일으켜 몸 세울 수 없는 영도다리
그 아래 올망졸망 비닐덮개 낡은 차일을 치고

케케묵은 포장마차들이 판을 벌이고 있다

허름한 빈대떡과 삶은 달걀과

졸고 졸아 몇탕을 끓였을까 멀건 홍합국물과

이 나라 구멍 난 주머니에 얻어터져 잔뜩 불은 국수가락들 사이에

1 · 4 후퇴때 건너왔는가

사주 관상 택일 금강산 철학관

30년 전통이라는 때 절은 흰색 페인트칠 간판 낡고도 낡았다

하고 많은 이름을 두고 금강산을 떠올렸을까

십년도 훨씬 묵어 보인다 빛바랜 그 글씨

거기 때로 집 나가 돌아오지 않는 안부가 불려 나왔으리라

너덜너덜한 신세들이 접고 접은 괴춤의 푼돈을 꺼냈으리라

엎어지고 깨어진 사주팔자를 풀어놓았으리라

손바닥만한 금강산 그 어두컴컴한 방안에는

검은 안경을 쓴 점쟁이 할머니가 손가락을 꼼지락 꼼지락

옹알거리는 아이처럼 모로 누워있는데

한번쯤 나 또한 문을 열고 싶었다

모질고 험한 세상의 일을 묻고도 싶었다

영도다리 푸른 물 너머 문득 금강산

굳세어라 금순이의 바람 찬 흥남부두

머나 먼 땅의 소식도 물어보고 싶었다

— 박남준, 「영도다리 금강산 철학관」 전문

영도다리의 도개 기능이 폐쇄된 것은 1966년 9월이다. 이 당시 영

도다리는 오전(10시)과 오후(4시) 한 차례씩 들고 내렸다. 그런데 도 개 기능이 사라졌다고 하여 영도다리의 존재의미가 사라지는 것은 아니다. 도개교의 면모를 포함하여 영도다리는 많은 역사적 기억들을 품고 있다. 전쟁이 끝나고 도시가 팽창하더라도 영도다리에 내려 앉은 기억의 단층들은 변함없이 존재한다. 기억을 품은 장소는 스스로 말을 하고 이야기를 들려준다. 영도다리가 그렇다. 박남준이 만난 것은 "영도다리 금강산 철학관"이다. 피난 시절 활개 치던 고수들이 사라진 자리에 여전히 점집이 있다. 포장마차들 사이에 자리한 "사주 관상 택일 금강산 철학관". 시인은 "1·4후퇴 때 내려왔는가"라고 묻는다. 옥호를 "금강산"이라고 한 것도 많은 궁금증을 불러일으킨다. 분명 피난시절의 그 점집은 아닐 것이다. 그럼에도 여전한 난민들은 그 점집을 드나들며 "집 나가 돌아오지 않는 안부"를 묻고 "엎어지고 깨어진 사주팔자를 풀어놓았으리라"고 생각한다. 전시가 아니라고 하더라도 끊임없이 난민이 발생하는 사회가 아닌가? 시인 또한 "모질고 험한 세상의 일"이며 "영도다리 푸른 물 너머 문득 금강산/굳세어라 금순이의 바람 찬 흥남부두/머나 먼 땅의 소식"을 묻고 싶은 것이다. 이 시에서 보듯이 시인과 "영도다리", 그리고 "금강산 철학관"은 서로 이야기를 주고받는다. 어찌 보면 "영도다리"는 스스로 스토리텔러라 할 수 있다. 시인은 민중의 허다한 기억들을 품은 장소가 환기하는 이야기들과 교감하고 소통한다.

홍남 부두는 노래 속에서 내린다. 굳쎄여라 금순아 속에서, 눈보라의 아우성 속에서 엄마아, 꽝 터지는 폭탄 속에서 금순이는 치마를 펄럭이며 하늘 위를 걷는다. 머리카락을 휘날려 휙휙. 부두는 폭파되고 배는 이미 떠났는데 금순이는 두 팔을 휘젓는다. 겨

울 파도 위를 걸어서 내려온다. 영도 다리 난간 위에서 고꾸라지
듯 떨어지다가도 어럼도 없지, 솟아오른다. 바다 갈매기들은 운
다. 꽥꽥거리며 운다. 날개 달렸다고 하늘을 날면서도 운다. 명태
가 가르는 찬 바다 위를 금순이는 날지 않고 울지 않고 걷다가
휙 뛰어내린다. 허공을 가로질러 휙휙.
　— 최정례, 「눈발 휙휙」 전문

현인의 「굳세어라 금순아」는 흥남철수와 1·4 후퇴를 배경으로
하면서 영도다리와 국제시장이라는 구체적인 장소를 바탕으로 피
난민의 삶을 노래한 것이다. 당시 "영도다리 난간"은 삶과 죽음의 경
계이다. 삶의 의지를 불태운 이가 있는가 하면 그곳에서 자살한 이
도 허다하다. 최정례의 「눈발 휙휙」은 우선 현인의 노래를 재해석
한 시라 할 수 있다. 그 노래를 통하여 흥남철수의 정황을 상상하고
"금순이"의 애닯은 마음을 불러낸다. 시인은 여기에 그치지 않고 마
침내 "영도다리 난간" 위에 휙휙 날리는 눈발 속에서 "금순이"의 현
신과 만난다. 이 시처럼 영도다리는 단지 사물이 아니다. 그것은 삶
이자 역사이며 노래이자 상징이다.

오전 10시와 오후 4시
부산 영도다리가
끄어덕 끄덕 하루 두 번 오르내리는 때를
이곳 토박이들은
호랑이 담배 피우던 시절이라 불렀다
그날 항구의 경적이 길게 울리고
커다란 다리가 끄어덕 올라가면

슬픔을 등진 돛단배들이
뱃고동 사이로 천천히 지나갔다

오전 10시와 오후 4시
집집마다 시계가 귀하던 시절
배꼽시계보다 정확한 영도다리
슬프게 끄어덕 올라가면
우리들도 일제히 귀꿈치 들고
먼 바다로 오줌을 갈겼다

고등어 정어리 갈치 가자미
고래 고기까지 흔하던
호랑이 담배 피우던 시절
리북 사투리와 서울 말씨가
유난히 질퍽하게 밟히는 자갈치 좌판에
덧댄 헝겊 같은
눈물 자국이 선명히 밴
호랑이 담배 피우던 시절에는
— 김종철, 「영도다리」 전문

　이 시에서 "호랑이 담배 피우던 그 시절"이란 추억에 미적 거리를
부여하려는 시적 태도에서 나온 표현이다. "토박이들"의 입장에서
유년시절에 늘 보던 영도다리가 들고 내리지 않는다는 것은 아득한
기억일 수밖에 없다. 어찌 보면 그것은 한 시절과의 단절을 의미한
다. 가난과 슬픔 그리고 고통과 애환이 있던 시절을 뒤로 한 것이다.

1954년 국제시장 풍경(사진제공-김한근 소장)

영도다리가 도개 기능을 그친 시기와 근대화가 시작된 시기는 우연 찮게도 겹친다. 북항을 수출항으로 집중하고 남항을 원양어업 전진 기지로 발전시킨 정책과 무관하지 않다. 이 시가 말하듯이 자갈치와 영도다리는 "덧댄 헝겊 같은/눈물 자국이 선명히 밴" 이야기들로 교 직되어 있다. 특히 자갈치는 한국판 억척어멈 이야기의 보고다. 억척 과 애환이 수레의 두 바퀴로 굴러가는 곳이 자갈치다. 또한 이곳은 "리북 사투리와 서울 말씨가/유난히 질퍽하게 밟히는" 혼종적인 문 화공간이다. 그래서 가장 항구도시 부산다운—부산성(Busanness)을 나타내는—장소이다.

영도다리에 오면 굳이 문인이 아니라도 많은 이야기들이 오갈 수 밖에 없다. 부산 사람이든 서울 사람이든, 대구 사람이든, 광주 사람 이든, 그리고 일본 사람이든, 북한 사람이든 매한가지다. 영도다리가 문화유산으로서 가지는 의미는 이처럼 큰 것이다. 임화의 「상륙」은 제국의 병참기지가 되고 있는 영도의 서글픈 정경을 그리고 있다. 그러나 해방 이후 영도다리는 매우 중요한 근대의 문화유산이 되었다. 특히 한국전쟁과 피난의 역사가 각인된 탓이 크다. 그러나 난폭한 근대를 경험한 민중들은 모두 난민의 심정을 지녔다. 부산부 건물인 구시청이 헐어지고 영도다리의 존폐문제가 있을 때 시민적 저항이 부딪히게 된 까닭이 여기에 있다. 왜 부산부 건물은 헐어도 되고 영도다리는 헐면 안 되는 것일까? 부산부와 달리 영도다리에 더 많은 민중의 애환이 서려 있기 때문이다. 일제시대 부산부 건물인 구 부산시청이 롯데로 넘어가 해체될 때 시민사회의 저항은 거의 없었던 것으로 기억된다. 롯데가 영도다리를 도개교로 복원하고 있다. 원형대로 복구하는 것은 아니라고 한다. 인근에 있는 점집이며 약재상이며 건어물 가게들도 철거한다는 소리가 들린다. 어쩌면 우리의 근대를 가장 잘 표상하는 시적 장소가 사라질 위기에 처한 것이 아닌가 한다. 장소의 혼을 죽이고 우리가 어찌 시를, 문화를 말할 수 있겠는가?

3. 해역세계와 제주 풍경

1987년 3월 혼란한 정국 속에서 이산하 시인은 장편서사시『한라산』(『녹두서평』 창간호)을 발표하여 1970년대 작가들에 의해 간간이 증언되던 '제주의 4·3 사건'을 다시 세간에 증폭하였다. 이는 민주화와 민족 해방에 대한 시인의 불타는 정념의 소산이다. 이 일로 시인은 도피 생활 끝에 구금되어 옥고를 치르게 되는데 후일 2년간 제주에 체재하고서 제주에 대한 그의 생각을 다음과 같이 술회하고 있다.

나에게는 제주인의 정서가 마치 내공이 깊은 대나무처럼 느껴지기도 했다. 안을 비워놓음으로서 바깥을 단단하게 하고 그 안팎을 적당한 간격으로 한 번씩 매듭을 지음으로써 수직으로의 상승을 꿈꾼다. 제주인의 꿈은 대나무기 그러히듯 옆으로 뻗는 것이 아니라 위로 뻗는 것이다. 이 외롭고 높고 쓸쓸한 섬을 바다는 늘 수평으로 받쳐주고 있다. 삶은 수평과 수직의 어긋남이고 그 어긋남이 제주인의 정서 깊숙이 자리 잡고 있는 것처럼 보였다. 내가 제주도에서 최소한 10년 정도는 내 손으로 씨를 뿌리고 열매를 거두어보아야 그 어긋남의 정서에서 비롯되는 '제주도의 힘'을 어렴풋이나마 느낄 수 있을 것이다. 제주인은 이미 태생적

제주바다풍경(사진제공-조성봉 감독)

으로 모두 삶의 바닥을 보고 있었던 것이다. 나는 그 바닥까지 내려가려면 아직 한참 멀었다.

— 이산하,『한라산』, 시학사, 2003, pp.148-149.

이산하의『한라산』은 미완이다. 왜 시인은 자신의 작품을 판단 정지시킨 것일까? 그는 그 이유를 제주를 알려고 하면 할수록 설명의 틀을 찾을 수 없었다는 데서 찾는다. 일제 말의 병참기지였던 제주는 자칫 오키나와와 같이 처참한 상황에 처할 수도 있었다. 그럼에 시인이 민족해방과 반제국주의라는 인식의 틀로 제주의 4·3을 서술하는 서사시를 쓴 것이다. 그러나 제주를 제주민의 시각에서 이해하려 할 때 시인은 자신의 입장이 근본적으로 외부자의 외재적 사유임을 자각하게 된다. 이러한 그는 "4·3을 이해하고 분석할 수 있는 패러다임"을 찾지 못하면서 절망한다. 육역이 아닌 해역 제주는 쉽게 설명할 수 없는 로컬리티를 지니고 있다. 그로서는 "제주인의 유전형질이 먼 탐라국 시절부터 외부와의 끊임없는 작용과 반작용을 통해 이미 '육지것'들이 접근할 수 없을 만큼 변형되었다고밖에 생각할 수 없었다." 제주를 제주민의 시좌(視座)에서 알 수 없는 한 그의 서사시는 완성될 수 없었던 것이다. 설혹 그가 제주인의 정서 깊숙이 교감하였다 하더라도 그의 서사시는 새로 쓰이지 않으면 안 되었을 것이다. 이런 사정에 비춰 이산하 시인이 그의 서사시를 미완으로 남겨둔 일이 매우 정직하다.

누이야, 원래 싸움터였다.
바다가 어둠을 여는 줄로 너는 알았지?
바다가 빛을 켜는 줄로 알고 있었지?
아니다, 처음 어둠이 바다를 열었다. 빛이
바다를 열었지, 싸움이었다.
어둠이 자그만 빛들을 몰아내면 저 하늘 끝에서 힘찬 빛들이 휘
몰아 와 어둠을 밀어내는
괴로와 울었다. 바다는
괴로움을 삭이면서 끝남이 없는 싸움을 울부짖어 왔다.

누이야, 어머니가 한 방울 눈물 속에 바다를 키우는 뜻을 아느냐.
바늘귀에 실을 꿰시는
韓半島의 슬픔을. 바늘 구멍으로
내다보면 땀 냄새로 열리는 세상.
어머니 눈동자를 찬찬히 올려다보라.

그곳에도 바다가 있어 바다를 키우는 뜻이 있어

어둠과 빛이 있어 바다 속

그 뜻의 언저리에 다가갔을 때 밀려갔다

밀려오는 日常의 모습이며 어머니가 짜고 있는 하늘을.

濟州 사람이 아니고는 진짜 濟州 바다를 알 수 없다.

누이야, 바람 부는 날 바다로 나가서 5월 보리 이랑

일렁이는 바다를 보라. 텀벙텀벙

너와 나의 알몸뚱이 幼年이 헤엄치는

바다를 보라, 겨울 날

초가 지붕을 넘어 하늬바람 속 까옥까옥

까마귀 등을 타고 濟州의

겨울을 빚는 파도 소리를 보라.

파도 소리가 열어 놓는 하늘 밖의 하늘을 보라, 누이야.
— 문충성, 「濟州바다·I」 전문

"濟州 사람이 아니고는 진짜 濟州 바다를 알 수 없다"는 시인의
진술은 향토애나 고향에 대한 자부심의 발로가 아니다. 제주 바다
가 "싸움터"였음을 아는 이들은 한반도의 변방인 제주사람들이다.
관광객의 조망적인 시선으로 제주의 속살을 어찌 알 수 있겠는가?
또한 한반도에 속한 섬으로 인식한다면 제주는 늘 타자의 지평에
놓여 있게 마련이다. 제주의 입장에서 바다는 "빛"이자 "어둠"이다.
해역세계로 무한하게 뻗어가던 탐라 시대의 바다는 빛으로 열려 있
었다. 한반도의 남해안과 일본의 규슈, 중국의 주산군도와 류쿠 그
리고 멀리 안남에 이르는 네트워크를 형성하였던 탐라의 시대는 내

류의 국가권력이 해역에 미치면서 기울었다. 대륙의 제국 원은 고려와 탐라를 거의 대등한 국가로 인정하였다. 그러나 원이 망하면서 탐라는 한반도의 권력에 예속되고 만다. 이로부터 바다는 어둠으로 가득 차고 빛은 희미해지게 된 것이다. 조선 시대의 제주는 유폐된 유배의 섬이었다. 국가의 모진 착취는 제국의 착취로 이어지고 마침내 해방의 빛이 제주 바다를 가득 채우지만 곧 어둠이 몰려오고 만다. 국가 폭력으로 그토록 많은 민중이 희생되지 않았는가. 그래서 "바다는/괴로움을 삭이면서 끝남이 없는 싸움을 울부짖어 왔다." 제주는 단지 "한반도의 슬픔"이 아니다. "어머니가 한 방울 눈물 속에 바다를 키우는 뜻을" 품듯이 새 "하늘"을 향한 염원은 제주민의 일상 속의 육체가 되었다. 국가가 만든 틀과 육역의 시좌로 바다를 향한 간절한 염원이 일상이 된 제주사람들을 어찌 이해할 수 있겠는가? 그러므로 "濟州 사람이 아니고는 진짜 濟州 바다를 알 수 없다"는 시인의 말을 우리는 준엄하게 받아들여야 한다.

지금까지 섬의 역사는 변경사나 주변사로 취급받아왔다. 국가 스케일에서 균일성과 균질성이 하나의 이념으로 강조될 때 주변 지역, 특히 섬 지역은 본토와의 차이에서 후진성이 지적되었다. 이는 국가의 중심성, 중앙성, 구심성이 강조되고 목표가 된 결과, 주변 지역이 유지되고 있던 독자성은 균질화의 대상이 되기보다 오히려 중앙에서의 원조나 보조의 대상이 되어버린다. 이 점이 육역의 지방과 다른 섬의 로컬리티이다. 하지만 우리는 다음처럼 질문을 던질 수 있다. "주변사나 변경사를 중심에서가 아니라 그 자신의 시점에서 본다면 어떠한 역사적 견해가 발생할까?" 그럴 때 주변이나 변경은 다른 문화와 접촉하며 상호 교류의 장을 구성하고 문화 교섭의 장을 형성하는 개척자라 할 수 있을 것이다. 제주의 인문지리학자인 송성대는 제주와 제주민의 정체성을 다음과 같이 말한바 있다.

> 주지하다시피 동족취락의 족당사회를 이루었던 논농사지대의 문
> 화는 한국을 대표할 수 있는 전통문화로서 그곳은 빈부귀천의
> 차가 뚜렷한 소강사회(小康社會)를 이루고 있었다. 즉 거기에는
> 오늘날 민중이라 할 다수의 소작인이 오만한 양반 지주에 의존
> 하여 '굴종(屈從)'의 삶을 살아온 전통이 있는 것이다. 그러나 혼
> 성취락 그리고 균분상속제에 의한 개체적 대동사회(個體的 大同
> 社會)를 이루었던 제주는 그와 달리 굴종보다는 자존적 '경쟁(競
> 爭)'의 삶을 살아 온 자작농의 전통이 있다. 더욱이 개인의 능력에
> 의해 생산량이 극히 좌우되는 해민(海民: 海商과 浦作人)의 해산활
> 동(海産活動)이 이에 더해지면서 제주에는 상대적으로 자유롭고
> 평등한 그래서 공정하고 건강한 경쟁의 문화가 항존할 수 있었
> 다. 사실 민주화되었다는 오늘날까지도 한반도에는 유감스럽게
> 족당문화의 의식과 형태가 불식되지 않아 소위 의존적 굴종의 문
> 화로서 천민자본주의 문화가 여전히 존재하고 있다. 이와 대조적
> 으로 제주는 자존적 경쟁의 문화를 가져 평민민주주의가 일찍부
> 터 싹터 왔다는 것이다.
>
> — 송성대,『제주인의 해민정신』, 제주문화, 1996.

송성대는 해민정신(seamanship)을 제주 정신문화의 재창조[르네상
스]를 의미하는 것으로 재문맥화한다. 해민정신이 곧 제주정신, 제
주이즘이며 이는 곧 개체적 대동주의로 요약될 수 있다는 것이다.
송성대의 해민정신론은 주변의 관점에서 주체적으로 자기를 새로
쓰는 과정에서 도출된 개념이다. 이는 제주를 육역세계가 아니라 해

역세계의 시좌에서 바라보는 일과 다르지 않다. 그에 의하면 육역은 소강사회이고 해역 제주는 대동사회이다. 육역세계가 나아가야 할 이상이 제주에 내재해 있다는 것이다. 그럼에도 제주는 '대지의 노모스'에 의해 지배당해왔다. 열린 바다, 희망의 바다가 모순과 아이러니로 가득하게 된 것이다. 국가의 상태(주디스 버틀러에 의하면 state는 국가이자 상태이다)에 따라서 제주는 수축과 이완을 경험하였다.

이어도로 가리

바다 건너, 마른 호박빛 수평선 너머

내 절망으로부터 이어도로 가리

오 내 나라여, 나를 떠나게 해다오

황폐한 시간과 들판

그리고 내가 태어난 자궁을 모두 넘겨버릴 것이다

내 정든 옛집도 버릴 것이다

다친 다리 살갗 벗겨지며

나는 뼈의 노를 저어

바다로 나아가리

그동안 나는 어린 고기처럼 절망에 내던져졌다

바다는 낙하하는 갈매기가 절망을 떨쳐 안식할 수 있는 곳

이어도로 가리

땅이 스스로 넓어진다

바다 역시 스스로 넓어져 이어도에 닿아 있다

오 내 나라여, 나를 떠나게 해다오

여자와 몇가지 가진 것과 몰래 묻힐
남의 땅 묘지를 떠나
이어도로 가리 내가 오래 살았던 곳 내던져버리고

이어도로 가리 내 절망으로부터
바다 건너
태양은 떨리는 수평선 위로 질 것이다
그리하여 새로운 빛이 오래 저주받은 밤으로부터
이어도 위로 떠올라 날이 새이리라
내 삶의 수많은 절망으로부터 이어도로 가리
— 고은, 「이어도」 전문

　왜 섬을 떠나 또 다른 섬인 "이어도"로 떠나려 할까? 고은은 "절망" 때문이라고 한다. 무엇이 시 속의 주인공을 절망하게 한 것일까? 그것은 시의 문맥을 따를 때 "내 나라"라 할 수 있다. 관리의 탄압과 폭정, 국가 폭력을 겪으면서 사방을 둘러싼 수평선을 바라보고 사는 사람의 심정은 "절망"이 아니고 무엇이겠는가? 이러한 절망으로부터 탈주하거나 다른 곳으로 망명하려는 지향이 "이어도"라는 환성의 섬을 형성하고 있는 것이다. "이어도"는 "수평선"이라는 한계를 넘어 존재한다. 그러나 "수평선"을 넘는 일은 불가능한 일! 이처럼 아이러니 속에 "이어도"가 하나의 표상이 되었다. 그렇지만 아이러니는 절망과 희망의 변증법이다. 끊임없이 현실에 회의하지만 끝내 새로운 세계에 대한 염원을 놓치지 않는다. 그런데 고은의 「이어도」는 놀랍게도 문충성의 다음과 같은 문장과 만난다. "수평선—그것은 우리의 오랜 그리움이어서 건너가야 될 꿈이요 절망이다. 오랜

강정바다 풍경(사진제공-조성봉 감독)

그리움이라 함은 우리가 찾아야 될 낙원—은 '이어도'로 나타나는
것이며, 꿈은 인간살이의 최고 절정에 이르는 길이며, 절망은 완전하
지 못한 인간이 한번씩 가야 될 죽음이다."(문충성, 『그때 제주바람』, 문
학과지성사, 2003. p.158.) 물론 문충성의 "이어도"는 정치학을 함의한
고은에 비해 존재론적인 편향을 지니고 있다. 그렇지만 절망의 존재
론이란 절망의 정치학과 사회학에서 기인하는 바 크다. 넘고 넘어도
가이없는 수평선의 외부에 "이어도"를 만드는 마음의 현상학은 육역
의 사람들이 결코 수이 이해할 수 없는 대목이다.

제주라는 장소(topos)는 많은 함의를 가진다. 그것은 우리로 하여

금 전혀 다른 세계관으로 자신을 바라볼 것을 요청한다. 제주의 주인은 국가가 아니며 그 속에 사는 주민이다. "변방의 변방"으로 내몰린 그들의 역사를 그들의 시각에서 새롭게 서술하는 일이 중요롭다. 또한 육역에 갇힌 시야를 해역으로 돌려 바다에서 제주를 이해하는 인식의 전환이 요구된다. "탐라의 역사라고 하는 것은 횡적인 사회구조를 기조로 하는 해양문화국가의 역사이다. 그들은 광활한 해역에서 역동적으로 모험하며 다양한 문화와 접촉하면서, 재화를 획득하고 자유를 위해 투쟁한다. 그러므로 종적이며 통제적인 내륙 국가 문화와는 필연적으로 충돌하기 마련이다."(고용희, 『바다에서 본 탐라의 역사』, 각, 2006, p.7.) 이러한 지적이 타당하다면 제주는 국가중심적인 스케일이 아니라 해역세계의 관점에서 이해되고 배치되어야 한다. 제주는 동아시아 혹은 아시아 지중해의 섬 네트워크의 한 결절지가 되어야 한다. "삶의 수많은 절망"을 유발한 "나라"는 더 이상 제주를 수탈과 지배의 대상이 되지 않게 해야 한다. 미국의 인문지리학자 데이비드 네메스는 "계몽된 저개발(enlightened undedevelopment)"이라는 개념으로 제주가 지닌 문화경관을 해석한 바 있다. 그에 의하면 제주는 자연, 인간, 세계가 조화로운 장소이고 제주민은 고된 일상을 지혜로 극복해온 사람들이다. 여기에다 해역세계의 주역인 그들의 개방성과 관용성을 더한다면 우리는 제주와 제주민이야말로 "오래된 미래"에 다를 바 없음을 알 수 있게 될 것이다. 소강사회를 넘어 대동사회를 지향할 때 제주는 우리가 학습해야 할 뚜렷한 전범 가운데 하나다. 그러므로 타자화된 "제주바다"는 그 본연의 물빛을 되찾고 유지해야 한다. 제주 또한 타자 지향적인 경관으로 나아가는 일을 중단해야 한다. "濟州 사람이 아니고는 진짜 濟州 바다를 알 수 없다"는 한 시인의 진술이 여전히 귀에 쟁쟁하다.

3부　　　해양문학의 양상

1. 해양문학의 양상

해양문학을 읽는 방법과 시각

해양문학(sea literature, maritime literature)에 대한 텍스트중심주의를 극복하는 일이 요긴하다. 해양문학의 형성과 전개과정의 맥락을 따지고 문화사회적 함의를 분석해야 하는 것이다. 서구 근대 해양문학에 있어서 에드워드 사이드가 지적하듯, 식민주의와 오리엔탈리즘을 간과할 수 없듯이 한국 근대 해양문학의 역사에 있어 식민과 제국의 표상이나 국가주의는 뚜렷하다. 해양문학을 재현과 의식의 문제, 해양 리터러시의 확대, 문화론적 맥락이라는 관점에서 접근하는 것이 바람직한 방향이 된다.

한국 해양문학의 여러 지평

전근대 한국인의 해양 우주론(cosmology)은 다른 세상[異界]으로서의 바다라는 개념으로 집약된다. 신화에서 바다는 대체로 피안과 초월의 세계를 나타내는 표상이다. 신라의 탈해는 용궁 출신이며 가야 창건주인 수로왕의 부인 허황후도 바다 너머 나라에서 왔다. 이러한 신화에서 용은 바다와 하늘을 자유자재로 넘나드는 초월적 상징이며 이것이 사는 곳이 곧 용궁이다. 민속에서 바다는 풍요와 번영의 원천이나 성역이어서 인간의 세계 저편에 있다. 용왕먹이기와 용왕맞이는 해난사고를 미리 막기 위한 신앙의 한 양식으로 신성한 곳으로서의 바다를 나타낸다. 특히 금기의 풍습은 인간 세계와 바다의 거리를 설명하기에 적절한 예가 된다. 성역으로서의 바다는 바다를 종교의 대상이 되게 한다. 인생를 고해(苦海)에 비유하는 불교조차 해수관음이라든가 불국토(동해) 개념을 갖고 있다. 그러나 도교나 유교는 바다에 대하여 부정적이다. 도교가 지향하는 산수자연과 바다는 거리가 멀며 유교는 바다를 욕망과 여성의 등가물로 받아들여 이를 억압한다.

다른 세계로서의 바다라는 개념은 여러 고전 텍스트를 통해 살필 수도 있다. 『삼국사기』의 대세와 구칠의 이야기는 바다를 미지의 세계로 그리고 있고, 『동해야서』의 단구(丹邱) 이야기 또한 바다를 별세계로 본다. 이것은 「청산별곡」과 「홍길동전」과 「허생전」에서는 섬의 상상력과 결합하여 이상향을 나타내기도 한다. 그렇지만 『표해록』류에 나타나 있듯이 바다는 광막과 고난의 대명사이다. 간혹 「심청전」과 「또끼전(별주부전)」에서처럼 '다시 살아남'이라는 엘리아데적 바다가 없는 것은 아니나 전통시대의 바다는 대체로 다른 세계로서 공포의 대상으로 인식되었고 두려움을 넘어 희망과 가능성을 찾으려는 도전의식은 크게 보이지 않는다. 물론 예외가 없는 것은 아니다. 허황후(황옥) 신화와 같이 바다가 개국을 뜻하거나 문무왕이 죽어 용으로 환생하여 왜구를 막겠다고 했을 때 호국의 의미와 연관을 맺기도 한다. 더 나아가서 장보고 대사의 국제 무역 활동 설화나 이순신과 관련한 영웅서사는 바다에 대하여 긍정적이고 적극적인 접근을 보이기도 한다. 그러나 유교가 지배한 조선시대의 후기에 이루어졌던 섬 비우기(空島) 정책과 해금(海禁)정책은 한국인의 부정적 해양관을 설명하기에 부족함이 없다.

　그런데 한국인이 처음부터 다른 세상으로서의 바다라는 해양 우주론을 내면화한 것은 아니다. 해양문화의 고고학은 선사시대에 한반도에 살던 사람들이 해양 친화적이었음을 나타내는 증거들을 갖고 있다. 가령 선사시대의 암각화인 울산의 반구대 암각화가 뚜렷한 예가 된다. 따라서 문명화 과정에서 바다를 다른 세계로 보는 우주관이 형성되었던 것이다. 이러한 점에서 표상체계가 급격하게 변화하는 근대 이후 해양의 코스몰로지가 변화하는 것은 당연하다.

　해양은 근대의 산물이다. 그것은 근대에 의해 발견되었다. 따라서 근대(modern), 근대성(modernity)을 논외로 하고 해양문화나 해양문학을 논하긴 힘들다. 표상체계는 근대를 설명하는 여러 틀 가운데 하나이다. 표상은 심적 현상이자 구체적인 형상이다. 이는 뭔가를 마음속에 떠올리는 심적인 조작에 관련된 면과 어떤 것의 대체물을 구체적으로 제시하는 물질적인 행위와 관련되는 면을 지닌 것으로, 실재를 심적으로로든 물리적으로로든 재현전화(再現前化)한 것(representation)이라 할 수 있다. 그런데 이러한 표상의 과정은 시대와 사회 그리고 문화에 따라 달라지게 된다. 즉 표상작용은 사회문회적 산물이다. 표상에 변화가 생겼다는 것은 사회문화적 표현코드에 변동이 생겼음을 뜻한다. 근대화는 이러한 표상체계의 결정적이고 비약적인 변동에 상응한다. 언어, 복제기술, 교육, 교통 등 근대화의 중심 매체의 변동으로 달라진 표상들을 일일이 예거할 필요는 없을 것이다. 다만 설명의 편의를 위하여 원근법 체계에 의한 풍경화의 등장을 예로 들 수 있을 것이다. 원근법이라는 새로운 표상체계에 의해 풍경은 새롭게 발견되고 새로운 풍경화도 등장하는 것이다.

이와 같이 해양도 근대적인 표상체계에 의해 발견된 풍경이라 할 수 있다. 근대적 문물이 들여진 항구도시와 항만 그리고 바다 위의 상선과 어선과 군함 들은 확실히 다른 표상공간이다. 해양은 이러한 표상들과 함께 하는 근대적인 풍경인 것이다.

이러한 근대적 해양 풍경은 최남선의 「海에게서 少年에게」에서 보인다. 이 시에서 해양은 연안에 닿아 있는 관조의 대상이나 생활의 공간이 아니다. 그것은 외적인 세계와 근대 문명의 표상이다. 여기서 해양은 내/외, 주체/타자를 구별하고 국가(nation)의 경계를 만들면서 세계를 인식시킨다. 다시 말해서 근대적인 국민/국가의 표상 시스템에 투영되어 발견된 풍경이라 할 수 있다. 이처럼 해양은 근대의 표지를 지니는바, 해양문학 또한 이러한 해양에 기원을 두고 있다. 그런데 최남선의 해양은 제국의 시선을 좇아 대륙으로 퇴각한다.

해양을 근대적 표상으로 받아들이는 관점에서 볼 때, 해양문학은 근대성의 산물이다. 즉 이것은 근대의 이상과 모순과 한계를 그 내용으로 한다. 따라서 이는 근대성의 두 양상을 나타내는 리얼리즘과 모더니즘의 형태로 발현된다. 근대 조선에서 해양문학이 본격적으로 등장하는 것은 1930년대이다. 이는 이 시기에 이 땅에 자본주의적 근대가 뿌리내린 현실에 상응한다. 경성이 근대도시의 면모를 보이게 되고 인천과 부산 등이 근대적인 항구도시의 모습을 형성한 것은 1930년대이다. 소설가 박태원이 경성의 풍경을 그리고 있다면 김기림의 어떤 시들은 인천 등 항구도시의 풍경을 묘사한다.

모더니즘 시인으로 평가되고 있는 김기림은 다른 한편 근대의 대표적인 해양시인으로 다시 자리매김될 수 있을 것이다. 그는 많은 시에서 근대적 표상인 항구, 부두, 해양, 기적, 항해 등을 시적 제재로 삼고 있다. 김기림은 누구보다 해양문학과 근대성의 관계를 빨리 인식한 시인이다. 하지만 그는 근대성 인식의 천박으로 실패한 모더니스트로 분류된다. 그의 실패는 곧 그 당시의 근대 해양시의 수준을 의미하는 것이기도 하다.

> 아모도 그에게 水深을 일러 준 일이 없기에
> 힌 나비는 도모지 바다가 무섭지 않다.
>
> 靑무우밭인가 해서 나려 갔다가는
> 어린 날개가 물결에 저러서
> 公主처럼 지처서 도라온다.
>
> 三月달 바다가 꽃이 피지 않어서 서거푼
> 나비 허리에 새파란 초생달이 시리다
> ― 김기림, 「바다와 나비」 전문

이처럼 그의 해양인식은 관념적이다. 수심도 모르면서 달려간 근대에 익사할지도 모른다는 불안이 생기게 된 것이다. 근대성의 내용이 아니라 그 외양에 매달린 그로서 피할 수 없었던 일이다. 제대로 근대를 인식하기도 전에 유럽의 전장을 근대 몰락의 풍경으로 받아들였으니 그가 해양으로부터 퇴각하여 눈을 돌리게 된 것은 당연하다. 유럽의 근대 대신에 일본의 아시아가 기다리고 있었던 것이다. 이러한 그에게서 30년대 근대와 해양문학의 특징과 한계를 알 수 있다.

1971년 제3,4부두(사진 제공-김한근 소장)

　우리나라에서 본격적인 해양문학은 70년대 김성식과 천금성으로 대표된다.[1] 근대적인 해양문학이 본격적인 근대화 과정에 형성되었다는 사실은 매우 중요하다. 냉전체제의 축소판인 분단체제에서 섬이 된 한국사회의 근대화 출구가 부산이 되었고 이와 더불어 부산지역에서 김성식과 천금성 등 대표적인 해양문학작가들이 등장한 것이다. 김성식은 선장으로서의 해양체험을 해양시로 표출하였고 천금성 또한 원양조업의 체험을 해양소설로 서술하였다. 모두 선원으로서의 생활양식을 표현하고 재현했다. 이처럼 김성식과 천금성의 등장은 해양문학의 사회적 토대가 형성되었다는 문화유물론적 설

---

1)　구모룡, 『해양문학이란 무엇인가』, 전망, 2005.

명을 가능하게 한다.

무엇보다 이들의 해양문학이 내포하는 근대성에 대한 해명이 중
요하다. 근대성과 항해의 유비(類比)는『계몽의 변증법』의 저자들에
의해 오딧세우스를 통해 나타난 바 있다.[2] 항해란 무엇인가? 각양각
색의 위험과 고난 그리고 유혹과 쾌락을 극복하고 마침내 그 목적
지에 도달하는 것이 아닌가? 이를 근대적인 목적론과 합리성에 견
주는 것은 타당할 것이다. 비록 낭만의 채색이 있다 하더라도 이는
근대성의 장식에 불과할 뿐이다. 김성식이 자신의 시적 지향을 보들
레르의『앨버트로스』에 대한 모방적 극복에 둔 것[3]과 천금성이 멜빌
의『모비딕』을 창작의 전범으로 삼되 이를 극복하려 한 것[4]은 비록
우회적 설명이나 이들의 해양문학이 근대성을 추구했음을 시사하
는 것이라 할 수 있다. 보들레르의 항해는 일반적인 근대에 저항하
는 미적 근대성의 실현으로 보인다. 김성식 또한 항해를 통하여 근
대 사회의 모순들을 미적으로 극복하고자 하였다. 멜빌의『모비딕』
이 근대성의 두 측면을 동시에 보여준다는 견해는 매우 설득력이 있
다. 이는 합리성에 대한 지향과 그 과정에서 나타나는 난폭한 불합
리라는, 근대의 양면성이다.[5] 천금성의 해양소설 또한 이러한 양면
성을 보이고 있다.

김성식과 천금성의 해양문학은 근대세계로서의 해양에 대한 인
식과 선원의 생활양식을 보여주고 있다는 점에서 육지에 대응하
는 의미에서의 바다문학을 넘어서 대양을 향한 해양문학 혹은 해

---

2) D. 아도르노·M. 호르크하이머, 김유동 역,『계몽의 변증법』, 문예출판사, 1995.
3) 김성식,「후기」,『이 세상 가장 높은 곳에 바다가 있네』, 찬섬, 1995, p.153.
4) 천금성,「작가의 말」,『은빛 갈매기』, 고려원, 1979.
5) 한기욱,「바다·고래·근대인—해양문학으로서의『모비딕』」,『인문사회과학논총』
    1998년 5권 1호. pp.59-76.

사문학(Maritime Literature)을 형성한 것이다. 영미에서 해양문학은 Maritime Literature이다. 특히 영국의 경우 이의 하위 장르인 해군문학(Naval Literature)이 매우 발달해 있다. 김성식이 장보고와 이순신을 제재로 삼은 시를 쓴 것이나 천금성이 해군소설을 시도한 것은 주목의 대상이다. 이들에 의해 제1의 해양화-근대화 시대의 한국해양문학이 정립된 것이라 하겠다.

제2의 해양화-세계화와 더불어 해양문학의 지평은 열리고 있다. 여기서 해양문학의 지평을 장르론과 연계하면서 크게 세 가지로 나누어보고자 한다. 그 첫째 유형은 제1해양화 시대의 해양문학의 주축을 이룬 Maritime Literature이다. 실제 해양 국가 영국의 경우 근대소설은 해양소설『로빈슨 크루소』(1719)로부터 시작된다. 이를 필두로 제인 오스틴, 찰스 디킨스, 재임스 F. 쿠퍼, 에드가 앨런 포, 허먼 멜빌, 로버트 루이스 스티븐슨, R. 키플링, 조셉 콘라드 등으로 이어지는 해양문학의 역사를 보인다.[6] 뒤늦게 해양을 지향한 우리의 경우 1960년대 이래 꾸준하게 해양문학이 발달해오고 있다. 하지만 "해양화의 세계화"에 상응하는 작품이 생산되고 있지 못하다. 해양을 주무대로 하면서 해양도시들을 잇는 거대 공간을 재현하고, 월경적이고 다문화적인 상상력을 내용으로 하는 서사가 요청된다. 둘째 유형은 해군소설(Naval Novel)이다. 제인 오스틴과 해군의 관련성은 말할 것도 없지만[7] 영국의 경우 넬슨 등 실명의 해군에 관한 소설들이 매우 발달해 있다.[8] 우리의 경우 해군소설의 전통이 없는 것

---

6) J. Peck, *Maritime Fiction*, Palgrave, 2001

7) Brian Southham, *Jane Austen and the Navy*, National Maritime Meseum, 2005.

8) 영국 런던 넬슨 동상이 서 있는 트라팔가 광장 옆 대형서점 Waterstones의 입구를 들어서면 곧 Naval Novel 코너와 만나게 된다. 영국 대형서점들의 특징이 1층엔 거의 소설로 채워져 있는데 특히 이곳은 해군소설이 가장 앞쪽에 진열되어 있다.

은 아니다. 이순신 서사에 대한 종합적인 검토가 요청되는 한편, 현대적인 해군소설의 가능성을 탐문해가야 할 시점을 맞고 있는 것이다. 세 번째 유형은 연안역 문학이다. 선진국의 경우 해양정책의 핵심 가운데 하나가 연안역 관리이다. 연안역 문학은 해양생태문학으로 발전할 수 있다. 지구적 시각에서 지역적 연안 문제를 재현하는 해양생태환경문학은 해양문학의 중요한 하위장르로 위상을 갖게 될 전망이다. 이 밖에도 연안역 해양문학은 다양한 해양문화 콘텐츠를 배경으로 창작될 수 있다. 어촌과 섬, 어항, 등대, 항구, 해수욕장 등 바닷가 모든 공간이 작품의 무대가 될 수 있는 것이다.

어떤 의미에서 그동안 경험이라는 준거를 강조하는 동안 작가들이 해양문학의 바탕이 되는 콘텐츠 탐구에 집중하지 않는 측면도 없지 않았을 것이다. 해양문학에 있어 경험의 강조는 해양문학의 성취를 이끌어내려는 기본적인 비평 전략에 불과하다. 특히 초기 논의는 해양문학의 범주를 지나치게 확대하는 데 대한 반담론의 성격이 컸다. 이를 통해 해양문학의 제 위상을 만들려 했던 것이다.[9] 그럼에도 불구하고 많은 연구자들이 '경험의 작품화'라는 창작방법론의 측면에서 해양문학을 논의해온 것이 사실이다. 말할 것도 없이 경험의 재현이 지니는 문학적 성과는 간과할 수 없다. 이러한 점을 전제하면서 이제 해양문학은 문화콘텐츠라는 관점에서 영역을 확장하고 해양 이해력 확대를 위한 과정이라는 열린 지평에서 생산되어야 할 것이다.

---

9) 구모룡, 「해양문학론서설」, 『해양문화연구』 창간호, 1994년 2월.

해역의 시점과 해양문학

해양문학의 전성기가 있었다. 바다로 나아가 자원을 얻고 활발하게 교역을 하면서 새로운 시장을 개척하던 근대의 전반기가 그렇다. 18세기 초반 다니엘 디포의『로빈슨 크루소』이래 디킨즈, 포, 멜빌, 콘라드 등으로 이어지는 근대 영미 문학의 전통은 해양문학이라고 해도 과언이 아니다. 한국의 경우 앞서 말했듯이 근대화가 시작된 1960년대 후반부터 본격적인 해양문학의 시대가 열렸고 김성식의 해양시와 천금성의 해양소설은 한국해양문학의 전범을 이뤘다. 안타깝게도 이들 기라성 같은 해양문학가의 출현 이후 30년이 지난 여지껏 현대 한국해양문학사는 이들을 넘어설 전통을 만들고 있지 못하다. 말할 것도 없이 해양문학을 생산하는 시인과 작가들이 늘지 않고 있는 것은 아니다. 하지만 이들이 새로운 다양성을 창출하지 못하고 있는 것이 사실이다.

그 유산의 위대함에도 불구하고 근대의 해양문학에는 지역발명, 식민지배, 타자정복이라는 근대적 주체의 시각이 고스란히 작동하고 있음을 알 수 있다. 근대의 바다는 제국의 경계를 확장하는 무대였다. 교역과 교류의 열린 공간이 아니라 국민국가의 역장에 따라 변경들이 사라지면서 다양한 해양문화 또한 줄어든 것이다. 어찌 보면 역설적이게도 해양문학의 전성기는 해양문화의 다양성이 축소되는 과정이기도 하다. 따라잡기형 근대화를 반영하고 있는 한국의 해양문학도 다양한 해양문화에 착목하기보다 국가의 경계를 넘어 근대 세계를 향하는 모험의 서사에 주력한 것이 사실이다. 이래서 우리는, 그동안 단순화된 한국 해양문학의 문법을 염려하고 있다.

21세기를 사람들은 새로운 해양의 시대라고 한다. 근대화의 해양화와는 다른, 세계화의 해양화를 맞고 있기 때문이다. 그렇지만 세계화의 해양화가 제국과 식민의 고리를 끊고 바다를 교역과 교류의 열린 공간으로 만들 것이라 낙관할 수는 없다. 바다가 영토의 연장으로 인식되거나 자원의 보고라는 미명하에 또 다른 착취의 대상이 될 공산이 크기 때문이다. 이러한 경향을 '신해양시대'라고 한다면 결국 우리는 더 악화된 해양 세기를 직면하고 있는 셈이 된다. 지구 온난화로 인한 해수면 상승과 기후 변화, 내륙의 개발로 인한 해양오염 등을 극복하는 것이야말로 새로운 해양 세기의 최우선 과제가 되어야 한다. 생산력의 환상에서 깨어나 거대한 전환을 만들어내지 않으면 가이아의 복수는 피할 수 없을 것이다.

새로운 지구 환경과 21세기 세계화의 상황에 대처하는 해양문학의 과제 또한 만만찮다. 뭍과 바다의 이분법을 불식하는 한편 국민국가의 억압으로 사라져가는 변경들의 해양문화를 살려내고 이주와 교역과 교류가 만들어내는 문화변동들을 담아내어야 할 것이다. 그동안 한국의 해양문학은 해양으로 나아가려는 충일한 의지를 보여왔다. 이러한 의지를 바탕으로 내륙적 세계관을 탈피하고 억압된 타자들을 복원하면서 문화적 세계화를 추동하는 장이 되어야 한다. 이제 한국해양문학은 세계 해양문학을 뒤따르는 일에서 벗어나 새로운 가능성의 지평을 만들면서 그 지평을 융합하는 경지로 나아가야 할 단계를 맞고 있다. 달라지는 한국해양문학의 지평은 보다 유연하고 풍부한 해양문학들을 만들어낼 것이다.

하마시타 다케시는 홍콩의 중국 반환이, 중국에게 바다로 열리는 계기였음을 지적하며 중국이 '해역시점'을 가지게 되었다고 말한바 있다.[10] 그의 이러한 발언은 우리가 간과할 수 없는 의미들을 함축하고 있다. 홍콩이 네크워크 도시라는 점에서 해역시점은 한 도시가 바다를통하여 세계와 연계하는 과정을 이해하게 한다. 즉 해역으로 상호 연관되는 관계 혹은 바다와 육지의 역동적인 상호관계가 중요하다는 것이다. 이처럼 해역시점은 세계화, 전지구적 시각, 월경적인 지역권 구상 등으로 의미가 확장되고 있다. 그런데 해역시점은 일찌감치 일본 학자들이 내세우고 있는 관점이라는 사실을 상기할 필요가 있다. 메이지 이후의 해양국가의 논리를 세계화 시대에 변용된 형태로 뒷받침하는 형국은 아닐까? 그럼에도 해역시점은 우리에게도 시사하는 바 없지 않다.

---

10) 하마시타 다케시, 하세봉 외 역, 『아시아 네트워크 도시 홍콩』, 신서원, 1997, p.19.

2. 해양서사와 선원 하위문화
- 천금성의 경우

위치: 천금성과 한국 해양문학의 단계

천금성(千金成)[1]은 한국 해양문학을 대표하는 소설가다. 한국해

---

1) 주요연보는 다음과 같다: 1941년 부산에서 태어나 1960년 경남고를 나와 1996
년 서울대 농대 임학과를 졸업하고 1967년 FAO가 설립한 한국원양어업기술훈련
소 어로학과를 수료하여 갑종 2등 항해사 자격증을 취득한 다음 원양어선 항해사
로 인도양에 출어함. 1969년 인도양 출어중 원양어선 갑판에서 쓴 단편소설 「零
海拔附近」이 한국일보 신춘문예에 당선됨. 1970년 원양어선 선장이 됨. 이후 항
해를 계속하면서 「赤道祭」(『현대문학』 70년 12월호), 「꿈틀거리는 地殼」(『월간
문학』 71년 2월호), 「船積品」(『현대문학』 7월호) 등을 발표함. 1974년 잠시 귀국
하여 중편소설 「虛無의 바다」를 『한국문학』 5월~8월호에 분재하는 한편 「不開港
場」, 「막다른 바다」, 「두 선장의 경우」, 「밤별」, 「엉뚱한 바다」, 「은빛 갈매기」 등을
발표함. 1977년 (사)한국해기사협회 어로지부장 역임. 1977년 연안 巾着漁船 제
71 태양호 사무장으로 잠시 승선함. 이때 체험을 바탕으로 「月明에서 月明까지」
(『현대문학』 4월호)를 발표함. 1978년 첫 창작집 『虛無의 바다』(문학예술사) 간
행. 1979년 경향신문에 해양장편소설 『漂流島』 1년 간 연재(서울로 이주). 「열길
물속」(『현대문학』 5월을 호), 「천생 너는 뱃놈」(『주간조선』), 「가장 긴 항해」(『문
예중앙』 가을호), 「아르고 船」(『월간중앙』 7월호), 「植民地의 港口로부터」(『월간
문학』 11호) 등을 발표. 1979년 창작집 『은빛 갈매기』(고려원) 출간. 1980년 장
편소설 『漂流島』(고려원) 출간. 1981년 전두환 전기 『黃江에서 北岳까지』(동서문
화사) 출간. 1983년 한국 최초로 해양 다큐멘터리 〈의지와 도전의 현장-오대양을
가다/3부작〉을 기획·제작하여 문화방송 창사 기념으로 방송함. 1985년 그간 해
양소설을 원작으로 한 한국 최초의 TV 해양 드라마 〈남태평양 3천 마일/2부작〉
을 방송함. 1986년 창작집 『바다의 끝』(동서문화사) 출간. 1988년 실록 『10·26,

양문학은 식민지시기에 형성되어 1960년대 근대화와 더불어 본격화
되며 1990년대 이후 세계화라는 전기를 맞고 있다.[2] 최남선에서 시

12 · 12, 光州事態/상하 2권』(길한문화사) 출간. 1988년 실록『軍, 決斷 1,000時
間』(민조사) 출간. 1991년 장편소설『지금은 항해중』(도서출판 답게) 출간. 1992
년 장편소설『남지나해의 끝』(문성) 출간. 1992년 實名 정치소설『6공 청문회』(가
을) 출간. 1993년 전작 장편소설『인간의 욕망/전 3권』(자유문학사) 출간. 1994
년 창작집『이상한 바다』(해성) 출간. 1994년 8월부터 1995년 1월까지 6개월간
참치 선망어선 편승 항해함. 이 항해의 체험으로 쓴「외로운 코파맨」,「워치 업!」
,「토판」등을 발표. 1994년 장편소설『시지푸스의 바다/상하 2권』(도서출판 삼
문) 출간. 2001년 창작집『외로운 코파맨』(찬섬) 출간. 2003년 해군소설을 쓰기
위해 2001년 원양순항함대와 2002 림팩 훈력함대 등에 편승하여 인도양 및 태평
양을 1년간 항해함. 이 체험을 바탕으로 본격 해군소설『가블린의 바다/상하 2
권』(글마당) 출간. 2008년 창작집『어부, 바다로 안 가다』(찬섬) 출간. 2011년 체
험적 어로 항해기『불타는 오대양』출간.

2) 한국 근대해양문학사를 3기로 나누는 것은 필자의 가설이다. 일제시대와 해방 그
리고 1990년대가 매시기의 경계인데 해운산업의 발달과정과 연관된다. 한국의 해
운업과 수산업은 일제의 식민적 근대화의 일환으로 성장하나 본격적인 것은 되지
못했다. 일제시대 해운업의 경우 총독부가 원산, 목포, 부산의 일본거류민을 지원
하여 경영하거나 일본 본국자본에 의해 독점되는 양상을 보인다. 아울러 일제는
만주사변 이후 이차대전까지 철저하게 제국주의 정책에 부응하는 해운정책을 실
시한다. 따라서 본격적인 해운업의 발달은 해방 이후에 시작된다. 수산업 또한 식
민지 수탈정책의 일환으로 장려되고 일본의 연안어장보다 어장가치가 월등히 높
았던 우리나라 어장을 우선적으로 개발하는 정책이 실시되었기에 식민지하에서
급속히 발전한다. 그러나 해운업과 함께 우리나라 수산업의 발전은 1962년 경제
개발 5개년이 추진되면서 수출산업으로서의 수산업 비중이 커지면서 나타난다.
이러한 점에서 근대화와 해양화를 동일시하는 관점은 가능하다. 냉전의 세계체제
하에서 섬이 된 한국은 해양화의 길을 걸을 수밖에 없게 된다. 근대화에 상응하
는 한국의 해양화는 국제화, 나아가서 세계화에 부합하는 과정에서 새로운 전기
를 맞는다. 냉전체제의 와해와 더불어 본격화된 세계화 시대에 한국은 냉전체제하
에서 강제된 해양화의 단계를 넘어 '해양화의 세계화' 단계를 맞게 된다. 해양화의
세계화는 유럽의 해양화, 아시아의 해양화가 진전되는 차원이 아니라 전지구적인
차원에서 '해양적인 것, 해양의 가치체계의 지구촌 시대'가 전개되는 것이다. 손태
현,『한국해운사』, 한국선원선박문제연구소, 1982, pp.280-282.; 김진현,「해양화
"善"進化의 길: 근대화에 대한 새로운 해석과 '해양화의 세계화' 시대비전」,『해양
21세기』(김진현 · 홍승용 공편), 나남출판, 1998, p.29.

해양소설가 천금성

작된 해양문학은 처음부터 근대를 내용으로 하는데 본격적인 해양
문학은 1960년 수출주도형 근대화에 뒤따라 등장한다. 천금성은 해
운업과 원양어업이 발달하는 1960년대 후반과 1970년대 초반의 해
양체험을 소설로 형상화하고 있다. 이는 시에 있어서 김성식에 상응
하는데 각각 원양어선 선장, 상선 선장이라는 직업적 토대를 바탕으
로 하고 있다. 천금성의 소설을 '본격적인 해양소설'로 자리매김한
이는 송재영이다. 그는 천금성의 등단작 「零海拔 附近」이 내포한 조
난자 의식의 한계를 지적하면서 이를 완전히 극복한 「虛無의 바다」
에 주목한다. 이 작품에 이르러 집단으로서의 어부들이 바다와 투쟁
하는 이야기가 본격적으로 전개되고 있다는 것이다.[3]

---

3) 송재영, 「체험과 문학」, 『현대문학의 옹호』, 문학과지성사, 1979, p.278.

송재영이 지적하고 있듯이 천금성의 해양소설은 철저하게 선원들의 이야기에 집중된다. 이러한 점에서 그의 소설은 항해에 대한 낭만적인 이미지들을 배격한다. 사실 바다와 선원에 대한 낭만적인 이미지들은 선원의 진정한 삶을 호도해왔다. 레디커의 지적처럼 평선원은 악마와 검푸른 바다 사이에 끼인 존재이다. 이들은 바다와 싸우는 한편 열악한 노동 환경에 맞서 끊임없이 투쟁해야 하는 위치에 있는 이들이다.[4] 천금성은 자신의 글쓰기에 대하여 다음처럼 말하고 있다.

> 멜빌의 『모비 디크』에서는, 순백이면서도 에이허브에게는 악의 상징인 한 마리의 말향고래에 의해 인간은 어이없이 분쇄된다. 또 『노인과 바다』에서는 그 배경이 오로지 바다이면서도 그러나 또 노인과 한 거대한 마알린과의 생사를 건 사투가 처절하기 짝이 없다. 콘래드의 『로드 짐』에서는 한 신출내기 일등 항해사의 첫 승선과 그리고 바로 그 첫 항해에서의 조난이 그의 항해사 자격을 정지시킨다. 대체로 이러한 여러 흐름들이 그들의 문학성을 고양시킨 것이라면, 그렇다면 나의 작품 속에는 이러한 사투라든가 패배 혹은 좌절이 연약하므로 예술은 없다. 나는 다만 사실만을 전달하려고 애썼을 뿐이다.[5]

이러한 진술처럼 그는 선원의 삶을 배제하는 낭만적 글쓰기를 배격하고 체험적 사실에 충실하고자 한다. 실제 천금성의 소설들은 선장에서 평선원에 이르는 선상의 모든 인물들에 대하여 시선을 던지

---

4) M. 레디커, 박연 역, 『악마와 검푸른 바다 사이에서』, 까치, 1987, pp.13-14.
5) 천금성, 「작가의 말」, 『은빛 갈매기』, 고려원, 1979.

고 있다. 말할 것도 없이 선장으로서의 작가라는 전기적 시점은 그의 소설에서 지배적이다. 해양소설[6]로서 그의 소설이 지닌 강점은 이러한 지배적 시점으로 일관하지 않고 아래로부터의 시점을 포괄하려 노력한 데서 나타난다. 이 글은 천금성의 해양문학이 지닌 다양한 측면 가운데 초기 소설들[7]이 담고 있는 재현의 내용과 형식을 설명하고자 한다. 따라서 그의 소설에 대한 항해 독법(nautical reading)은 과제로 남겨질 수밖에 없다.

토대: 근대 자본주의 세계와 선원

선원의 등장과 자본주의 세계의 발전은 맞물려 있다. 영국의 경우 선원의 대다수는 경제적 필요성 때문에 본의 아니게 바다로 나간 것으로 밝혀져 있다. 산업 자본주의 체제로 개편되면서 빈농이나 자작농의 아들로 일자리를 찾아 도시로 왔다, 부두에서 선원이 되거나 인클로저로 토지를 빼앗겨 선원이 된 이들이 많았다. 또한 징모대에 붙잡혀 해군에 끌려가서 강제로 뱃일을 배운 후에 상선 선원으로 마음을 먹게 된 이들도 있었고 본래 농투성이었다가 높은 임금의 유혹에 이끌려서 바다로 나와 배를 타게 된 이들도 있었다.[8] 한국의 경우도 수출주도형 성장정책으로 농촌이 해체되는 과정에서 농

---

6) 해양문학은 '기술적(descriptive) 범주'여서 그 영역이 애매하고 막연하다. 이러한 점에서 장르를 논의할 때 해양소설(maritime fiction)이라는 용어가 선호되거나 항해서사(sea voyage narrative)라는 개념이 유효하다. John Peck, *Maritime Fiction*, Palgrave, 2001; Robert Foulke, *The Sea Voage Narrative*, Routledge, 2002.

7) 『虛無의 바다』(문학예술사, 1978)와 『은빛 갈매기』(고려원, 1979)에 실려 있는 소설들.

8) M. 레디커, 앞의 책, pp.13-14.

최근 남항 풍경

민 출신들과 도시빈민 출신들이 선원이 되는 경우가 많았다. 대다수 경제적 필요성에서 선원이 된다. 도피나 낭만적 동경에 의해 선원을 선택하는 경우는 거의 없다. 특히 천금성 소설의 대상이 되고 있는 원양어선의 선원들은 상선의 선원들에 비해 훨씬 높은 강도의 노동에 시달린다. 따라서 도피와 낭만의 관점에서 이들을 바라보는 것은 허위에 불과하다.

「항해사님두 답답하시긴. 어떻게 말 한 마디 않구 이렇게 억눌린 야간 항해를 이겨 나갈 수가 있겠습니까? 난 이 배에서만 사 년을 넘어 타고 있지만 날이 갈수록 자꾸만 바다가 두려워진단 말

예요. 지금이라도 보내 준다면 다 집어치워 버리고 돌아갔으면
해요.」

「그 듣기도 싫은 사 년, 사 년, 맨날 그 소리 할 바에야 그럼 뭣 땜
에 계속 늘어 붙었어?」

항해사가 빈정거렸다.

「그걸 말이라구 하세요? 거 다 돈벌기 위해서였죠. 빌어먹을, 재
탕을 하면 돈을 좀 쏠쏠히 벌겠다 했는데 수은파동(水銀波動)에
기름 파동까지…… 허구헌날 파도밭에서 사는 신세에 그 놈의 육
지에서 불어온 파도 땜에 엉망이 됐지 뭡니까. 게다가 그놈의 상
어새끼에게 다리를 물리면서까지 열심이었는데……」

―「夜間航海」

이러한 선원들의 대화가 말하듯 선원이 된 동기는 무엇보다 노
동력의 대가로 지불되는 임금에 있다. 자본주의 생산양식은 시장
에서 임금을 매개로 한 노동력의 매매를 필요로 한다. 농촌 해체
라는 급격한 변동으로 생계 수단을 잃은 다수의 사람들이 노동시
장에 던져졌고 그 가운데 많은 이들이 선원의 길을 걷게 되는 것
이다. 물론 선원이 된 동기에 어두운 면만 있는 것은 아니다. 무일
푼 상태이나 노동의 대가로 세계를 구경할 수 있다는 욕구가 선
원으로 이끈 측면도 없지 않기 때문이다.[9] 하지만 이러한 동기라
면 천금성 소설이 대상으로 하는 원양어선이 아니라 상선을 선택
하게 했을 것이다. 원양어선의 선원이 된 이들에게 세계에 대한
앎의 욕구보다, 화폐 획득에 대한 기대가 대부분의 경우 앞섰다.

___

9) M. 레디커, pp.22-24. 그러나 여기서 M. 레디커가 대상으로 한 선원들은 상선에
    해당하며 원양어선은 아니다.

따라서 이들은 처음부터 자본주의적인 임노동 관계에 구속된다.
특히 전량 수출을 목표로 조업하는 참치잡이 어선의 선원들은 철
저하게 시장의 논리에 지배당하지 않을 수 없다. 가령 「不開港場」
에서 제 93 광명호의 최선장은 "연중 어가가 가장 안정되고 또 그
러므로 가장 비싸게 팔리는 적시(適時)에 입항"한 까닭에 하루도
채 쉬지 못하고 일본으로 출항할 수밖에 없게 된다. 등락이 심한
어가(魚價)이기에 손해를 보지 않기 위해 기회를 놓칠 수 없는 것
이다. 선장 이하 모든 선원들이 고정급여를 받는 것이 아니고 계
약에 의한 할급제(share system)[10]에 처해 있기 때문에 더욱 그렇다.
그런데 이러한 할급제는 가장 오래된 제도이나 선주들에 의해 악
용될 수 있는 소지가 매우 큰 제도이다. 이 제도는 "총 어획고에
서 경비를 제한 나머지의 익금을 선주와 선원이 일정 비율로 분배
하는 임금제의 한 방식이다. 선원 앞에서 적자라면 결국 선주 측
도 적자라는 결론이다."(「아르고선」) 이러한 점에서 자본과 제도를

---

10) 선원들과 선주 사이의 임금 협정에는 세 가지 기본적인 유형이 있다. (1)할급제
(share system): 서구 고대 선원 세계에서 유래하여 중세 때 널리 행해졌으나 18
세기 이후 많이 사용되지 않는 제도. 18세기 이후 이는 주로 어선, 포경선, 사략선,
해적선 등에서만 채택되었고 시행되는 방식이나 강조되는 부분에 관해서는 각각
의 경우에 따라서 차이가 있었다. 어쨌든 선원들은 배가 취한 전체 가운데서 저마
다의 몫에 따라 배분을 받았다. 어선이나 포경선, 사략선의 경우는 생산물의 상당
부분을 선주에게 할당했고 그 나머지는 선장으로부터 평선원에 이르기까지 각 사
람의 해당 비율에 따라서 배분했다. (2)총액제(lump sum): 특정 항해에 대하여
고정된 액수를 받는 제도. 선원들은 여정이 바뀌지 않는다는 조건하에 승선하기
로 동의했고 항해노선에 따라서 급료를 받았지만 혹시 바다에서 뜻하지 않는 사
태가 생기면 손해 또한 감수해야 한다. (3)월급제(monthly wage): 매월 2회 정도
나누어 봉급이 지불되는 제도. M. 레디커, 앞의 책, pp.115-116. 김종찬·옥태권·
장세진 등 해양작가들은 할급제가 보합제로 번역되는 것이 옳다고 하여 보합제라
는 용어가 널리 쓰였음을 지적한다. 천금성 또한 그의 소설에서 이를 보합제라고
명명하고 있다. 천금성, 「아르고선」, 『은빛갈매기』, pp.250-251.

장악한 선주에 의한 선원들의 노동력 착취는 심각한 현상으로 대
두된다.

말이 났으니 말이지 선원들을 예로 들어보자. 배를 타면 돈을 벌
수 있다고 들었다. 배를 타기 위해서는 선원수첩(船員手帖)이란
것을 가져야 한다. 세상은 모두 그러는 판이지만 거기에도 예외
가 아니어서 신원조회(身元照會)를 돌리자면 필요한 서류를 떼는
데 돈이 든다고 한다. 조회를 온 자에게도 돈을 쥐어 주고 석 달
넉 달이나 걸려서 겨우 해운 관청에 가 수첩을 발부받으려면 또
얼토당토 않게 손을 내민다. 공정가란 게 있어 안 건네 줄 수가
없다. 배를 타는 누구나가 다 입을 모아 그 일을 말할 정도인 것
이다. 그래도 수첩만 발부받았으면 또 괜찮은 편이다. 몽땅 떼이
는 수도 있었다.
이젠 어떻게 수첩을 가졌으니 배를 타야 한다. 하지만 타는 길을
모르고 있다. 이 사람 저 사람을 붙잡는다. 돈이 든다. 요구하는
돈을 준다. 그 협잡꾼은 선장과 그 돈을 알게 모르게 나누어 먹고
일단은 승선시킨다. 그 선원은 지금까지 돈이 얼마큼 들었건 배
를 탔으니까 이제부터 벌면 된다 하고 희망에 부풀어 있다. 대망
의 출어를 한다. 어장에 두착한다. 조업이 시작되면 이건 바로 지
옥의 문턱이다. 밤과 낮의 구별이 없다. (…) 하지만 이런 고난도
귀국하게 되는 날 얼마큼의 논이 쥐어질 수 있다는 희망, 단지 희
망만으로 견뎌낼 수 있었다. 그리고 2년이나 3년 후 귀국한다. 손
에 쥐어지는 돈이 한 푼도 없다. 고향으로 돌아갈 귀가비(歸家費)
조차 지급하지 않는 경우가 있다. 〈귀선(貴船)은 적자입니다〉 하
고 회사에서는 끝을 맺는다. 2년이나 3년 동안의 원양 출어가 도

로인 것이다.

—「虛無의 바다」

　한국해운과 수산에 있어서의 자본주의 성장기는 1965년경 이후
이다. 특히 1970년대에 이르러 해운과 수산 자본은 급속한 성장을
이룬다.[11] 시장의 성장과 노동계급의 성장은 필연적인 관련성을 가
진다. 이러한 점에서 1960년대 근대화 정책과 더불어 선원은 산업
노동자들과 더불어 집단적인 노동자 계급을 형성한다. 말할 것도
없이 이들 대다수는 농민 출신들이다. 소작 또는 소규모 자작농으
로 생계유지가 힘든 노동자들이 대거 산업노동자와 선원 노동자로
노동시장에서 노동력을 팔게 된 것이다. '배를 타면 돈을 벌 수 있
다'는 생각에 사로잡힌 이들 노동자들은 노동시장의 수요보다 넘쳐
난다. 실제 해양노동력을 매개하고 중개하는 노동시장의 수요를 넘
어선 공급 상황에서 매우 불합리하게 운영된다. 알선업자들의 농간
이 있는가 하면 자본가들의 노동 착취 또한 심각하다. 지옥 같은 바
다에서 2년 혹은 3년을 일하고도 귀가비조차 지급받지 못하는 경우
도 있는 것이다. 그럼에도 불구하고 이들은 이러한 불합리한 조건
을 벗어나지 못하고 '체념'하게 된다. 이러한 과정에 근대화를 지상
목표로 삼는 국가 이데올로기가 강력하게 개입한다. "그럼에도 그
선원들이 피땀 흘려 잡은 고기를 외국에다 판매했던 원양어업 회사
의 사장은 수출의 날, 그 영광된 자리에서 그 훌륭했던 수출 실적으
로 엄청나고도 굉장한 치하를 받고, 그 보기도 흉한 뚱뚱한 배때기
를 앞으로 30센티나 내어민다."(「虛無의 바다」) 이처럼 해양노동력 시

---

11) 손태현, 앞의 책, pp.418-463.

장은 자본가의 독점에 의해 불합리하게 운영된 것이다. 이는 근본적으로 한국해양자본 형성에 있어 해양자본의 독점적 위치와도 연관된다. 한국전쟁으로 토지자본가도 산업자본가도 없이 오직 미국 원조거래에 기생하는 무역자본가만이 새로 등장해 해양화의 주도 세력이 되는 가운데[12] 국가와 독점자본의 유착이 견고하였기 때문이다. 수출주도 성장정책을 끌고 가는 국가 권력이 자본의 편에서 노동착취를 용인했으므로 선원노동자들의 노동소외는 지속될 수밖에 없었다.

천금성의 소설에서 선원들의 노동조건은 매우 열악하게 그려져 있다. 그리고 이러한 조건은 평선원에만 한정되는 것이 아니라 선장을 포함한 모든 선원에 해당하는 것으로 제시된다. 항해노동은 공장노동과 마찬가지로 배라는 한정된 공간에서 협동적인 일련의 과정을 수행하도록 되어 있다. 원양어선에서의 조업과정은 바다에서 다른 인간들과 고립된 가운데 집단적으로 수행되는 노동이다. 이러한 집단 노동자로서의 선원이라는 측면에서 선장은 배의 노동조건의 정점에 있음과 동시에 선주와의 임금계약의 책임자이기도 하다. 이러한 선장의 위치는 천금성 소설에서 작가의 전기적인 시점이 놓인 자리이다.

선원들은 물어보나마나 펄쩍 뛸 것이다. 그들은 귀국할 날만 손꼽아 기다리고 있다. 회사에선 그냥 대수롭잖게 선장인 자기에게만 그 책임을 떠맡기려 든다. 자기들과 거의 같은 시기에 어기를 시작한 다른 조업선들도 모두가 비슷한 결과에 이르고 있다. 한

---

12) 김진현, 앞의 글, p.485.

데도 유독 자기 회사에서만 계약조문을 들고 나선다. 선장인 자기 혼자서 어떻게 스물다섯 명이나 되는 선원들 모두를 설득할 수 있을 것인가. 이건 선원법상 명시돼 있는 선장의 권한과는 전혀 별개의 문제인 것이다. 선장이라는 직무를 맡고 있는 자신이 더할 수 없이 밉다.

—「가장 긴 항해」

이처럼 선장은 임금계약을 둘러싸고 선주와 대립해야 하고 이 문제로 인하여 선원들과 마찰을 빚는 중간자적 존재이다. 사실 많은 우여곡절이 생길 수밖에 없는 해양에서 모든 계약조건을 충족한다는 것은 힘들다. 어느 한 부분 결락이 생길 소지는 항상 존재하는 것이다. 그럼에도 선사가 이러한 원양노동의 조건을 악용한다면 그 피해는 고스란히 선원들에게 돌아간다. 가령「출항연습」이 말하고 있듯이 회사의 요구조건이 있고 이를 모두 지켜야 할 때 갈등은 유발될 수밖에 없다. 이 소설에서 회사와의 계약조건은 세 가지이다. (1)계약기간은 출어일로부터 30개월로 한다. (2)항차수는 9항차로 한다. (3)어획물 판매액을 60만 달러 이상으로 한다. 그런데 이 소설에서 선원들이 8항차를 29개월을 넘겨 마치고 70만 달러의 어획고를 올리고 있으나 회사는 계약에 따라 한 항차를 더 요구하고 있는 것이다.[13] 이에 선원들의 저항이 표출되는 것은 당연한 일이다. 그러나 귀국에 대한 열망에 부푼 선원들의 욕구는 자본 측의 함정에 해당한다. 계약조건의 불이행으로 지급임금이 삭감될 것이기 때문이다. 선원들의 저항은 거의 대부분 이러한 노동 조건에서 비롯한다. 이러한

---

13) 천금성, 「출항연습」, 『은빛 갈매기』, pp.123-125.

자본의 요구는 선상 권위를 강화하고 노동 기율의 강도를 더하게 한다. 한국 자본주의의 팽창과 저항적 선원문화 형성은 맞물려 있는 것이다.

재현: 선원의 생활양식

해양문학은 하위문화로서의 선원문화를 담아낸다. 특히 줄거리를 지닌 이야기를 서술하는 해양소설에서 선원들에 의해 형성되는 하위문화는 매우 구체적인 모습을 보인다. 천금성의 해양소설은 배라는 한정된 공간에서 선상작업을 함께 하는 선원들의 협업적인 노동과 집단적인 생활양식들을 서사의 주된 내용으로 삼고 있다. 다양한 사람들이 하나의 배 안에서 생활하면서 노동하는 과정은 선원들만의 특수한 생활세계를 형성하게 한다. 원양어선이라는 밀폐된 공간에서 조업하는 이들 선원에겐 먼저 통일적이고 협동적인 과업 수행이 요구된다. 뱃일의 이러한 특성과 고립적 환경은 선원들의 노동 정체성을 강화시키는 요인이다.[14] 원양 어선 선원들은 장기간의 집단적인 생활과 노동을 통하여 자기들만의 독특한 하위문화를 구성한다.

선원들의 하위문화는 대체로 선상의 노동이 지니는 두 가지 대립 관계에서 생겨난다. 이 두 가지 대립은 선상노동에서 가장 중요한 위상을 점하며 서로 연관되어 있다. 첫 번째 대립은 인간과 자연의 대립으로서 무한한 자연의 힘 가운데에서 살아남기 위한 자연과의 투쟁이다. 천금성은 「虛無의 바다」에서 자연과 투쟁하며 살아가는

---

14) M. 레디커, 앞의 책, pp.83-84.

선원들을 "바다에서 산다는 것이 얼마나 허망하고 외로운 일이며 또 얼마나 괴롭고 슬퍼지기가 쉬운 일이며 그리고 그런 따위의 모든 일이, 예컨대 산처럼 거대한 파도를 숨을 헉헉 들이키며 기어오르다가, 그리고 다음엔 깊디깊은 계곡 아래로 한달음에 파묻혀 들어가곤 하는, 그 죽음이라는 추상적인 어휘를 이처럼 현실의 눈앞에서 언제고 반추하지 않으면 안 되는 이들 바다에 떠 흔들리는 사람들"[15]이라고 표현하고 있다. 실제 선원들은 예기치 못한 자연의 변화에 의해 생사를 오가는 경험을 겪게 된다. 가령 천근성의 소설 「꿈틀거리는 지각」에서 돌풍과 만나 모든 것이 허사가 되는 경우나 「막다른 바다」에서 태풍과의 조우로 만선의 꿈이 산산조각 나는 경우는 대자연의 공포 속에 살아가는 선원들의 삶을 절실하게 보여주는 예들이라 할 수 있다. 이처럼 대자연의 공포와 상존하는 죽음의 위협으로 인하여 해양인들의 사회와 문화는 특별한 모습을 띠게 되는 것이다. 같은 배에 탄 선원들이 효율적이고 효과적인 집합체가 되어 기술과 의지, 용기, 공동체 정신으로 뭉치면 생존의 확률은 높아지는 것이다.[16] 이러한 경험에서 이들은 이들의 정체성을 담보하는 하위문화를 공유하게 된다.

　선원들의 하위문화를 만들어내는 두 번째 대립은 인간과 인간 사이의 대결, 즉 권력, 권위, 노동, 선상 기율 등의 문제를 중심으로 빚어지는 계급 간의 대결이다. 이러한 대립으로 선원들의 문화 전반에는 저항적인 하위문화가 형성되어 선상에서의 항해 과정뿐만 아니라 정박지나 귀향지에서의 일상생활에서도 독특한 태도와 가치, 관행 따위로 표출되는 것이다. 레디커는 자연과의 투쟁에서 형성되는

---

15) 천근성, 『허무의 바다』, p.125.
16) M. 레디커, 앞의 책, p.148.

공동체 문화는 해양산업의 생산관계로부터 생겨난 계급적 대립에 의해 해양문화가 분열되어 있다고 지적한다.[17] 해양문화의 핵심을 통찰하고 있는 지적이라 할 수 있다. 이러한 분열된 해양문화는 천금성의 「출항연습」에 잘 그려져 있다. 이 소설에서 평선원들과 선장 그리고 선주와의 대립은 임노동의 사회적 관계에 의해 나타난다. 29개월여 유지되어온 공동체가 사회적 관계의 모순에 의해 분열되면서 마침내 언어적 폭력과 물리적 폭력으로 봉합되는 양상을 보이게 된다. 이럴 때 모순된 자본에 대한 저항의 정도와 이를 억압하려는 선상기율의 강도는 비례하는 것을 알 수 있다.

실제로 선원문화의 원천은 다양한 인간군상들이 선원이 된다는 점에서 다양하다. 그러나 이러한 다양성은 해양문화의 다양성으로 나타나지 않는다. 선원들의 해양문화는 우선 남성중심적이다. 선상노동의 주체는 남성이다. 천금성의 해양 소설에서 서사의 주체가 여성인 경우는 찾을 수 없다. 여성은 기억의 대상이거나 기항지나 귀향지에서 남성적 욕망을 해소하는 타자에 불과하다. 다음으로 선원들에 공통된 미천한 출신성분은 이들의 문화를 통합하는 요인이 된다. 선원들의 승선 목표는 돈이다. 그러나 이들에게서 돈은 자본으로 발전하지 않는다. 이들에게 돈은 당장의 필요에 의한 것일 뿐 축적의 대상이 되지 못한다. 대부분의 선원들이 그들의 희망에도 불구하고 선상노동에 매이게 되는 까닭이 그들의 임금이 자본으로 축적되지 못하는 데 있다. 「무인도」는 평선원의 시점으로 선원이 되어 사는 적응의 과정을 보여주고 있다. 이 소설이 말하듯 선상 생활과 노동에의 적응은 개인들이 지니고 있는 문화들이 동질적인 공동체

---

17) M. 레디커, 앞의 책, p.148.

문화로 통합되면서 존재의 개조가 이루어지는 과정이다. 소설 속의 극화된 주인공 오상환은 '오상환'이라는 자기의 이름을 지워야만 하는 선상문화의 특성을 진술하고 있다.

저는 현재 대서양에 출어·조업 중인 원양어선 제63광명호의 기관원 오상원이란 선원입니다.
저라는 한 사람을 설명하는 앞의 여러 대목 가운데서도 그러나 오아무개라는 이름 석자는 무어 그렇게 중요한 것이 못됩니다. (…)
〈갑판원 아무개〉 혹은 〈기관원 아무개〉라는 호칭들을 하긴 합니다. 그러나 거기에서 받는 느낌이나 억양이나가 도시 〈갑판원〉 혹은 〈기관원〉에다 더 액센트가 주어지고 있는 처지이므로, 그러므로 〈아무개〉라는 건 그저 끄트머리에 매달린 토시만큼밖에는 더는 깊은 의미를 갖고 있지는 못하는 듯싶습니다. (…)
요컨대 바다라는 곳, 육지를 멀리 떠나서 어느 한 인간이 바다라는 대자연 속을 흔들거리며 떠나다닐 버릇하게 되면 그건 정말이지 김 아무개, 이 아무개라는 그런 이름 석 자따위야 터럭만큼만 의미인들 있을 수가 없을 이치이겠습니다. 그럴 때는 누구든 간에 인간은 바다라는 대자연 속의 한 미미한 입자가 아니겠는지요.
말하자면 저는 앞에서 말한 오 아무개라는 이름 석 자보다는 오히려 원양어선의 한 선원이라는 그 직분, 그 직책이 이 이야기에 있어 더 큰 의미가 있을 것이란 그런 뜻인 것입니다. 한 배의 최고 책임자인 선장이라는 직책을 가졌다 한들 그것 또한 마찬가지라고 들었습니다.

이 소설의 주인공이 말하고 있는 것처럼 해양문화는 육지에서의 생활양식과 전혀 이질적인 선원으로서의 생활양식으로 나타난다. 이 소설에서 선원들의 개별적인 이름이 지워진다는 단순한 사실은 해양문화의 속성을 알려주는 매우 중요한 단서이다. 해양문화는 선원의 개인적인 정체감보다 집단적인 정체감을 더 중요하게 여긴다. 선원은 바다 생활에 들어가면서 그 고유한 생활 패턴에 적응하게 된다. 이러한 적응과정에서 개인적 정체성의 혼란과 갈등은 필연적이다. 그러나 선원이 된다는 것은 해양의 생활양식에 자기를 일체시키는 일과 다를 바 없는 것이다. 먼저 노동의 성격에서 인용한 소설의 주인공처럼 개성보다는 직분에 충실할 수밖에 없다. 원양어선에서의 조업이란 매우 강도 높은 협업 노동에 해당한다. 이러한 노동이 30개월 정도 계속된다고 할 때 집단노동자로서의 선원의 정체성은 뚜렷해질 수밖에 없을 것이다. 배는 이러한 선원문화의 정체성을 확고하게 하는 물리적 환경이다. 이는 내륙의 공장보다 더 폐쇄적인 작업장이며 내륙의 공장과 달리 생활의 공간이다. 이러한 배라는 공간의 양면성에서 선상의 문화는 노동과정과 생활을 분리시키지 않는다. 그리고 노동은 선원이 경험하는 복합적인 문화현상의 중심부에 늘 위치한다. 노동의 강도와 집단주의의 증가에 따라 선상의 문화도 달라지는 것이다.[18]

선원들의 집단적인 해양문화에서 음주는 피할 수 없는 생활양식에 속한다. 선상에서의 술은 혹독한 노동 과정에서 잠시 긴장을 이완시키고 선원들 간의 화합을 이루어내는 사회적 기능을 하였다. 이러한 선원들의 음주 문화는 기항지나 귀항지의 항구 풍속을 변화시

---

18) M. 레디커, 앞의 책, p.186.

키는 요인이기도 하다. 「아르고선」에서 보이는 성 선장과 한 선장의
기항지 항구에서의 음주는 서로의 지속적인 우정관계를 확인하는
과정으로 나타나고 귀항지 남포동 술집을 전전하는 성 선장의 모
습은 선원이 지닌 내적 억압들을 분출하는 길이 음주였음을 반증한
다. 선원들의 음주문화는 그래서 분열과 갈등을 노정하는 촉매제 역
할도 한다. 「출항연습」에서 평선원들의 선장에 대한 저항 또한 술의
매개과정을 통해 표출되고 있다. 음주문화와 함께 선원들의 하위문
화가 보이는 특징은 동류의식이다. 그들은 하층계급이라는 동류의
식에서 끈끈한 우애를 드러낸다. 이러한 우애는 「적도제」에서 동반
항해에 나선 친구의 실종에 주인공인 '나'가 죽음을 무릅쓰고 찾아
나서는 광경에서 매우 전형적인 형태로 그려지고 있다.

　선원들의 해양문화의 커다란 특징 가운데 하나는 이동성이다. 선
원들은 국가의 경계를 넘어 세계의 다양한 문화와 접한다. 하지만
천금성 소설에서 이러한 국면들은 그리 부각되고 있지 못하다. 오히
려 국가주의적인 시점이 전제되어 있다. 특히 이러한 시점은 일본과
의 관계를 서술하는 부분에서 크게 부각된다. 노동조건이나 계약의
합리성에서 일본의 선진성을 말하면서도[19] 일본에 대해 적대적인 서
술로 일관하고 있는 것[20]은 천금성 해양소설이 지닌 해양문화론적
차원의 한계(국가주의) 가운데 하나라 할 수 있을 것이다.

---

19) 가령 「虛無의 바다」에서 "일본의 경우 그 이익의 반이 선원 몫으로 분배된다. 그것
　　도 적다고 아우성이고 70프로를 안주면 출어 않겠다고 버틴다 한다. 일본의 회사
　　들은 배를 묶어 두기보다야 나으니까 굴복하지 않을 수 없다. 하지만 계약내용대
　　로 그 24프로나마 정당하게 선원 몫으로 넘겨주어야 했을 도리가 아닌가. 그 기껏
　　24프로마저도 저 샤치들처럼 야금야금 갉아먹다니."라는 진술을 들 수 있다.
20) 「不開港場」과 「가장 긴 항해」를 들 수 있다.

형식: 해양서사의 양상

해양소설(maritime fiction, sea voyage narrative)의 서사문법은 단조롭다. 이는 피할 수 없는 서사의 조건이다. 배와 바다와 항해는 해양소설의 기본적인 서사 요건들이다. 한정된 공간인 배에서 동일한 유형의 노동과 유사한 패턴의 삶을 영위하는 선원을 서술주체로 삼는 해양소설에서, 풍부한 서술 양상을 기대하는 것은 처음부터 무리이다. 어떤 의미에서 해양소설의 이러한 서술조건이 해양소설 생산의 어려움을 말한다고 볼 수 있다. 따라서 체험을 강조함으로써 해양소설의 존재의의를 부각시키는 것이 미학적 결함을 벌충하는 것으로 이해되어서는 아니 된다. 해양소설의 미학이나 서술시학은 해양소설의 특수성에 입각하여 고구되어야 하는 것이다. 이는 처음부터 내륙 경험에 비해 단조로울 수밖에 없는 해양 경험 양식의 한계를 전제하는 일과 유관하다.

해양서사의 기본문법은 출항—항해—귀항이라는 패턴이다. 그러나 출항과 항해와 귀향의 전 과정이 반드시 서술되어야 하는 것은 아니다. 각각의 과정만으로도 충분히 소설의 구성 요건이 될 수 있기 때문이다. 출항에서의 사고로 출항이 귀향이 되는 이야기가 있을 수 있는가 하면 항해 과정에서 발생하는 많은 사건들은 그 자체로 서사의 요건이 된다. 마찬가지로 귀향으로 생기는 많은 이야기들이 있을 수 있다. 특히 귀향 이후의 이야기들은 내륙의 다양한 문화들과 충돌하면서 많은 제재들로 발전한다. 말할 것도 없이 회상의 기법은 해양소설을 풍요롭게 하는 요인이 될 수 있다. 하지만 내륙 생활과 관련된 에피소드들을 많이 첨부한다고 하여 일반 소설과 다른 해양소설의 풍요를 구가할 수 있는 것은 아니다. 따라서 항해과정은 해양서사의 중심이 될 수밖에 없다. 천금성의 해양소설에서 서사의 중심은 단연 항해과정이다. 그의 대부분의 소설들이 항해과정을 주된 서술대상으로 삼고 있다.

서사를 추동하는 힘은 사건에서 비롯한다. 해양소설에서 사건은 대체로 세 가지 형태로 나타난다. (1)자연과의 투쟁에서 형성되는 사건, (2)선원들이 만드는 사건, (3)배가 만드는 사건. 이 세 가지 사건들의 조합에 의하여 천금성의 해양소설들은 구성되고 있다. 그런데 천금성의 해양소설에서 가장 강조되고 있는 것은 (1)이다. 이는 그의 소설이 원양어선이라는 경험조건을 근간으로 하고 있는 데 유래한다. 고기를 잡아야 한다는 하나의 목표 아래 진행되는 과정을 서사의 기본문법으로 삼고 있으므로 고기잡이 과정에서 전개되는 바다와의 투쟁이 전경화될 수밖에 없는 것이다. 그러나 이러한 대자연과의 투쟁은 멜빌의『백경』이나 헤밍웨이의『노인과 바다』가 보이는 국면과 다르다. 원양어선에서의 투쟁은 대자연에 대한 인간의 시험도 아니며 낭만적인 모험 과정도 아니다. 원양어선 선원들에게 어획고 획득이라는 문제는 그 어떤 것에도 앞서는 현실이다. 따라서 천금성은 작중 인물의 말을 빌어 "누구에서건 마찬가지이지만 저 미친놈의 〈에이허브〉가 아닌 담에야 바다란 오래 떠다니면 떠다닐수록 더 외경스러워지는 법이다. 우리들은 영원한 뱃사람이 아닌 것이다. 더구나 우리들은 애초 귀항을 전제하고 출항했던 게 아닌가."(「가장 긴 항해」)라고 말하고 있다. 자연과의 투쟁에서 형성되는 사건들은 (1)기상조건의 변화, (2)어장 조건의 변화, (3)샤치떼와 상어 등 방해물의 등장 등이다. 기상조건의 변화는 태풍이나 돌풍 등의 양상으로 해양노동을 악화시키거나 궁극적으로 모든 것을 무로 돌리는 결말(ending)로 발전한다. 「꿈틀거리는 지각」과 「아르고 선」 등이 이러한 예에 속한다. 어장조건의 변화는 천금성의 모든 소설에 공유되는 구성요건이다. 그물을 드리고 고기를 잡는 노동과정은 원양어선의 기본 행로이다. 따라서 적수항해는 천금성 소설의 중심 사건이다. 그래서 「虛無의 바다」와 「가장 긴 항해」가 말하고 있듯이 풍어는 집단적 노동과정을 매우 생동적으로 서술하게 하나 지속되는 흉어는 항해를 초조하게 하고 집단노동을 무기력하게 만든다. 샤치떼의 등장은 서술의 박진감을 더하는 매개가 된다. 순조로운 조업과정을 방해하는 샤치떼는 원양어선의 선원들에겐 더할 수 없는 곤란이나 해양소설의 전개에 있어 극적 효과를 더하는 것으로 「은빛 갈매기」가 보여주듯 작가에겐 매우 매력적인 사건이 된다. 상어의 등장은 여러 가지로 이채로운 모티프이다. 상어와의 싸움 또한 다양하게 변주된다. 참치잡이 과정에서 걸려드는 상어들이 가지는 가치는 선원들에게 부수입원이 된다는 점에서 매력적인 한편, 「야간항해」의 주인공처럼 상어에 물려 팔과 다리가 찢어진 이들은 영원히 수부(水夫)의 징표를 지니고 상어에 대한 원한으로 돌발적인 사건을 만들기도 한다.

선원들이 만드는 사건 또한 천금성의 해양소설을 이끌어가는 서술의 힘이다. 그런데 천금성의 소설에서 인간과 자연과의 대결이라는 국면만큼 인물과 인물 사이의 갈등이 서사를 추동하고 있는 것은 아니다. 그만큼 사회적 관계라는 문제가 약화되어 있다는 것이다. 물론 앞서 설명했듯이 선주-선장-선원의 관계에서 발생하는 독점과 노동착취의 문제가 작가의 관심 밖에 있는 것은 아니다. 하지만 이를 전면적으로 탐색하는 서사적 과정은 없다. 다만 이것은 선원의 현실적 조건의 제시라는 측면에서 부각되고 있다. 선원들이 만드는 사건은 대부분 개별 선원들의 일탈적인 행위에 한정된다. 가령 상어를 죽이려고 뛰어드는 선원(「야간항해」), 사감으로 다른 배를 들이받게 만드는 신출내기 선장(「두 선장의 경우」), 해파리를 들이마셔 탈이 난 선원(「천생 너는 뱃놈」), 중도 하선하는 갑판장(「해저 아래로」) 등이 이러한 예에 속한다. 그러나 이러한 예들은 실제 서사의 중심이 아니며 대부분 에피소드로 처리되고 있다. 실제 노동 과정에서 탈주나 반란은 가혹한 노동과 약한 임금에 저항하는 선원 노동자들 문화의 한 특징이다.[21] 탈주는 계약을 파기하고 노동과정을 혼란시킴으로서 자본에 적대적으로 저항하는 한 방식이다. 선상 반란 또한 배라는 하나의 폐쇄된 사회의 문화를 뒤흔드는 방식이다. 선원의 노동세계는 실제 협동과 대결의 복합적인 혼합물이다. 따라서 현실주의적 해양소설은 이러한 서술상황에 대한 충분한 고려가 있을 때 가능하다. 천금성의 해양소설은 이러한 현실보다 집단적인 노동자로서의 선원이 벌이는 자연과의 투쟁이라는 점을 집중적으로 부각시키고 있다. 따라서 그의 시점은 낭만적인 것과 현실적인 것 사이에서 요동한다.

어디 이럴 때는 어떻게 하여 좋은 어장을 찾고 그리고 그 어장에서 어군을 어떻게 추적하며 어떻게 해야만 조기에 만선할 수 있을 것인가 등등의 참고서라도 있다면 그건 얼마나 고마운 책이 될 것인가. 이 세상의 어떠한 일에 있어서도 숱한 참고서가 있었지만 정작 이럴 때 필요한 참고서는 하나도 없다. 하긴 이건 너무도 당치 않는 바람일는지도 모른다. 저 『모비 디크』의 에이허브 선장도 무슨 참고서를 휴대하고서 〈까살로 블랑쉬〉를 추적한 건

---

21) M. 레디커, 앞의 책, pp.99-112.

아니었으니까.

『모비 디크』를 떠올리자 엄 선장은 얼핏 생각나는 게 있었다. 간단히 말해 에이허브 선장은 그『모비 디크』를 잘도 찾아냈다는 점이었다. 그건 배를 타고 있는 어느 훌륭한 선장에게나 혹은 항해가에게 주문하더라도 에이허브 선장처럼 그렇게 손쉽게『모비 디크』와 어긋나지 않고 3대양을 돌아, 잡아낼 수는 없다는 점이었다.

―「막다른 바다」

이처럼 천금성은 고기잡이라는 현실적 목표와 해양에서의 모험이라는 두 가지 지향 사이에 서술의 상황을 설정하고 있다. 이러한 그의 입장에서 집단적, 협업적 선원 노동의 측면에 비해 저항하는 선원이라는 측면이 약화된 것이다.

배가 서사를 추동하는 사건이 되는 경우는 대체로 기관고장이라는 형태로 나타난다. 스크류에 그물이 걸리거나 노후한 기관의 고장으로 표류하거나 항해 잘못으로 좌초하는 사건들은 배와 관련한 사건으로 서사의 흥미를 더하고 구성을 강화하는 요소들이다. 그러나 이처럼 배와 관련된 사건들은 해양소설을 구성하는 요건으로 크게 중요하지 않다. 무엇보다 배라는 공간이 지니는 복합적인 의미연관을 여타의 사건들과 결부시키는 일이 중요하다. 선원들에게 배는 사회의 축도이다. 그 안에서 선원들은 노동과 휴식 그리고 일상을 반복한다. 또한 내륙에서와 다른 조건으로 인한 생활양식이 형성되는 곳이다. 배의 공간이 지니는 이러한 복합적 의미망들이 구체적인 서술로 그려지는 것이 서사의 효과를 더한다.

천금성의 해양소설에서 사실 설명적 측면은 매우 중요하다. 그의 소설은 많은 부분에 있어 해양과 관련한 정보를 제시하는 데 바쳐지고 있다. 원양어선의 종류, 원양조업의 방법, 참치의 종류, 상어나 고래 그리고 갈매기 등의 종류, 참치와 샤치와 고래 그리고 상어 등의 생태, 어구들이며 각종 배의 기관들에 대한 소개, 어양어업과 관련한 각종 어장의 소개 등이 제시적 서술의 목록들이다. 이러한 사실 설명적 서술은 작가의 경험적 서술의 연장선에서 이해될 수 있다. 천금성의 해양소설은 장르의 기준으로 주제적인 것을 가장 중요하게 내세운다. 무엇보다 경험 사실이 우위에 있는 것이다.

3. 기원의 바다를 찾아가는 근대인의 모험
- 김성식의 해양시

　김성식은 한국문학사의 경이로운 한 사건이다. 아니 세계문학사에도 선상생활 30년의 경험을 간직한 시인은 없다. 또한 그만큼 많은 해양시를 쓴 유례를 찾기 힘들다. 그의 해양생활은 1967년 9월 미국 소재 라스코 해운 3등 항해사로 시작된다. 김성식의 문학 활동은 1970년 말 승선 중에 투고한 시「淸津港」이『조선일보』신춘문예에 당선되면서 본격화된다. 이후 그는 월간『海技』지 주간을 6개월간 맡기도 하지만 선장으로 선상 생활을 계속하면서 여러 문학지와 일간신문, 주간지, 사보 등에 활발하게 작품을 발표한다. 2000년 30여 년의 선상 생활을 접고 하선하기까지 그는 첫 시집『淸津港』(1977)을 위시한 4권의 시집을 발간하는 등, 한국문학사를 새로 쓰지 않으면 안 될 해양시를 남기고 2002년 아쉬운 나이에 우리 곁을 떠난다.

　김성식의 시를 두고 '본격적인 해양시의 효시'라고 자리매김한 이는 전봉건 시인이다. 해양시가 근대적 표상으로 바다가 형상화된 것이라는 관점에서 볼 때 말할 것도 없이 한국 해양시의 효시는 최남선의 「海에게서 少年에게」이다. 여기서 바다는 순전히 근대적 세계인식의 산물이다. 이는 '근대적인 국민/국가의 표상시스템에 투영되어 발견된 풍경'이다. 이처럼 근대적 표상공간으로 발견된 바다 풍

해양시인 김성식

경은 가령 김기림 등의 모더니스트들의 시에서 근대적 세계를 나타
내는 기표로 어렵지 않게 동원된다. 김기림은 「파랑 港口」의 마지막
연에서 "港口는 國籍을 자랑하지 않었다./港口는 犯罪를 무서워하
지 않었다./港口는 바다의 國境을 믿지 않는다./그러므로 아무도 오
고 아무도 도라갔다."라고 읊은바 있다. 여기서 김기림 또한 항구를
매개로 근대세계의 지리학을 말하고 있다. 하지만 이들은 근대 지정
지리학으로 바다 혹은 해양을 인식하고 있을 뿐이다. 전봉건이 김성
식의 시를 본격적인 해양시의 효시라 한 것은 근대적인 해양 경험을
바탕으로 한 선원들의 생활양식으로서의 해양시의 염두에 둔 규정
이다.

　해양시는 해양이라는 개념이 근대에 와서 만들어진 역어이듯 근
대적인 장르 개념이다. 이것은 시의 하위 양식으로서 두 가지 조건

을 필요로 한다. 첫째 해양시는 바다에 대한 근대적인 표상시스템을 반영해야 한다. 해양은 근대 자본주의 세계에 의해 발명된 공간이자 자본주의적 근대성에 상응하는 표상이다. 이러한 점에서 바다에 대한 인식 주체의 근대적 시점이 해양시의 기본 조건이 된다. 둘째 해양시는 해양체험을 필요로 한다. 그러나 창작에서 체험이 차지하는 비중을 고려할 때 해양시에서 해양체험은 매우 중요한 구성요건이 된다. 해양체험은 연안역에서 이루어질 수도 있고 대양에서 이루어질 수도 있다. 근대적 시점에서 묘사된 해변조차 해양시의 범주에 드는 것이 사실이다. 하지만 본격적인 해양체험은 아무래도 항·포구와 배와 항해가 핵심 모티프가 될 때 가능하다.

전봉건은 해양체험의 관점에서 김성식의 시를 본격적인 해양시의 효시라 규정하였다. 말할 것도 없이 해양시의 중심은 해양체험을 형상화한 시에 있다. 그럼에도 그 외연을 넓혀야 한다는 생각에서 해양시 혹은 해양문학의 범주를 지나치게 확대하는 경우도 없지 않다. 어떤 이는 해양문학의 핵심 내용인 근대성의 문제를 몰각하기도 한다. 김성식의 시적 원천은 근대해양이다. 그런데 근대세계로서의 해양과 시적 대상으로서의 해양은 상호 긴장관계를 형성한다. 해양은 오디세우스의 모험에서 보았듯이 근대의 목표에 도달하게 하는 토대인 동시에 그것을 가로막는 장애가 된다. 이러한 이중성은 곧 시와 근대의 이중성에 상응한다. 김성식의 해양시도 이러한 이중성에서 산출된다. 그는 그의 시쓰기를 일러 "바다보다 큰 허무 속에 잠겨 있는 절망을 길어 올리는 것"(「후기」, 『이 세상 가장 높은 곳에 바다가 있네』)이라 하였다. 또한 이어서 그는 바다가 그를 시인이 되게 하였다고 말한다: "시인은 결코 태어나는 것이 아니라 만들어지는 것이다. 누가 이야기한 것을 한번 뒤집어 보았습니다. 내게는 이 뒤집힌 말

이 진실처럼 들리는 것은 바다가 너무 넓다는 것, 허무의 덩어리로
가득 차 있다는 것, 평생을 달려도 그 끝이 보이지 않는다는 데 있습
니다. 나의 항해가 끝날 때까지는 계속 나의 작업을 물결 위에 남겨
놓을 것입니다. 아직도 길고 긴 항해가 내 앞에 들풀 모양 누워 있으
니까요." 그는 허무의 바다, 무한의 바다에서 '본격 해양시'를 건져
이를 정착시키는 한편, 다양한 해양시의 과제를 남겨놓았다.

근대와 고향

  첫 시집 『淸津港』에서 가장 먼저 실려 있는 시는 「出港」 연작 2
편이다. 편집 의도에 따라 배치되었을 것이라 추측되는 이들의 주
된 내용은 아침 이미지와 바다 이미지에 기댄 출항의 건강함이다.
이러한 건강함은 미지세계에 대한 동경과 기대에서 유발된다. 만일
삶의 현실적 조건에 의해 피할 수 없게 된 출항이라면 비애와 원망
이 주조를 이룰 것이다. 그러나 이들 시의 출항에서 삶의 곤고함은
전혀 보이지 않는다. 오히려 밖으로 펼쳐진 세계를 향한 갈망이 강
렬하다.

    앵커를 올려라 닻을 감아
    五六島 너머 水平線을
    불끈 들어 일어서는
    太陽쪽으로
    윈드라스 레바를 힘껏 눌러 눌러
    무거운 닻줄 감아
    떠나자 船首를 돌려 떠나

거리의 창문마다 무늬진 햇살

골목길 개구쟁이 입술에서

묻어 나온 알사탕의 꿈

아내의 행주치마에 젖어 있던

짭짤한 생활을 뒤에 두고

거침없이 소리치며 흔들리는

물결 따라

여기

솟아오른 시뻘건 불덩어리를

선창 가득 실어

에메랄드 삶아 뿌려 논

카리브

전설이 녹아 소금이 된

地中海

달이 흘린 눈물로

파르르 떨고 있는

赤道를 향해

청동빛 팔뚝을 걷어

꿈틀대는 푸른 힘줄을

햇빛에 구워 또 구워

힘의 大洋을 힘을 내세워

펄펄 살아 뛰는

바다를 잡으러

풀무질쳐 뜨거워진

가슴의 근육

狂風에 내 맡기러
메인 마스트에 소리치던
出港旗가 부풀기 전에
닻을 감아라 앵커를 올려
물살 헤쳐
돋아나는 太陽을 향해
윈드라스 레바를
힘차게 잡아
잡아 당겨라
―「出港Ⅱ」전문

　　이처럼 이 시에서 보이는 출항은 낭만적이다. 지금―이곳의 현실
보다, 미지의 세계―에메랄드 삶아 뿌려 논 카리브, 전설이 녹아 소
금이 된 地中海, 달이 흘린 눈물로 파르르 떨고 있는 赤道에 대한 의
식의 지향이 강렬하다. 달리 아침의 낭만주의라고 할 수 있을 이러
한 의식지향은 안과 밖의 이분법에서 밖에 가치를 부여하는 시점을
보인다. 그래서 현실의 인연과 생활을 '거침없이' 뒤로 돌릴 수 있는
것이다. 이 시에서 바다는 시적 화자의 일상과 생활의 안온함을 포
기하게 하는 견인력을 지녔다. 그러나 시적 화자가 이러한 바다의
힘에 이끌려 가는 것은 아니다. 한편으로 이끌리면서 다른 한편으로
그것을 잡겠다는 의지가 있다. 이 시에서 이러한 의지의 원천은 다
만 미지 세계 혹은 대양이 이끄는 힘으로 표현된다. 이를 좀 더 구체
화하면 시적 화자가 삶의 본래 터전보다 바깥의 세계에 가치를 두
는 심상 지리학을 지녔다고 할 수 있다. 이는 「출항Ⅰ」에서 "땅위에
그득 찬 안개 걷어다/온 세상 바다에다/골고루 던져 버리자"라고 한

232

데서 알 수 있는 것이기도 하다. 인용시는 출항이라는 사건을 통해 미지의 근대세계를 향한 시인의 가열한 동경을 드러낸다.

　그 어떤 동경의 의식이든 그 발상의 근저는 현실에 대한 거리감이다. 동경은 이곳을 부정하고 저곳을 그리워하는 의식 형태이다. 그리고 동경의 궁극적 대상을 성취할 수 없다는 데서 아이러니가 발생한다. 김성식은 고향을 떠나 미지의 세계를 찾아 항해를 계속한다.

舵輪가에
아지랭이가 감돌고
밥알꽃 꽃잎이 흩어져
보리고개를 넘는
어머님 얼굴에 무늬를 놓아
물속에 잠기면
잠긴 바다를 꺼내
손으로 말리면서
陸地바다를 잇는
한 點 위
타게트를 걸어
航路를 射殺

-죽어 버려라 故鄉

새로운 針路
타륜 안 바다를 잡아

시체가 된 묵은 뱃길을

목을 타고 넘어온

젖은 손수건으로

뚤뚤 말아

底 깊이 水葬한다.

-날려, 꽃가루처럼 날려 버려

—「航路變更」 전문

　이 시가 드러내는 화자의 의식은 단순하지 않다. 우선 쉽게는 출항에 따른 이별의 슬픔을 말하고 있는 것으로 볼 수 있다. 출항과 함께 가난한 삶과 어머니의 얼굴 등이 선연하여 눈앞의 항로를 가리기도 했으리라. 이에 슬픔의 표상인 손수건에 이 모든 것들을 말아 수장하는 의식으로 출항의 의지를 다진다. 다음으로 이 시가 보여주는 화자의 의식은 고향에 대한 강한 부정의식이다. 이는 "죽어 버려라 故鄕"이라는 구절에 집약된다. 또한 "밥알꽃 꽃잎"으로 상징되는 가난을 "꽃가루처럼 날려" 보내는 의식을 통하여 극복하려는 데서 잘 나타난다. 즉 시속의 화자는 고향-가난에 대한 절연의 의지를 보이고 있는 것이다. 그러나 이러한 인생의 항로변경은 단번에 수행되고 성취되는 것이 아니다. 출항은 항상 도래할 귀항을 예비하고 있다. 출항과 귀항의 반복, 고향과 근대 사이를 오가며 시인은 삶의 궁극적 의미를 끊임없이 묻게 되는 것이다. 이러한 과정의 첫 자리에 인용시의 위상이 있다.

　김성식 시인의 고향은 함경남도 이원군 동면 이개리이다. 해방전에 그의 일가는 함남에서 서울로 이주하였으나 한국전쟁의 와중에 그의 부친(김철수: 시인)[1]은 행방을 알 수 없게 되었다. 분단과 전쟁으로 그가 겪은 이산의 고통이 남다르게 컸음은 짐작하고도 남는 일이다. 그에게 고향 상실은 시작 이전에 이미 전제된 존재의 조건이다. 그렇다면 그가 고향을 부정하고 미지의 세계를 지향하고 있는 「출항」의 의식을 어떻게 설명하여야 할까? 갈 수 없는 고향에 대한 역설일까? 아니면 뿌리 뽑힌 자의 허무일까? 미지의 근대세계와 고향 사이에서 김성식은 이들을 이어주고 있는 해양의 길을 간다. 그는 정주(定住)가 아니라 이동(移動)을 자신의 생활양식으로 선택한다. 말하자면 그가 선원문화를 택한 것이다. 선원문화는 고정된 지리적 경계나 안정된 거처 없이 형성되는 것이다. 그렇다면 고향은 그에게 어떤 의미일까?

배를 타다 싫증 나면
까짓것
淸津港 導船士가 되는 거야

오오츠크海에서 밀려나온
아침 海流와
東支那에서 기어온
저녁 海流를
손끝으로 만져가며

---

1) 우리 근대문학사에 김철수는 둘이다. 해방공간에 김동석 등과 활동한 이가 있고 1930년대부터 활동한 이가 있다. 김성식의 부친은 후자이다.

회색의 새벽이 밀물이 씻겨 가기 전
큰 배를
몰고 들어갈 때

신포 차호로 내려가는
명태잡이 배를 피해
나진 웅기로 올라가는
석탄 배를 피해
연수 울산에서 실어나르는
기름 배를 피해

멋지게 배를 끌어다
중앙 부두에
계류해 놓는 거야

청진만의 물이 무척차고 곱단다
겨울날
감자떡을 들고 갯가에 나가노라면
싱싱한 바다냄새
더불어
정어리 떼들 하얗게 숨쉬는 소리
엄마 가슴에 한아름 안기지만
이따금 들어오는 쇠배를 보느라고
추운 줄 모르고 서 있었단다

잘 익은 능금 한 덩이
기폭에 던져 놓고
하늘의 별만큼이나 많은 별을
기폭에 따다 넣고
햇살로 머리 빗긴
무지개를 꺾어 달고

오고가는 배들이
저마다 메인 마스트에
태극기 태극기를

올 엔진 스텐바이
훠 샷클 인 워터
렛고우 스타보드 앵커

방파제 넘어
닻을 떨어뜨려
나를 기다리면

얼른 찾아가
나는
굿 모닝 캡틴

새벽 별이 지워지지 전
율리시즈의 항로를 접고서

에게海를 넘어온 항해사
태풍 속을 헤쳐 온 키잡이
카리브를 빠져온 세일러를 붙들고

주모가 따라주는 텁텁한 막걸리
한 사발 건네면서
여기 청진항이 어떠냐고
은근히 묻노라면

내 지나온 뱃길을 더듬는 맛
또한
희한하겠지

까짓것
배를타다 싫증나면
청진항 파일롯 되는거야
—「淸津港」 전문

그의 등단작인 이 시는 김성식 시학의 기본논리를 담고 있다. 첫째, 이 시는 그의 고향의식을 보여준다. 고향에 관한 유년의 기억은 아름답다. 아름다운 고향 풍경은 이 시의 6연에 잘 그려져 있다. 그런데 이러한 고향이 더욱 그리운 것은 그곳에 갈 수 없기 때문이다. 이처럼 갈 수 없는 고향에 대한 그리움이 서정을 유발한다. 시가 원초적 합일의 세계를 그리는 양식인 탓이다. 둘째, 이 시는 과거의 기억을 미래지향의 상상으로 전화한다. 유년의 청진항은 미래의 세계항으로 상상된다. 미래적 합일인 통일을 꿈꾸는 것은 대단히 시적이다. 이는 청진항의 도선사가 되겠다는 시적 화자의 의지처럼 고향 회복에 대한 간절한 열망으로 표출된다. 셋째, 이 시는 과거의 기억과 미래 사이에 위치한 시인의 삶을 보여준다. 고향에 갈 수 있기까지 그는 해양인의 삶을 살고자 한다. 해양인의 삶을 특징짓는 것은 지속적인 이동성이다. 미래의 청진항에 모여든 많은 나라의 사람들처럼 그 또한 세계 여러 나라의 항구를 찾아가는 것이다. 그래서 이러한 이동성은 확산성과 다르지 않다. 또한 사회적 다양성과 만나는 것이기도 하다. 김성식의 시세계는 원심적으로 세계를 향해 펼쳐지고 구심적으로 고향을 향해 모아진다. 그의 시적 지형은 고향으로부터 세계를 향해 펼쳐진 부채와 같다.

김성식은 한편으로 세계주의를 지향하면서 다른 한편으로 민족주의로 귀환한다. 가령 「張保皐」에서 그는 근대해양을 민족주의적 관점으로 인식한다. 대양을 향한 진취적 기상의 결여가 제국주의적 침탈을 낳았다는 것이다. 그는 "진작/大洋을 向해 뛰어 나갔었다면/평양성 근처로 뭇 놈들이/어슬렁댈 수가 있겠느냐 말일세"라고 토로한다. 조선시대 이래 내륙을 중심으로 보는 코스몰로지가 강화되면서 장보고로 표상되는 고래(古來)의 해양성 문화는 실종되었다. 근대에 와서 서구 해양성 문화는 세계를 제패한다. 김성식이 근대해양을 누비면서 민족의 고통을 떠올린 것은 당연한 일이다. 「지브랄탈」에서 대영제국의 쇠망을 알리는 기호인 지브랄탈을 용인하는 가운데 민족의 비애를 떠올리는 시인의 시적 지리학의 산물이다.

지중해로 들어가는 상선
대서양으로 빠지는 어선 사이로

天下의 요새라던

해협을 벗어날 때까지

소금물에

씻겨 가는 제국의 눈알이

타다 진 촛농되어

잃어버린 땅 北만주 벌판 위에

黃沙를 일으켜

몇 번인지

눈을

비볐는지 몰라

—「지브랄탈」 전문

　이처럼 시인의 민족주의는 근대세계와 더불어 매우 선연하게 표
출된다. 그러나 이러한 민족주의는 배타적이지 않다. 서구중심주의
에 의해 타자가 된 민족, 제3세계에 대한 김성식의 관심은 매우 각
별하다. 뉴우기니아의 식인문화에 대한 문화상대주의적 이해를 요
청하는 대목(「뉴우기니아의 食人種」)에서 세계인으로서 시인의 시점이
잘 드러난다. 정박지 항구에서 만난 티베트 처녀 슈텐 이야기를 전
하고 있는 장시 「Miss Tsu ten」은 약소민족의 동질성을 확인하고 그
비애를 공감하는 시인의 표정을 전한다. 그리고 2시집 『바다는 언
제 잠드는가』(1986)에 실려 있는 장시 「이스마일리아」와 3시집 『누
이야 청진의 누이야』(1991)에 게재된 또 다른 장시 「아메리카의 꿈」
에서도 서구 중심주의에 대한 비판적 입장과 주변부 약자와 소수자
문화에 대한 문화상대주의적 관점이 잘 나타나 있다. 이처럼 시인은
세계인의 위치에서 세계를 이해하고 민족을 발견한다. 이동성을 핵

으로 삼는 생활양식을 지닌 뱃사람들의 문화는 항상 지역성을 넘어선다. 그들은 또한 서로 다른 문화의 사회적, 지리적 요소들을 연결시킨다. 김성식의 해양시에서 많은 부분은 다양한 세계문화에 대한 기록이자 서술이다. 이러한 시들은 무수한 항구와 항로에서 그가 만난 다양한 삶과 다채로운 풍경을 보여준다. 이에 대한 뚜렷한 예로 2시집의 「북항로」 연작과 3·4시집의 「항구」 연작을 들 수 있다.

선원의 구체적 삶

많은 경우 연안역의 생활양식에서 해양문화를 찾고 있는바, 이는 아직 우리가 본격 해양문화에 대한 인식이 부족함을 의미한다. 실제 해양문화가 생성되고 지속되는 과정은 선원들의 라이프 사이클과 밀접한 관련이 있다. 마커스 레디커에 의하면 해양문화는 필연적으로 자연과 인간 사이의 관계, 그리고 인간과 인간 사이의 물질적 관계에 의해 형성된다. 이러한 해양문화는 일차적으로 노동과 권위의 복합적이고 치열한 현실에서 유래하고 선원들의 사회적 성격―성, 계급, 인족, 국적, 교육 수준과 배의 구체적 환경―에 의해 생성된다. 그래서 노동의 성격과 조건과 사회관계, 배의 물리적 환경, 생산자들의 사회적 특성 등을 해양문화를 형성하는 본질적 힘이라 할 수 있다. 해양문화는 고정된 것이 아니라 오랜 세월에 걸쳐 이루어진 여러 변화들, 즉 노동 자체의 변화, 작업환경의 변화 그리고 노동자 자체의 성격 변화 등에 대응해나가는 가운데 발전된 것이다. 해양문화는 선상세계 내에서 끊임없이 형성되고 변화되었던 것이다. 이러한 점에서 해양시를 구성하는 요인으로 해양체험은 대단히 중요하다. 해양체험은 항구와 배에서 이뤄진다. 특히 항해 과정의 선상체험은 해양체험의 핵심이다.

　김성식의 해양시에서 해양체험의 구체성은 후기시로 올수록 강화된다. 주로 1시집에 실려 있는 전기의 해양시들이 내포한 낭만주의적 태도가 가시면서 중기와 후기시들은 상당 부분 현실주의를 견인한다. 전기시의 해양체험은 미지 세계에 대한 동경과 항해에 따르는 고통과 귀향이 주는 안도가 추축을 이루고 있다. 전기시에서 바다는 무한한 자연의 힘에 대한 인식의 매개가 된다.「海賊의 죽음」에서처럼 바다는 죽음에 대한 인식으로 육박하고 있다:“카리브海가 아니라도 좋고/南支那 혹은 울릉도 근처라도/상관 없는 장소에서/나는 매일 매일/죽어가고 있었어.” 이처럼 해양이라는 자연과의 투쟁은 죽음의 경험으로 받아들여진다. 이러한 경험 양상은 2시집에서 바다와 동화된 자아의 모습(「당신이 바다를 꺼낼 때」)을 그리거나 “바다가 점점 나를 닮아가고 있었다네”(「선원수첩·7」)라고 진술할 때와 판이하다. 전기시에서 귀향이 의미를 발하는 것은 자연과의 투쟁에 덜 익숙한 선원의 입장에서 당연하다.

　　마냥
　　젖줄을 그리다가
　　이제사
　　광폭한 여름을 꺾어 달고
　　소금에 찌들어 터진 얼굴을
　　아내의 유방 위에 묻고선
　　고운 손길로 걸러내는 상처 속에
　　녹아 버린 北大西洋 殺人氷과
　　허허한 太平洋이 어우러져

어우러져 엉킨 우리들 눈물이

온 세상 바다를 지나

빙글빙글 섞일 때쯤

나는 몇 번의 삼백 예순 닷새간을

미친 듯 뒤져나간 航路를 던지고선

黃土같은

내 아내 가슴을 쥐어짜며

섧게 울어야지

—「歸鄕」 전문

항해는 대자연의 공포와 상존하는 죽음의 경험을 동반한다. 인용시에서 바다와 함께 어우러진 '눈물'이 예사롭지 않은 까닭이 여기에 있다. 그것은 고통의 눈물이자 생존 공동체를 확인하는 눈물이다. '우리들 눈물'은 '한 배를 탄 사람들'이라는 의식을 반영한다. 그런데 항해과정에 자연과의 투쟁만 있는 것은 아니다. 인간과 인간 사이의 문제 또한 중요한 투쟁의 대상이다. 자족적이고 폐쇄된 배 안에서 인간 사이의 질서는 자연의 도전을 극복하는 것 이상으로 중요하다. 자연과의 싸움에서 얻어진 공동체 의식은 계급 간의 대립으로 분열되기도 한다. 인용시에서 항해과정에서 제기되는 선원 사이의 문제는 언급되고 있지 않다. 이는 자연과의 대결을 중시하는 선상 지도자의 시점이 반영된 것으로 보아도 무방할 것이다. 여하튼 인용시처럼 우여곡절 끝의 귀향은 만감이 교차하는 일임에 틀림이 없다. 보들레르의 말처럼 항해는 '쓰디쓴 경험'이다.

김성식의 해양시에서 해양체험은 「항해일지」 연작과 「선원수첩」 연작에서 매우 곡진하게 표현되어 있다. 선원은 해양문화의 주체들

이다. 그들에 의해 해양문화와 계급적 하위문화가 형성된다. 해양시
는 이러한 문화론적 산물이다. 따라서 단순하게 바다를 노래한 시를
지시하는 것이 아니다.

  흔들리는 바다밑을 딛고 서서
  일년을 한아름 안고 서서
  평생을 물결 너머 버티고 서서
  파도소리 소리로 그득 채워
  우리들 흰 뼈로 채워
  부서져 나르던 머리카락
  강풍에 비벼
  한 줌 바람으로 비벼
  세월세월 씻겨 간 얼굴
  닦을 때마다 후두둑 떨어지는 물비늘에
  한 거풀 두 거풀
  젊음이 비켜 가지만
  그래도 우리들은
  今生의 꽃잎
  아따금 건져 가며
  뿌리 내린 大洋을 밟고 서서
  폭풍 속 걸어간
  하, 많은 날들
  손금 따라 스며든 바닷물을
  손톱 아래 배어든 바닷물을
  햇볕에 말려서

粘土를 말려서

달빛에 말려서

점토를 만들어

시맨 북의 갈피마다

불칼로 고아 낸

테라 코타

흔들리는 바다 밑을 딛고 서서

일년을 물결 너머 버티고 서서

평생을 한아름 안고 서서
—「船員 手帖·3」 부분

    이 시는 선원의 일생을 노래하고 있다. 선원은 대체로 계급적으로 하층민이다. "士農工商 대열에도 끼지 못했던/불쌍한 뱃사람"(「다섯 개의 바다를 지날 때」)이라 했듯이 이들은 여러 모로 사회적 관계에서 최하위 노동계급에 속한다. 이들의 계급적 위치는 물론 해운업의 생산관계에 의해 규정된다. 임금노동자인 이들에게 돈은 가장 최선의 보상으로 주어졌다. 임금으로 주어진 돈은 이들의 자율적인 문화를 형성하게 하는 계기가 된다. 배는 육지와 다른 문화적 공간이다. 따라서 선원들만의 문화가 형성되는 것이다. 인용시가 이러한 선원문화를 말하고 있는 것은 아니다. 하지만 바다와 더불어 평생 살아가는 이들의 표정을 읽게 한다. 냉혹하기만 한 해양에서 노동과 생존을 함께 수행하는 의지적 군상이 그려져 있다. 물론 이러한 의지적 군상은 선장이라는 위치의 시점이 개입되어 표상된 것이라는 한계를 갖는다. 김성식은 이러한 한계의 인식에서 선원의 구체

적 삶에 접근하는 방법으로 "허두무"라는 이름을 지닌 선원 이야기
시리즈 서술을 도모한다. 「甲板長 허두무씨」, 「우리배 선장 허두무
씨」, 「통신장 허두무씨」, 「2등 항해사 허두무군」, 「우리배 견습 갑판
원 허두무군」, 「우리배 기관장 허두무씨」, 「우리 배 견습 기관원 허
두무군」 등의 시를 통해 선원의 생애와 그 삶에 내재한 애환을 관찰
자의 시점을 넘어 매우 따스한 눈길로 이야기한다.

외항부두에 우연히 들렀다가
바다가 되어 떠나는 사람이다
갑판 곳곳에 누워 있는 기계 톱니에
기름을 주다가
엄지 손가락을 나려 보낸후
흘러가는 구름
멍하니 쳐다보던 사람이다
이제 정년을 열흘 앞두고
귀향하는 뱃길 따라
주섬주섬 짐을 싸고 있는 사람이다
평생을 소금내에 찌들은
파도를 못질도 했다가
바닷물을 풀먹여 다름질도 해보고
저무는 석양빛에 코먹은 눈물도
뿌려본 사람이다
우리배의 갑판장 허두무씨는
버려진 땅덩이로 밭고랑을 만들 때의
주름살을 이마에 달고

반백이 다 된 희끗한 머리를

쓸어올리며

물에서 물위로 떠돌던 발길을 되집어

이따금 젊음을 찾아 보곤

흐뭇한 웃음을 남몰래 흘려보는

사람이다

열흘만 있으면 떠나는 사람

아직도 어깨엔 무거운 짐을 진 채

허연 머리 앞세우고

트랩을 내릴 때

맹하니 젖어드는 슬픔을

어디다 감출꺼나

걱정하며 수평선을 바라보는 사람이다

아무리 곰곰 생각해 봐도

한 세상 바다가 꿈으로 달려 와

손금에 달라 붙은 바닷물만 쥐고선

해운대 둔턱에

열일곱 평 서민 아파트와

이제는 함께 늙어가는

아내의 바랜 얼굴만

덩그란히 걸려

빈 가슴에 깡통 소리로

젖어 있는 사람이다

-남들은 뭍에서두 잘만 살두만-

끝말은 항상 이빨 속에 감추고

멀리서 돌던 아내의 목소리

비듬처럼 떨어져

부끄러워 온 몸을 긁어대던 사람

하얀 머리카락 물결위에 띄어 놓고

파도에 밀리듯

세월에 쫓겨가는

우리배 갑판장 허두무씨다

　　―「甲板長 허두무씨」 전문

　이 시는 '허두무'로 대표되는 선원의 일생을 서술하고 있다. 선원은 근대화 과정에서 형성되는 하층 노동 계급이다. 농촌의 해체와 더불어 농민들은 많은 경우 도시지역 공장 노동자가 되거나 도시 변두리 주변부에 소속된다. 선상노동은 일정한 일자리를 구할 수 없는 상황에서 주변부에 속한 사람들에 의해 선택된다. 인용시의 주인공이 선원이 되는 과정도 이와 같다. 그 또한 농촌에서 "버려진 땅덩이로 밭고랑을" 만들다 도시로 흘러들었고 일자리가 없어 부랑하며 "외항부두에 우연히 들렸다가" 선원이 된다. 힘겨운 선상노동으로 엄지손가락을 잃은 산재를 당하기도 한 그는 평생을 배에서 보낸다. 자본주의적 근대화와 더불어 선상노동은 구조화되는 일면이 있다. 내륙에서 마땅한 일자리를 찾을 수 없는 사람에게 선원의 길은 되돌릴 수 없는 직업으로 고착되는 경우가 많다. 하는 일의 위험부담에 비해 하급선원에게 주어지는 임금은 그리 크지 않다. 그렇지만 이 시의 주인공은 "손금에 달라붙은 바닷물"처럼 선상노동을 운명으로 받아들인다. 노동소외에 기초한 근대화이기에 하급선원에서 갑판장이 되어 퇴직을 앞두고 있다 하나, 그의 생활은 "열일곱 평 서민 아파트"가 시사하듯 크게 개선되지 않는다. 이러한 선원들이 그들만의 하위문화를 형성하고 이를 통해 자기정체성을 획득하는 것은 당연한 일이다. 그들은 먼저 배라는 고립된 공간의 사회적 관계에서 자기들의 문화를 형성하는 한편, 육지문화로부터의 소외를 극복하는 방안으로 그들의 하위문화를 정박지 혹은 기항지 항구도시 등에서 확산하고자 한다. 이처럼 그들만의 문화는 그들의 정체성을 인식하게 하면서 그들의 노동을 구조화하는 효과를 만들어낸다. 선원들이 그들의 계급적 하위문화에 익숙한 나머지, 육지문화에 적응하지 못하거나 그것과의 충돌을 야기하거나 자기소외에 시달리는 경험을 겪게 되는 것은 매우 흔한 일이다. 인용시의 주인공의 경우도 하선은 한 생애의 획을 긋는 일임에도 불구하고 그것은 그에게 슬픔을 던지고 "빈 가슴에 깡통 소리"의 공허를 남기게 한다.

바다가 조금 잔잔해지면
우리들은 부식된 철판을 찾아
마스트 아래거나
구석진 창고틈 또는
선장 둘레를 돌아
뎃크의 이음매 사이를
치핑 · 함어로 내리 꽂는다
썩는 것에 대한 분노로
치를 떨며
연거푸 찍는다
양날 선 함머로 두들길 때마다
파란 불꽃이 튀어

스스로 몸을 굴려 멀쩡한 장소까지
은밀하게 잠식하며
번져가던
녹슨 철판이
완강한 저항을 끝내고
부서져 가루로 남아 사라지고 나면
손바닥 가득 물집이 생겨
터진 상처를 수평선 너머 일몰의 구름에다 비비어
하루의 피곤한 일과를 끝낸다 우리들은

우리들은 언제나 느낀다
하루종일 날이 선 망치로
두드리던 갑판의 저 쇠울림이
찡하게 어깨를 진동시켜
녹슬어 녹으로 가득 찬
심장 한 모서리가
까맣게 시들어감을 막으려
우리들 몸 여기 저기를
쪼아대는 아픔 삼키면서
매일매일 갑판을 닦아내고 있었음을
바다가 좀 조용해지면
세상 모든 썩은 것들을 증오하며
거센 주먹을 휘두르듯이
우리들은 갑판 구석구석을 정비한다
　　―「甲板을 정비하며」 전문

이처럼 선상 노동은 이 시가 표나게 '우리들'을 강조하고 있듯이 그들만의 공동체적 유대를 강화한다. 선원들의 동류의식은 앞서 말했듯이 배라는 사회적 환경과 내륙과 떨어진 해양이라는 여건과 더불어 그들의 계급적 연대감에서 형성된다. 이들의 하위문화가 나름의 저항성을 갖는 것은 당연하다. 그것은 노동의 조건과 계급적 소외에서 필연적으로 발생한다. 인용시가 갑판의 녹을 제거하는 선상 노동에서 노동의 건강성을 드러내고 이를 행위자들의 자기정화의지와 결부시킨 것을 선원계급의 연대의식과 관련하여 이해할 수 있을 것이다. 또한 이러한 행위를 "세상 모든 썩은 것들을 증오"하는 의미로 발전시킨 것은 선원들의 하위문화가 내포한 저항성으로 읽힐 수 있다. 김성식은 이 시에서 해양체험이 지닌 두 가지 소외양식을 근대세계에 대한 시적 비판으로 발전시킨다. 이러한 점에서 그의 해양시가 지닌 시적 자질은 단순하게 바다의 상징성에 기대는 일만으로 생성되지 않는다. 그의 시학은 소외를 창조의 원천으로 삼는 근대시의 기본노선과 일치한다. 따라서 근대부정을 넘어 근대극복의 계기를 만들 여지도 없지 않다. 보들레르가 해양을 통해 근대비판을 도모한 일을 연상할 수 있는바, 김성식은 보들레르의 시도를 넘어 해양 속에서 근대극복의 의미를 찾으려는 의도를 보인다.

기원의 바다를 찾아가는 시적 모험

김성식에게 해양은 그의 시적 원천이다. 해양은 그가 근대세계에 도전하고 이를 시로써 표현하려 한 시적 모험의 장(場)이다. 근대가 극복되어야 할 대상임과 동시에 반드시 거쳐가야 하는 이중성을 지닌 것처럼 해양 또한 죽음과 생명의 이중성이 교차하는 공간이다.

「냄새로 아는 바다의 두 가지 형태」에서 김성식은 바다의 양면성을 "가슴 가득 배어나는 피내음"과 "가슴 가득 젖어가는 레몬 내음"으로 표현한다. 그의 시쓰기는 이러한 양면성에서 창조적 동기를 유발한다.

> 나를 낳는다
> 떠나는 자를 위해 낳는다
>
> 내가 그토록 넓은 대양을 자맥질할 때
> 때때로 강풍에 난도질 당한 파도 껍데기가
> 분분히 날아서
> 이 아가미를 송곳 모양 찌르면 아으—
> 통증이 바다를 덮고도 남아
> 별빛 너머로 치달려 오르던 것을 기억한다
> 이제, 그 아픔까지 예쁜 색깔로 접어 뒤로 남긴 채
> 나를 낳아준 모천을 찾아
> 길고 긴 항해를 끝내고 나를 낳는다
> 내가 밟은 항로가 비록 물거품으로 남아
> 거센 물결에 씻겨 가더라도
> 바다의 품이 얼마나 넉넉하고 풍요한지를
> 다시 떠나려는 자에게 전하려고
> 나를 낳는다
> 온 몸을 던져가며 마지막 나를 낳는다
> —「연어의 항해」 전문

이 시는 제4시집 『이 세상 가장 높은 곳에 바다가 있네』(1999)의
첫머리에 실려 있다. 편집의 의도를 감안하지 않더라도 이 시가 김
성식의 시세계를 해명하는 단서를 제공하고 있음은 쉽게 할 수 있
다. 그의 시는 끊임없이 근대의 해양을 유영한다. 연어의 생태처럼
그것은 거듭되는 죽음과 생성의 경험을 담지한다. 죽음은 새로운 생
명을 탄생하는 과정이다. 해양에서 겪는 죽음의 경험은 모천에서 새
로운 생명을 낳는 경험으로 전화되며, 이러한 죽음과 생성은 재귀적
인 반복의 과정을 벗어나지 않는다. 그의 시는 근대해양에서 겪는
죽음의 경험에 상응한다. 그것은 거듭되는 절망의 경험이자 치유될
수 없는 허무의 경험이다. 그러나 그것은 절망을 절망 그 자체에 머
물게 하지 않고 허무를 모든 것을 무로 돌리는 소멸로 귀결시키지
않는다. 모든 죽음들을 포용하고 그것을 새로운 생명으로 변화시
키는 바다가 있기 때문이다. 그래서 그의 바다는 가장 낮은 곳에 있
음과 동시에 가장 높은 곳에 있다. 바다에서 그는 부단한 성현(聖賢:
Hierophany)을 경험한다. 여기에 그의 바다 위상학이 있다.

  이 세상 가장 낮은 곳에
  바다가 있네
  낮은 곳 낮은 곳으로 내려가는
  모든 하수구 아래
  바다가 있네

  몸을 낮춰 낮춘 몸이
  웅얼웅얼 모여드는
  작은 물방울 버리지 못하고

천만 개 굳어진 입술들이

한밤중 몰래 버린 수상스런 말들도

지우지 못하고

빨갛게 죽어간 폐수까지 거두러

파도가 씻어내던 바다가

다시 살아나는 말들만 골라

때때로 해일을 일으켜

썩은 갯가를 휘저어 대지만

끝내는

제 살을 태우면서

금강석보다 더 단단한 소금 만들어

바람을 말리고 있었네

이 세상 가장 낮은 곳에 엎드려

거듭 일어나는 바다를

오늘도 나는

조심스레 지나고 있네.
　　―「이 세상 가장 높은 곳에 바다가 있네」 전문

　　김성식이 남긴 마지막 시집의 표제시는 근대해양을 향한 그의 시적 모험이 빚어내는 결정체를 보여준다. 그것은 "금강석보다 더 단단한 소금"과 같다. 김성식의 해양시는 근대가 던지는 모순과 고통을 거듭 수용하고 용해함으로써 그것을 넘어서는 계기를 만든다. 이는 고향상실을 미래적인 고향회복으로 전화시키려고 했던 애초의 시적 의도의 연장선 위에서 성취된 것이다. 말할 것도 없이

그가 꿈꾼 고향회복은 아직 이뤄지지 않고 있다. 그러나 모든 희
망이 '아직은 아닌' 의식의 소산이듯 그의 해양시는 여전히 진행형
이다.

4. 앨버트로스의 꿈
– 이윤길의 해양시

해양시인 이윤길

시인을 앨버트로스(신천옹)에 비유한 이는 보들레르다. 기다란 날개로 바람을 받으며 바다 위를 유유히 나는 앨버트로스의 자태에서 초속적인 정신적 귀족주의를 본 것이다. 하지만 보들레르가 이를 시인에 견줄 때 이러한 정신적인 귀족주의만을 말하고 있는 것은 아니다. 땅에 내리거나 어부의 손에 붙잡힌 앨버트로스의 뒤뚱거리거나 무기력한 모습 또한 시인의 얼굴에 겹쳐지는 표상이다. 보들레르는 시인을 이중적인 존재로 보았다.

흔히 뱃사공들은 장난삼아서
크낙한 바다의 새, 신천옹을 잡으나
깊은 바다에 미끄러져 가는 배를 뒤쫓는
이 새는 나그네의 한가로운 벗이라,

갑판 위에 한번 몸이 놓여지면
이 창공의 왕은 서투르고 수줍어
가엽게도 그 크고 하얀 날개를
마치도 옆구리에 노처럼 질질 끈다.

날개 돋친 이 길손, 얼마나 어색하고 기죽었는가!
멋지던 모습 어디 가고, 이리 우습고 초라한가!
어떤 이는 파이프로 그 부리를 지지고
어떤 이는 절름절름 날지 못하는 병신을 흉내낸다.

시인 또한 이 구름의 왕자와 비슷한 존재,
폭풍 속을 넘나들고 포수를 비웃지만
땅 위에 추방되면 놀리는 함성 속에
그 크낙한 날개는 오히려 걸음을 막고 만다.
— 보들레르, 「앨버트로스」 전문

　　보들레르가 시인을 앨버트로스에 비유한 것은 경험적 투사에
가깝다. 그야말로 그는 이 시 속의 앨버트로스처럼 세속과 타협하
지 못하고 현실적 소외를 시적 가능성으로 탈피한다. 장 콕토가
"지푸린 인상 뒤에서 그의 시선은 마치 별빛과 같이 서서히 우리에

게로 다가온다"라고 보들레르의 시적 초상을 그린 바 있듯이 그는 현대문명의 파멸 속에서 새로운 아름다움을 건져내는 모험으로 일관했다.

　보들레르의 앨버트로스를 서두로 삼은 것은 이윤길의 해양시를 말하기 위함이다. 30여 년의 승선 생활 속에서 이윤길이 시인이 된 것은 최근이다. 2007년 한국해양문학대상을 수상하고 시집『진화하지 못한 물고기 한 마리』를 발간함으로써 그는 김성식이 형성한 해양시의 전통에 합류하였다. 김성식이 그러했던 것처럼 이윤길 또한 선장 시인이다. 청년이 되면서부터 이들은 한결같이 바다와 더불어 살아왔다. 이들의 삶에서 바다는 뭍보다 훨씬 직접적이다. 어쩌면 뭍의 삶보다 바다에서의 삶이 더 본질적인 것은 아닌가 한다. 그래서 나는, 앨버트로스를 보들레르와 다른 문맥에서 이들 해양시인의 표상으로 삼는다. 이럴 때 앨버트로스의 초속적 귀족주의는 바다라는 시원을 향한 초월적 열망으로 바뀐다. 뭍의 세계가 아니라 바다의 세계, 나아가 바다로부터 이어진 하늘의 세계로 비상하려는 앨버트로스의 생리를 닮은 해양시인이 여기에 있는 것이다. 이들에게 바다는 "이 세상 가장 높는 곳에"(김성식, 「이 세상 가장 높은 곳에 바다가 있네」) 있다. 바다는 "가장 낮지만 가장 높은 곳"(이윤길, 「오대양」)이다.

　　바다로 간다, 다시 바다로
　　황금노을 터반을 머리에 두르고
　　신천옹에 깃털들이 비상을 꿈꾸는
　　은근히 다가올 태풍은 헐떡이는 숨결에 숨긴 채

흔들 흔들리는 떡갈나무 조타륜을 돌린다

아릿한 웃음이여, 여인의 더운 가슴이여

남태평양 어디쯤의 심연에서

당신의 체온을 식히노라

세상의 소음과 유혹도 이젠 끝이다

새로운 씨앗 하나 쿵쿵 선체에다 이식하는

기관들의 흥분에 냄새는 맵고도 매워

표류하는 수부의 손등 살점을 갈갈이 찢어서

뱃머리를 들썩이게 하는 요동을 만들어도

저기 저 바다에

용왕이 된 무열왕 휘파람소리

흰 파도 무더기로 몰고 오는

털 끝에 땀 고이는 황천의 바다 건너간다, 나는

어둡고도 암울한 렌의 울음소리 듣는다

흑동고래 출몰 방위각을 따라

　　　　　　　　　　─「출항」부분

　첫 행이 말하듯 "출항"의 의지가 뚜렷하다. 어쩔 수 없이 "바다로 간다"는 의미가 아니라 그냥 그대로 뭍에 눌러 앉을 수 없는 바다의 인력에 이끌리고 있음을 강조하고 있는 것이다. 이 시가 말하듯 바다는 이미 시인의 실존을 구성하고 있다. "세상의 소음과 유혹"이나 "여인의 더운 가슴"은 "나"를 묶어두지 못한다. "비상을 꿈꾸는" "신천옹"과 같은 생리를 지녔기 때문이다. "나"에게 뭍은, 짧은 휴식을 제공하는 정박지에 불과하다. 뭍은 바다를 향한 이륙을 기다리는 앨버트로스가 잠시 내려앉은 자리일 뿐이다. "요동"과 "표류"의 시간

남항에서 출항하는 원양어선

을 지나 "황천의 바다"를 건너 "사이렌"(본문의 "렌"은 사이렌의 오기인 듯함)의 울음소리를 들으며 시인이 설정한 존재의 "방위각"이 가리키는 시원의 공간으로 나아가고 있는 것이다. 이처럼 이 시를 통해 시인은 "황천항해"조차 바다를 향한 열망, 나아가서 그 궁극적인 심연을 향한 꿈의 일부임을 말하고 있다.

불쑥불쑥 무수한 술렁임의 겨울바다
나는 비상을 꿈꾼다, 한 마리 괭이갈매기로
분수 뿜는 향유고래도 아니고
파도의 이빨을 뛰어 넘는 돌고래도 아니고
북풍에 눈보라가 쳐서 우박까지 와서
눈동자의 실핏줄이 터지고

날개 죽지 꺾어져 뼈다귀가 드러나는

얼얼한 천공에서 휘휘 휘파람 불며

산죽처럼 드러눕는 유랑하는 물결무늬 위

고향마을 솟대처럼 세워둔 파수병으로 서서

거친 바람의 몸 뒤척임에 스며드는

노랑부리 괭이갈매기

사랑이 썰물처럼 빠져나갔다 해도

물고기가시가 목젖을 찔려 노래 부르지 못해도

바람을 박차고 고단한 날개를 펼쳐가며

해류와 물결을 지구의 혹한을

바다의 한 모퉁이를 지키고 싶다

어느 하늘에도 머무르지 못하고 낙하하는

누렇게 우는 유성 별 하나

추락하는 두려움

마스트에 시퍼렇게 걸어놓고

겨울바다 계절풍에 맞서고 싶다

　　　　　　　　―「괭이갈매기」 부분

　여기서 "괭이갈매기"는 앨버트로스의 현실주의적 변용이다. 달리 말해서 앨버트로스의 꿈이 가장 구체적인 형상으로 표출되고 있는 것이다. 이 시를 통하여 시인이 꿈꾸는 "비상"이 한갓 현실 도피가 아니라는 것이 분명하게 드러난다. 시인은 "고향"을 버리고 낯선 곳으로 유랑하는 방랑자가 되거나 현실을 포기하는 대신, 천상으로 초월하는 이상주의자가 되려 하지 않는다. 온갖 간난과 신고를 견디고 추락의 공포를 감내하면서 "바다의 한 모퉁이를 지키고 싶다"

고 한다. 일거에 이뤄질 수직적 초월이 아니라 고통과 함께하는 수평적 초월을 꿈꾸고 있는 것이다.

확실히 "괭이갈매기"의 꿈과 "앨버트로스"의 꿈은 이들의 부피만큼 다르다. 그럼에도 시인은 이들이 지닌 "비상"의 의미를 연속적인 것으로 인식한다. 실제 고통스럽게 현실의 파고를 헤쳐 나가야 하는 것도 시인이고 천상을 유유히 나르고 싶은 욕망을 지닌 것도 시인이다. 아니 이처럼 주어진 현실에도 불구하고 꿈을 지녔다는 점에서 시인됨의 자리가 만들어지는 것이다. 가장 낮은 바다를 가장 높은 바다로 순치하는 낭만적 비전이 없다면 이윤길은 시인이 되지 못했을 것이다. 그러므로 "앨버트로스"는 보들레르의 시인이기보다 해양시인에 적합하다.

말할 것도 없이 30년 전 시인이 바다로 간 것은 생존 때문이다. 「회상—30년 전의 오늘」(『진화하지 못한 물고기 한 마리』)이 말하고 있듯이 그 처음의 "바다"는 가난의 표상이다. "세상 살아남기 위해 눈물의 어로작업을" 하였던 것이다. 그러나 시인은 이러한 바다에 중독되었다. 아니 중독되었다기보다 바다는 그에게 에로스(「격렬한 정사」) 혹은 실존적 활력의 기원이 된 것이다.

> 잊혀져가는 것을 위해 술잔을 들자
> 삶이여, 삶이여 출항하는 뱃머리
> 바다의 풍파가 얼마나 거센지는 따지지 말자
> (…)
> 오오! 바다여 어깨에 쌓인 삶의 무게를
> 이젠 내 놓아라하는가 결국 그리 하라하는가
> 나의 애정이 낭만주의 로망은 아니지만

시린 마음 추스르는 무한의 오대양은

미친놈처럼 저렇게도 푸르게 격동하는데

아직은 타오를 수 있는 거 남아있을 법한데

기어이 자동차바퀴에 달라붙는 빗소리 들으며

주름진 얼굴의 모욕으로 남겠다는 건가

등 뒤로 싹쓸바람이 불어간다

처방전을 모르는 혁명의 기세는 아니지만

동요 없이 흔들리는 가슴뼈 속

잊혀져 가는 것을 위해 술잔을 들자

어둠에서도 파도를 헤치며 바다로 떠나는

살아있는 자들의 눈빛을 위하여

―「술잔을 높이 들어라」 부분

　이처럼 이윤길에게 뭍과 바다는 이분법적으로 단절된 공간이 아니다. 뭍이든 바다든 "삶의 무게"는 한 가지이므로 그 질량을 "따지지 말자"고 권유한다. 그렇다면 그는 낭만주의자인가, 아니면 생의 "혁명"을 바라는 사람인가? 그건 아니라고 대답한다. "무한의 오대양"이 면전에 펼쳐져 있는데, 아직 삶에 대한 활력이 충일한데 생을 "모욕"할 수 없다는 것이다. 그래서 그는 말한다. "술잔을 들자/어둠에서도 파도를 헤치며 바다로 떠나는/살아있는 자들의 눈빛을 위하여." 애초 생존의 무대이던 바다는 이제 시인에게 실존의 장으로 인식된다.

　뱃사람은 세계인이다. 이들은 고향과 세계를 오가면서 새로운 정체성을 형성한다. 이윤길 시인의 경우도 고향의 기억과 바다와 세계를 향한 열망이 그의 의식 속에 혼재되어 있다. 그래서 그는 "어쩌면 뱃사람들은 제 사는 곳이 어디인지 정말 모른다"(「그날엔(Ⅱ)」)고 말한다. 이러한 의식으로 그는 "만선항해에의 선교에선 돌아와요 부산항과/라쿰파르시타의 리듬이" 동시에 울리는 것을 듣게 되고, 나아가 "소리가 들리지 않는 그곳/내가 돌아가야 할 고향"(「지금 어디로 가나이까」)이라는 자각에 이르기도 한다. 시인에게 고향은 이제 바다의 심연과 같은 곳이다. 그는 뭍의 길과 바다의 길을 함께 걷는다. 그리고 그 길들은 끊어져 있지 않고 이어져 있다. "산호초의 길에서/발자국을 따라 나는 걷는다."(「길은 이어진다」) 또한 "바다로 가는 날"은 "새 각시를 맞는 날"(「바다로 가는 날」)과 같아 신생의 길을 열어준다. 회귀와 파도의 난장을 오가면서 시인은 뭍과 바다의 경계를 지워버렸다. 이러한 그의 의식이 궁극적으로 지향하는 것은 바다이다. "오직 바다만 남는다."(「침잠이 아니다」) 시인은 스스로 자신의 상태를 "접신"(「물고기에게 접신되다」)이라고 규정하기도 한다. 그만큼 바다는 그의 몸이 되었다.

> 그러나 내 심장 불타는 그리움 있다
> 핏줄 뜨겁게 가슴으로 치미는 이름은 있다
> 인도양, 대서양, 태평양, 남빙양, 북극해
> 그들은 영혼을 훨훨 날린다
> ─「오대양」 부분

시인은 이처럼 바다의 부름에 이끌린다. 바다가 그를 호명하고 혼을 울리게 한다.

그 환상적인 곳

운명을 바꿀 수 없는 대양의 신천옹이어서

그 유혹적인 곳

　　　　　　　　　　　—「야생야사」 부분

　앨버트로스의 운명은 곧 시인의 운명이다. 앨버트로스의 꿈! 시인은 끝내 도달할 수 없는 꿈에 중독되었다. 그러므로 그는 계속 뱃사람이어야 하고 또한 시인일 수밖에 없다.

5. 해양문학과 지구적 상상력

바다문학과 해양문학의 위상

바다문학(Sea Literature)과 해양문학(Ocean Literature)을 엄밀히 구분하는 것은 가능한 일도 아니고 바람직한 일도 아니다. 전자를 범박하게 바다를 중요한 배경이나 주제로 하는 문학 전체를 말한다면 후자는 대양체험을 중요 구성원리로 하는 문학을 지칭한다고 하겠다. 그동안 나는 해양문학을 집중적으로 부각시켜왔는데 이는 모종의 비평적 전략과 유관한바 없지 않았다. 달리 대양체험을 지배적 원리로 하는 해양문학의 위상을 제대로 객관화하고자 한 것이다. 단순한 분류에 대한 욕망이 아니라 애매하게 적용되고 있는 개념 탓으로 한국문학사에서 해양문학의 본격적인 전개에 대한 인식이 부족했기 때문이다. 이로써 김성식과 천금성이 중심이 된 본격 해양문학 시대에 대한 비평적 자리매김은 어느 정도 되었다고 판단한다. 그런데 어떤 이들은 나의 이러한 비평적 입장을 해양에 대한 직접체험만을 강조하고 있는 것처럼 오해한 경우도 없지 않다. 체험의 문학화 과정에 대한 이론적 이해 부족 탓이다. 해양문학은 체험의 문제이기도 하지만 무엇보다 어떻게 체험을 문학화하고 있는가에 대한 물음을 가장 먼저 따지지 않을 수 없다. 이 점에서 연안역 중심의 바다문학에 비하여 해양문학이 가지는 창작과정의 적극성이 있었던 것이다.

그런데 이러한 해양문학에 대한 비평적 경사에 모종의 자기 성찰이 필요하게 되는데, 이는 해양문학과 근대성의 관계에 대한 인식에서 비롯한다. 해양문학의 근대 지향성은 달리 서구중심의 특권적 시선을 용인하는 귀결에 이를 수 있고, 해양문학의 객관적 위상을 세워야 한다는 바람직한 의도가 뜻하지 않게 한편에 제쳐둔 바다문학을 경시할 수 있다는 것이다. 자기-오리엔탈리즘(self Orientalism)은 은연중 개입하기 마련이다. 이러한 성찰의 과정에서 이제 나는 바다문학과 해양문학의 통합적 이해를 전제하고자 한다. 말할 것도 없이 그동안 해양문학과 바다문학의 위계를 설정해온 것은 아니다. 무엇보다 이론과 방법에 있어 해양문학에 접근하는 연구자들의 혼란스런 태도를 정리하려는 의지에서 해양문학 개념에 대한 상대적 부조화가 있었다 하겠다. 하지만 앞에서도 말했듯이 해양문학에 대한 정리가 어느 정도 이뤄진 시점에서 바다문학과 해양문학을 통합적으로 재인식하는 것은 새로운 의미들을 만나는 길이 된다. 가령 생태학적 관점 또는 지구적 상상력은 이러한 통합적 인식에 중요한 매개라 할 수 있다.

공해문학, 민족지적 글쓰기 그리고 에세이 정신

육지와 해양을 하나의 유기체로 보는 생태학적 시각은 근대화 과정에서 형성되지 못한다. 가령 낙동강의 끝을 하단으로 보느냐 하구로 보느냐의 차이에 따라 분뇨처리장이 형성되기도 하고 하구언이 건설되기도 하지만 어느 경우도 바다와 내륙은 유기적이지 못하다.

사실 생태학적 관점은 바다를 다른 세계로 보는 전통적인 해양관과 거리가 있다. 바다는 다른 세계가 아니라 우리와 함께 하는 세계이다. 또한 이것은 육지의 또 다른 식민지가 아니다. 바다의 처지에서 육지를 보는 시선의 전환이 이루어져야 한다. 바다를 육지의 타자로 만들지 않아야 한다는 것이다. 이러한 시점에서 바다의 자원을 보존하고 해안의 생태환경을 존속시키는 지속가능한 개발이라는 테제가 지켜져야 한다. 하지만 지난 1960년대 이래 개발주의는 이러한 지속가능성 개념을 전면에 내세우지 못했다. 오히려 지속불가능한 개발이라는 모순에 봉착했던 것이다.

나는 1986년에 정인화, 김상화 시인 등과 함께 울산 온산면 당월리에서 받은 충격을 잊을 수 없다. 전쟁의 경험이 없는 나에게 전장의 폐허로 각인되기에 충분할 정도로 파괴된 마을을 보았다. 산업화 과정이 풍요롭고 평화롭기만 했던 어촌을 사람이 살 수 없는 공간으로 만들어 놓았던 것이다. 국가주의적 정책에 의하여 소위 국가산업단지인 비철금속단지가 배치됨으로써 극도의 환경오염이 나타나 이주와 강제 철거가 진행되었기 때문이다. 이 지역의 환경오염은 토양과 대기와 바다를 다 아우르는 것이어서 그 심각성이 극도에 달했는데 현금에 이르기까지도 이러한 오염치는 크게 개선되고 있지 못한 것으로 알려져 있다. 이러한 온산에 대한 작가의 고발정신이 표출된 것이 김수용의 『이화에 월백하고』(현암사, 1991)이다. 이 소설은 월포를 중심으로 전개된 공해산업 배치와 이에 따른 주민 저항과 해체를 다루고 있다. 생존의 터전을 파괴하는 자본과 국가권력에 맞서 싸우는 한 소지식인(황대치)의 삶과 그 일가의 비극적 파멸이 주요 스토리 라인을 이루는 이 소설의 특징은 현실고발과 소설적 장치 사이의 긴장이다. 이 소설에서 현실고발은 공해산업과 환경오염에 대한 구체적인 사실의 제시로 나타난다. 그리고 소설적 장치는 '황대치 노인'이 살해되고 이후 그의 딸 내외가 독살되는 사건을 추적하는 추리기법이다. 무엇보다 보상금을 둘러싼 가족 내부의 살해라는 비극성이 부각되는바, 최후의 양심들이 완벽하게 해체되는 국면을 서술함으로써 산업국가의 완벽한 승리라는 암울한 전망을 던지고 있다. 어찌 보면 이 소설은 요즘 말하는 팩션에 가깝다. 르포와 소설의 경계에서 현실적 모순의 총체적 국면을 그려내려는 의도는 흥미를 유발하는 추리기법의 인력에 의해 완화된다. 하지만 80년대 당시 공해에 대한 고발 행위를, 불순한 이념을 지닌 자의 소행으로 몰아가던 국가주의에 맞서 진실을 밝히고자 한 작가정신이 돋보인다. 이 또한 1986년 6월 항쟁 이후 민주화의 산물이 아닌가 한다. 다만 아쉬운 것은 모처럼의 주제를 소설이 허용하는 최고의 형식으로 이끌어내지 못한 것이다. 추리소설로의 하강에서 작가의 의도는 흐릿해지고 만다.

혹자는 리얼리즘을 지난 시대의 유행으로 몰아붙인다. 팩션이 말하듯 사실과 흥미의 결합이라는 새로운 형식의 출현은 단연 후자의 유인이 만든 결과라 할 수 있다. 하지만 사실과 진실에 대한 인간의 욕구는 표피적인 감각의 시대에도 여전한 인간생존의 패턴이다. 다만 과거의 리얼리즘이 보인 단힌 형식이 아니라 개방적인 글쓰기가 필요하다 하겠다. 지난 날의 리얼리즘은 그 형식 논리에 의하여 스스로 반리얼리즘으로 귀결되는 경우가 적지 않았다. 개방적인 글쓰기로서의 리얼리즘은 달리 민족지학적 탐구정신과 구분되지 않는다. 새만금 등에 관한 김곰치의 글쓰기는 이러한 민족지학적 글쓰기의 가능성을 시사한다. 소설가 김곰치의 르포·산문집 『발바닥 내 발바닥』(녹색평론사, 2005)은 그의 말처럼 "지금 출판계의 상식과는 맞지 않는, 여러 장르의 글이 모인 이상한 책"이다. 르포와 탄원문과 서간문과 수필과 평론과 꽁트 그리고 소설이 한데 모여 있다. 소위 출판 상식에 어울리지 않는 구성이다. 아니 그러한 '상식'을 깨고 있다. 다시 말해 '상식'의 이데올로기와 맞서고 있는 것이다. 말할 것도 없이 '상식'의 측에서 작가의 외도 운운하거나 더 심한 경우 작가정신의 후퇴를 거론할 가능성도 없지 않다. 그러나 그는 이 책에 실린 글들을 쓰면서 오히려 "작가라는 자의식을, 소설을 쓸 때보다 더 격렬하게 만날 수 있었다"고 술회한다. 그가 '상식'의 작가이기를 거부하면서 세속의 평가와 다른 가치를 추구하는 글쓰기를 수행하고 있는 것이다. 그의 글쓰기는 대지를 향해 있다. 그는 머리와 손으로 글을 쓰지 않고 발바닥으로 글을 쓴다. 그는 자기의 대지를 포기하고 자본의 제단을 향해 경배하는 식민적 글쓰기에 저항한다. 그리하여 그의 작가의식은 당대의 주류적 흐름에 맞서 자기 땅으로 귀환하고 있다. 그는 세련된 현대 작가들과 대조될 정도로 소박하다. 어쩌면 그는 능수능란한 전문작가가 되기보다 아마추어로의 후퇴를 선택한다. 이러한 그의 태도는 민족지학자들과 흡사하다. 그들은 곧잘 '되다 만 소설가'로 불리어지기도 한바, 김곰치는 이미 얻은 명성 혹은 상징자본을 포기하고 '되다 만 소설가'의 길을 선택하고 있는 것이다. 그는 소위 '사북사태'의 현장을 찾아가 그때 그 사람들을 만나고 북한산국립공원 관통도로 공사현장과 새만금에 가서 그 현실을 핍진하게 이야기한다. 여기서 그의 이야기 방식이 주목된다. 그가 항상 자의식적 글쓰기와 글쓰는 자아의 이중성에 직면하고 있음을 알 수 있다. 만나는 사람들과의 바른 교섭을 위하여 그는, 자의식의 끈을 결코 놓지 않는다. 그의 글에서 그는 결코 객관적인 관찰자로 존재하지 않는다. 그렇다고 일방적인 주관적 해설자의 위치에 있지도 않다. 단순하게 본 광경이나 들은 이야기를 서술하는 것이 아니라 직접 찾아가 대화를 나누면서 그들의 입장을 이해하고 이를 서술하고 있는 것이다. 이러한 그의 시점은 어떻게 보면 민족지를 기술하기 위한 참여-관찰과 흡사하다. '그들 중의 한 사람'이 되면서 동시에 글쓰는 이로서의 입장을 견지해야 하는 역설의 언저리에 그가 서 있다. 이러한 그의 글쓰기를 나는 대지를 향한, 대지에 속한 글쓰기라 명명하고자 한다. 그의 글쓰기는 변증법적이다. 사실 나는 '변증법적'이라는 용어를 선호하는 편은 아니다. 이것이 어느 일방에 대한 지배를 가정하는 경우가 많기 때문이다. 여기서 내가 이 말을 쓰는 것은 그러한 의미가 아니라 타자와 함께하면서 그들을 관찰해야만 하는 이의 힘든 의식현상을 말하기 위함이다. 그의 글쓰기에서 귀결은 항상 그 자신이다. 그러나 이러한 자기의 과정은 단순하지 않다. 질곡의 대지, 나아가 그 대지로부터 유배된 것들의 고통과 만나 그 고통을 나누며 다시 나의 일상으로 돌아오는 과정이 있다. 김곰치의 글쓰기는 이러한 과정의 진정성을 드러낸다. 마치 이것은 힘들고 경건한 입사식처럼 보이기도 한다. 그 과정에 혼신으로 자기를 던지고 있는 것이다. 그의 글이 주는 감동은 먼저 그 대상이 가지는 사실의 인식에서 비롯하고 다음으로 그들과 변증법적으로 만나는 작가의 진실된 태도에서 온다. 그의 글쓰기는 민중 사실에 착목하던 지난날의 수기적 글쓰기와도 변별된다. 이러한 글쓰기에서 우리는, 진실에 육박하려는 작가의 의지를 읽을 수 있다. 민족지적 글쓰기, 발바닥으로 쓰는 글이 주는 감동이 있다.

바다 관련한 많은 수필들을 통해 여전히 내륙적 시각에서 바다를 낭만적으로 관조하거나 위안과 자기애에 탐닉하는 경우를 어렵지 않게 만난다. 이러한 성찰과 비판정신의 결여는 수필을 하찮은 장르로 인식하게 한다. 에세이 정신이야말로 가장 긴요한 글쓰기의 바탕이다. 바다에세이가 바다의 생태학적 현실에 착목하지 않으면 안 되는 시점에 우리가 직면하고 있는 것이다.

21세기 생태학적 비전과 지구적 상상력

지구적 상상력을 먼저 거론한 것은 서구 제국주의다. 후기 제국주의 시대에 이르러 이것은 세계화(globalization)로 진전된다. 한편으로 이러한 세계화 과정에서 맥루헌 같은 미디어학자들은 지구촌(global village)이라는 개념을 주창한바 있다. 확실히 디지털 기술은 세계를 지구촌으로 느끼게 하는 환상을 만들고 있다. 또한 세계화는 세계가 단일시장이라는 환영을 그리게 한다. 그러나 곰곰 따져보면 이 모두는 환상이고 환영일 뿐이다. 이들은 우리가 딛고 있는 구체적인 터전을 망각하게 하고 스스로 대지로부터 소외된 자로 자처하게 만든다. 진정한 의미에서 지구적 상상력은 이러한 시장의 세계화나 디지털 기술에 의한 지구촌 개념에 있지 않다. 그것은 지구를 하나의 유기체로 인식하는 생태학적 전환, 지구적 인식 변환을 의미한다.

두루 알다시피 전체 지구의 72%가 해양이다. 이래서 지구는 엄밀한 의미에서 지구(地球)가 아니라 해구(海球)라고 해도 과언이 아니다. 해양이 지구 생태계의 유기적 생명 활동에 차지하는 비중은 재론할 필요조차 없을 것이다. 해양은 열에너지를 저장하고 담수를 공급함으로써 기후를 조절하고 산소와 탄산가스를 순환시켜 생명활동을 가능하게 한다. 이러한 생태학적 의미는 지구 유기체가 인체에 유비되는 수준에서 더욱 의미가 커진다. 해양문학 혹은 바다문학이 지향하는 지구적 상상력은 이처럼 지구를 하나의 살아 있는 유기체로 인식하는 데서 찾아야 한다. 이럴 때 내륙과 연안역 그리고 대양에 대한 문학적 인식 수준이 달라질 것이다.

그런데 그동안 지구 유기체 개념과 관련한 해양 인식은 그리 크지 못하다. 이보다 자원과 운송의 통로라는 경제적 개념과 생활환경이라는 사회적 개념이 지배적이고 오늘날 영토라는 국제정치적 개념으로 확대되고 있다. 우선 경제적으로 해양은 수산자원과 광물자원의 제공처이자 운송의 통로이다. 전세계적으로 1,000톤 이상의 상선이 6만 척이 넘고, 총 6억 톤 이상의 화물 운송 능력을 보유하고 있어 국가 간 무역 물자의 80% 이상이 해운으로 이루어져 있고, 이와 관련한 경제적 가치는 약 5조 달러로서 세계 총생산의 23.4%를 차지하는 것으로 알려져 있다. 또한 해양은 인류가 소비하는 동물성 단백질의 16%를 제공하고, 세계 석유 생산량의 25% 이상을 해저 유전을 통해 제공하고 있으며, 망간, 니켈, 코발트, 천연가스 등 막대한 양의 광물자원을 품고 있다. 또한 해양은 인간 생활의 중요한 환경이다. 세계 인구의 60% 이상이 해안선에서 60km 이내에 거주하고 있고, 인구 250만 이상의 세계적인 대도시 가운데 3분의 2가 해안가에 있다. 인공섬, 관광과 위락과 해양 스포츠 공간-해상호텔과 해상레저시설, 해양과학관과 수족관, 해상유람과 잠수정 관광, 해상 낚시 공간, 해양 문화 유적 전시 시설과 해양문화산업 공간 등의 해양문화 공간을 확대하려는 사람들의 노력이 계속되는 것은 해양이 생활공간으로서 매우 유용하기 때문이다. 이러한 점에서 해양은 인간이 나날의 의미 있는 삶을 영위하는 데 없어서는 안 될 요건이라 할수 있다.

이제 바다문학과 해양문학은 지구적 상상력, 생태학적 관점, 지속

가능한 해양문화도시 형성, 바다생태계 보전 등과 같은 주제에 깊은
관심을 기울여야 할 단계에 이르렀다. 체험의 두께나 연안과 대양을
비교하는 배경의 부피를 따지는 논전으로 자기 안에 갇힐 것이 아니
라 당면한 역사적 요청 앞에서 적극적으로 사유하는 자세를 취해야
할 것이다.

6. 고래, 생명과 희망의 시적 지평

'고래'라는 시적 지평

'고래'가 우리 시사에서 주목된 것은 그리 오래지 않다. '반구대 암각화'가 있음에도 '고래'는 멜빌의 해양소설을 통해 우리에게 더 알려져 있다. 가령 심호섭은 "내가 오래전 바다에서 떠돌 적/깊은 밤에 홀로 멜빌의 책을 읽곤 했는데/그때, 고래는 작은 우주였다./멜빌은 나에게 고래에게로 가는 길을 보여주었다."(「말향고래」에서)고 고백한다. 3000년 전 청동기시대에 선사인들이 재현한 반구대 암각화가 우리에게 들려주는 이야기는 무엇일까? 이로써 우리 문화의 해양적 기원을 내세우려는 이 없지 않으나 이는 다분히 해양이 지니는 역사적 맥락(혹은 근대성)을 놓치는 일이 되기 쉽다. 다만 이를 통하여 우리는 비디와 함께 생활을 영위해온 조상이 있었다는 사실을 깨닫게 되고 그들의 생활양식을 상상하게 된다. 사람과 동물이 어우러진 이 그림을 통해 선사인들이 표상하고자 한 것은 그들의 기원과 소망이라 할 수 있을 것이다. 풍요와 다산을 기원하고 자연의 재해로부터 평화를 소망하는 일이야말로 그들에게 가장 중요한 일이

반구대 암각화(출처-한국미의 재발견)

아니었겠는가?[1] 그런데 이 암각화의 중심에 놓인 형상이 '고래'라는 사실은 우리의 주목을 이끌기에 족하다. '고래'가 이들의 삶을 지탱하는 바탕이 되고 있는데, 한편으로 그것을 포획하여 생을 영위하면서 다른 한편으로 그것을 신령한 존재로 받들고 있는 것이다.

반구대 암각화가 발견된 것은 1971년이다. 따라서 이때까지 선사시대의 풍경은 알려지지 않는다. 하지만 울산 장생포는 암각화가 발견되는 이 시기에 고래잡이가 한창이었다. 장생포 고래잡이는 1891년 러시아 황태자 니콜라이 2세가 '태평양어업주식회사'를 설립한 것이 시초가 되었다고 한다. 이후 러일전쟁에서 승리한 일본이 포경업을 독점하면서 장생포가 포경산업의 중심지로 부각된다. 해방 이후 공동출자한 '조선포경주식회사'가 설립되면서 한국 포경의 역사가 시작되었다. 고래잡이가 전성기였던 1970년대 말 장생포는 20

---

1) 반구대 암각화에 대한 자세한 설명은 임세권, 『한국의 암각화』, 대원사, 1999, pp.45-70. 참조.

여 척의 포경선이 운영되면서 1만여 명의 인구가 상주하는 큰 마을이었던 것으로 알려져 있다. 그러나 무분별한 포경으로 포획량이 줄고 일부 종이 멸종하는 사태에 직면하는데, 1986년 국제포경위원회(IWC)에서 제기한 상업포경 금지를 받아들이면서 고래잡이는 중단된다. 이후 장생포는 인근에 공업단지가 조성되고 포경에 종사하던 사람들이 이주하면서 쇠퇴하게 된다.[2]

여기서 우리는 두 개의 상이한 풍경과 접하게 된다. 그 하나는 반구대 암각화이고 다른 하나는 퇴락한 장생포다. 이로써 우리는 기원과 그 기원이 상실된 현재가 포개지는 장면을 연상하게 된다. 그야말로 기원을 회복하려는 시적 비전을 생각할 수 있게 되는 것이다. 마침 정일근 시인을 위시한 울산의 눈 밝은 시인들이 있어 '고래'가 가지는 시적 지평을 발명하는데, 이는 기원의 의미를 되살려 근대를 극복하려는 재생과 재창조의 기획으로 발전한다. 다시 말해서 상상 속에서 고래를 불러오는 것이 아니라 현실 속으로 고래가 오게 함으로써 고래도시 울산 혹은 포경마을 장생포의 르네상스를 그려보려는 것이다. 이는 울산이 공해도시의 오명을 벗고 장생포가 죽임의 포경 마을에서 공생의 장소로 거듭나는 일과 무관하지 않다. 참으로 시인의 예지가 아름답게 현실에 개입되는 대목이라 하겠다.

그동안 '고래시'는 두 권의 시집[3]으로 엮인바 있다. 두 권 모두 특별한 지역 행사를 계기로 그것을 기념하여 묶었지만 이를 통해 '고

---

2) http://www.whalecity.kr/know/31.html

3) 제57차 국제포경위원회 울산회의 기념시집 『고래의 노래』(문학사상, 2005), 제1회 고래의 날 기념 109인 사회집 『울산바다 고래봐라』(푸른고래, 2009). 이 글은 이 두 권의 시집과 이건청 시집 『반구대 암각화 앞에서』(동학사, 2010), 정영주의 『말향고래』(실천문학사, 2007), 이윤길의 『대왕고래를 만나다』(전망, 2009) 등을 텍스트로 삼았다.

래시'가 여는 시적 지평을 만나기에 부족함이 없다. 이는 이들 시편 들이 단순한 행사시(occasional poem)가 아니라 시인의 경험과 세계의 발견이라는 시적 지평을 개진하고 있음을 뜻한다. 시적 차원에서 '고래'는 상실과 부재, 그리고 시적 주체의 외부와 외부를 의미하는 다양한 모습을 드러낸다. 반구대 암각화에 연원하는 기원에 대한 상상은 시원과 야생에 대한 갈망과 더불어 그것을 오늘의 세계로 불러내려는 꿈으로 비화한다. 한국 포경사(捕鯨史)의 주무대였던 '장생포'의 처지 또한 공업도시 '울산'의 '근대'를 집약하는 장소로 비친다. 그래서 '고래'는 우연한 발견이 아니라 우울한 근대를 시적으로 초극하려는 발명이 된다. 또한 회유하는 고래의 생태는 그 자체로 시적 의식과 다를 바 없다. 이러한 고래를 환대하는 일은 곧 사랑이다. 아울러 생명과 평화의 세계를 꿈꾸는 일이다. 말할 것도 없이 '고래'를 삶과 현실의 알레고리로 바라보려는 시인들도 적지 않다. 이들 시인들이 말하고자 하는 의도가 틀린 것은 아니며 다만 '고래시'가 전개되는 구체적인 장소적 맥락을 우선 강조하려 한다. 그럴 때 '고래'의 시적 지평은 구체적인 감각과 더불어 확대될 것이다.

시원과 야성

'고래시'의 시적 지평은 1)'반구대 암각화'를 매개로 시원과 야성을 지향하는 것, 2)동해 바다 '고래'를 청춘의 꿈과 상처의 표상으로 상상하는 것, 3)'고래'를 사랑과 생명과 평화의 이미지로 그려 미래 지향적 비전과 결부하는 것, 4)구체적인 장소인 '장생포'의 역사와 그것의 재탄생과 연관시키는 것 등 다양한 양상으로 개진된다. 지평이라는 개념이 그러하듯 이 모든 양상들은 일정한 의미의 틀을 형성하면서 새로운 의미생성을 향해 열려 있다. 그만큼 더 많은 고래시가 생산될 가능성을 지니고 있는 것이다.

　많은 시인들이 '반구대 암각화'를 노래하고 있다. 각인된 시원이 시인의 감각을 깨우고 의식을 이끌기 때문이다. 송수권은 "그 시원의 소리/그 원시의 통로//소리로써 존재를 확인하고/소리로써 먹이를 찾는/그 소리통 속에 뛰어 들어가/나 젖 빠는 고래 새끼 되고 싶었네"(「고래를 찾아서」에서)라고 시원의 부름을 노래한다. 원초적 화(和)를 토대로 삼는 서정적 세계관에 비출 때 '반구대 암각화'가 시인에게 "태초의/뿌리의 藥"(김종경, 「풍경」에서), "바위에 새겨진 만 년의 시간", "바위에 새겨진 우리의 고향"(김명수, 「기억의 저편」에서)으로 예찬되는 일은 자연스럽다. 시인이 아니라 범인조차 감탄을 자아내게 하는 것이 '반구대 암각화'이다. 더군다나 시원의 상실이라는 비극적 감성으로 시를 쓰는 현대 시인에게 이러한 시적 발화가 단순한 감탄사에 그치는 일은 없다.

인도 벵골만 옹게족은

바람의 냄새를 맡는다 한다

노 젓는 소리로 바다의 깊이를 잰다 한다

새매와 오소리의 눈빛 털빛 같은

야성이 있다 한다

나에게도 길들여지지 않은 육감이 있을까

처음에 처음에는 내 몸 속 깊고 푸른 심해

그곳에 귀신고래 같은 야성이 있었을지 몰라

인도 벵골만 옹게족은

수평선이 부풀어 오르는 걸 알아챈다 한다

나도 저 먼 곳 수평선 푸른 마루에 눕고 싶다 누워
비릿하고 푸른 피를 받고 싶다 푸른 피 받아
귀신고래처럼 심해로 내려가고 싶다
물에 잠긴 푸른 고향에 가고 싶다
최초의 몸이 살고 있는 곳
— 문태준, 「나도 처음에 처음에는」 전문

선사인의 감각 또한 "인도 벵골만 옹게족"과 다를 바 없는 야성을
지녔을 것이다. '반구대 암각화'는 이 시에서 문태준이 말하는 "최초
의 몸이 살고 있는 곳"을 상상하게 한다. 이러한 상상을 집중하여 노
래한 시인이 이건청이다. 그는 시집 『반구대 암각화 앞에서』를 통
하여 다각적인 시적 묵상을 시도한다. 그는 "여기 와서 시력을 찾는
다./여기 와서 청력을 회복한다./잘 보인다. 아주 잘 들린다."라고 진
술함으로써 야성에 이끌리는 자기를 표현하고 있다. 이는 김왕노가
들은 "환청"과도 상응한다: "반구대 암각화 보러 가는 길/자꾸 고래
울음 환청으로 들려왔다."(「암각화 그리는 밤」) 이처럼 '반구대 암각화'
는 시적 주체로 하여금 과장과 비약을 가능하게 하는 외부이다. 그
것은 시원의 시간을 각인하고 있어 유한한 존재를 압도한다.

아침마다 고래의 늑골을 빠져 나온 동해는 푸르다.
달빛 아래 처용이 만경의 바다를 내려놓고 간 울산
사람들은 다시 바다를 바라보며 고래를 기다린다.
고래가 꿈꾸는 바다와 사람이 꿈꾸는 바다가 다르지 않은데
태생지인 반구대를 떠나 고래들은 언제 바다로 갔을까
직립보행으로 태화강을 따라 맨발로 걸어갔을까

산호숲 근처에 고래등으로 솟아 있는 기왓골
맑은 바람 듬뿍 머금었다 뿜어 올리는 대낮의 분기로
물기둥 아래 무리지어 회유하는 행렬의 장관
작은 어족들 길게 도열하고 선 파도를 가르며
유선 선명히 드러나도록 바다를 잉태한 고래
햇살은 분말로 부서지며 심해 밖으로 달아나고
수평의 꼬리지느러미에 황금빛 닻줄을 감아
바다를 다 들어 올리고도 힘이 펄펄 솟는
천하장사의 고래들로 장생포는 언제나 붐빈다.
— 김석규, 「장생포에 가면」 전문

자연스런 연상으로 단숨에 써내려간 듯 수사의 힘이 느껴지는데 이 또한 시적 대상과 무연하지 않을 것이다. 시원에 대한 꿈이 일거에 현실의 풍경을 무화하고 있는 형국이다. 이처럼 때론 야성의 지향이 환상을 창출하기도 한다. 그만큼 "반구대"와 "장생포"를 동일 공간에 두려는 시인의 욕망이 크다. 그러나 시원에 이끌리는 주체의 태도는 구체적이어야 한다. 그렇지 않을 때 갈망과 현실은 혼동될 수밖에 없다.

사랑이 아니면 고래는 볼 수 없는 은유이다
서북풍 북소리처럼 맑아 반구대 암각화 속에서
고래, 고래가 우르르 솟구쳐 튀어 오른다
고래를 쫓아간다, 뒤채는 파도의 함성을 쫓아
파랑주의보조차 예보할 수 없었던 시대로 돌아가
바다 안개 숲에 가만히 내 노를 옮겨 놓는다

큰 파도 더 큰 울렁거림에 두려움은 없고

고수레를 빌며 해원을 향해 뱃머리 세울 때

선사인 뱃사람이 함께 가자 출항의 노래를 부른다

나는 파도의 끝을 타고 작살을 던지며

용감해야만 사랑을 구할 수 있는 법을 배운다

그대는 그때부터 바다가 푸르다는 것을 아는가

선사의 블루피터가 펄럭이고 있다는 것을 아는가

항해일지 페이지마다 물병 별자리 반짝이는

선사시대의 사내처럼 고래를 기억하고 싶다

수천 년 그리운 암벽에 내 사랑 새기기 위해

태화강 푸른 강줄기 깊은 곳으로 투신하는

대왕고래 흑요석 꼬리 따라, 둥둥둥 북소리 따라

싱싱하게 나는 다시 바다로 돌아가고 있다.

— 이윤길, 「반구대 암각화 앞에서」 전문

"사랑이 아니면 고래는 볼 수 없는 은유이다"라는 아포리즘이 시적 진술 전체를 압도하고 있다. "뱃사람"이라는 경험적 주체의 자부가 묻어나는 대목이기도 한데, 시적 대상과의 교감이 뚜렷하다. 다시 말해서 전반부의 환상은 후반부의 실제 출항의 경험과 포개지면서("선사인 뱃사람이 함께 가자 출항의 노래를 부른다/나는 파도의 끝을 타고 작살을 던지며/용감해야만 사랑을 구할 수 있는 법을 배운다") 구체적인 실감으로 전환된다. 아울러 "그대는 (…) 아는가"라는 질문으로 이어지면서 시적 주체의 생생한 목소리가 드러나게 되며, "선사인"은 주체와 동위의 자리에 놓이거나 행위에 있어 연속성을 지니는 존재로 그려진다. 이윤길에게 '반구대 암각화'는 스스로 다시 그려야 할 그림처럼 존재를 추동한다.

청춘의 꿈과 상처

'고래'가 청춘의 욕망, 꿈과 좌절 그리고 상처의 등가물로 그려지기도 한다. 정호승은 "푸른 바다에 고래가 없으면/푸른 바다가 아니지/마음속에 푸른 바다의/고래 한 마리 키우지 않으면/청년이 아니지"(「고래를 위하여」에서)라고 진술한다. 70년대 후반의 대중가요 「고래사냥」을 연상하게 하는 대목인데 청년의 꿈이 '고래를 키운다'는 말로 비유된다. 따라서 젊은 날의 꿈을 회상하는 과정에서 '고래'는 어김없이 등장한다. 가령 "해 속에 살던 삼족오처럼/아침 해와 함께 떠오르고/저녁 해와 함께 지다가/죽으면 무덤까지 따라갔다는/옛 사람들의 꿈처럼/그렇게 푸르고 그리운 영혼으로/바다에서 살다가 바다가 된/내 젊은 날의 고래"(문정희, 「나의 고래를 위하여」에서)와 같은 구절이 그렇다. 하지만 "사람마저 항해하기 힘든 도시/나는 비를 맞고 있다/고래는 왜 내가 살고 있는/지평선으로 헤엄쳐 왔는가//내 젊은 날의 바다,/내가 뿜어 올렸던 바다,/고래들은 모두 수평선을 버렸다"(김종해, 「고래들은 바다를 버렸다」에서)는 진술처럼 청춘의 꿈들이 사라진 노년의 심정을 전도된 고래의 형상으로 표출하는 경우도 있다.

배가 닿자 어부들은 한 마리 커다란 고래를

밧줄로 날아 내렸다

사람들이 모여들고 물결이

가슴을 적시면서

갑자가 풍문의 바다가
부두에 펼쳐졌다
푸르디 뻗센 힘줄과 바다가 이루는 장단음

고래는 눈을 뜬 채 누워 있다 성자처럼
옆구리에 부러진 작살을 꽂고
흰 가슴을 드러내고
잘린 지느러미 곁에 우리들이 무심히 보고 있는
피를 조금 내비치며

상처는 햇빛 속에 드러나는가 핏자국에
파리들이 떼 지어 엉겨 붙는 것을 바라보면서
거듭 구걸로 떠도는
우리들의 풍경 너머로 한 마리 고래가
물살을 일으키며 힘차게 지나간다
우리들이 아직 신음으로
은밀하게 말할 뿐인 그곳으로

사람들이 흩어지고
흩어지며 저녁 무덤인 우리들이
저렇게 자지러지는 파도 소리에 숨죽이는 동안
고래는 다시 묶여서 차에 실려 떠났다
그리고 우리는 남아서
새로 낳은 아이들만 비겁하게
캄캄한 풍경 속으로 바칠 뿐

김명인에게 '고래'는 청춘의 꿈이기도 하지만 상처이도 하다. 그런데 그에게 꿈과 상처의 선후관계는 명료하지 않다. 아니 꿈을 꾸기에 상처는 이미 누적되어 있다. 그래서 꿈은 "신음으로/은밀하게 말할 뿐"이다. 작살을 맞고 끌어온 "고래"는 희망 없는 시간 속에서 잠시 희망을 생각하게 하는 풍경에 지니지 않는다. "구걸로 떠도는/우리들", "저녁 무덤인 우리들"이 시적 주체인 그의 시가 서술하고 있는 정황은 "캄캄한 풍경"이다. 이러한 정황 속에서 '고래'는 그야말로 최후의 소망에 다를 바 없다. 하지만 이토록 어두운 현실 속에서도 "푸르디 뻘센 힘줄과 바다가 이루는 장단음"이나 "저렇게 자지러지는 파도 소리"는 생명의 거처로 존재한다. 여기서 '고래'의 부활을 예견하는 것은 해석의 과잉이겠지만 시적 화자가 희망의 끈을 완벽하게 놓았다고 단정할 수는 없을 것이다.

그런데 '고래'는 자주 '아버지'에 유비된다. 이상국의 「고래 아버지」는 고래를 본 적이 없는 아버지가 "할아버지랑 고래등 같은 기와집에 살았다고" 말한 연유를 되새긴다. 자식들에게 "정신 차려야 한다는 걸 강조하기" 위한 방편이었음을 아는 시인은 고래는 곧 희망의 다른 이름이라고 진술한다: "그래서 아버지의 기와집이 그랬던 것처럼 고래는 우리들에게/쉽게 찾아오지 않는, 그러나 어딘가에 있는 희망이었던 것이다/나는 지금 고래등 열 개는 합친 것보다 더 큰 집에 살지만/아버지가 살았던 집에 대면 턱도 없다고 생각한다/아버지도 고래가 되었다." 김광도의 「귀신고래 회유해면」, 김인육의 「고래의 전설」, 복효근의 「아버지 고래가 그립다」, 성명남의 「아버지, 고래」, 안성길의 「내 아버지는 귀신고래」 등은 '술고래'

라는 모티프에 착상된 시편들로 아버지의 삶을 그리고 있다.[4] 모두
아버지의 삶에 대한 이해의 지평에 '고래'라는 이미지를 차용하고
있는 것이다.

> 그랬다. 아버지는 한 마리 쇠고래였다.
> 번들거리는 폐유며 송유파이프 개운포 그득 스티로폼뿐으로는
> 금강산 장전항 더 먼 바다나 떠돌며 망향의 붉디붉은 속울음 삼
> 키는
> 귀신고래였다. 세상이 암만 등 떠밀고 떠밀어도
> 남동해역 청정의 저 봄날 끝끝내 믿으며 아득한 바다를 사는
> 어쩌다 조간 펼치면 불법포획을 들쓰고 기우뚱기우뚱
> 고주망태처럼 술고래처럼 시뻘겋게 걸어 나오는 내 아버지는,
> — 안성길, 「내 아버지는 귀신고래」 부분

이처럼 아버지를 고래에 비유하면서 가족사 이야기를 진술하는
시편들은 대체로 화자가 지닌 유년의 기억이나 청춘의 현실인식과
무관하지 않다. 아버지 곧 현실이라는 등식이 성립하기 때문이다.
그런데 이러한 시에서 고래 이미지는 아버지와 화자의 경험적 관계
에 따라서 부정적으로 그려지거나 궁극적인 화해의 대상으로 서술
된다. 인용한 안성길의 시는 아버지의 현실과 고래가 처한 생태환경
이 병치되면서 미묘한 의미 맥락을 연출하는데 이는 '아버지'에 대한
화자의 이해와 연민이 교차하는 일과 무연하지 않다.

---

4) 어머니의 삶과 고래의 유비 또한 없지 않다. 김해경의 「어머니의 고래」와 엄하경
    의 「회귀」를 들 수 있다.

태풍이 비껴간 그해 여름은 곳곳에서 썩는 냄새가 났다

밀물과 함께 온 저녁은 술집 고래에 있었고

질기디질긴 오징어를 씹고 있노라면

창문 너머 바다 위엔 구름 그림자가 흑고래처럼 떠돌고 있었다

침침한 반지하 까페

다시는 떠오르지 않을 듯 깊숙이 꺼진 소파 속에 가라앉아

나는 코를 쥐고 숨을 쉬지 않는 연습이라도 하고 있었던 걸까

허나 닿을 수 없는 것들을 꿈꾸는

내 오랜 지병은 도졌다가 다시 아물기 마련

이 슬픈 꿈이 끝나면 더욱 슬픈 꿈을 꾸게 되리라

파란만장 파란만장 굽이치는 물결 위에서 떠도는 한 생애

그 심연에서 말향고래는 오징어를 먹고 산다지

오징어는 장내에 모여 썩어 가는데

그것이 향기 중에선 으뜸으로 치는 용연향이 된다지

옛 노트에 적힌 글을 중얼거리다,

해는 저물고, 고래 뱃속 등심지에 불을 댕기면

침침한 바닥엔 사람들이 남겨 두고 떠나간 모래가 쓸렸다

적막해, 적막해, 모래들이 등을 부비며 우는 소리만이 한 움큼씩

쓸려 나왔디

— 손택수, 「말향고래의 추억」 전문

고갈된 젊음의 꿈을 말향고래에 견주어 서술하고 있는 아름다운 시편이다. '고래'라는 옥호를 지닌 주점의 정황도 매우 구체적이지만 "옛 노트에 적힌 글"을 떠올려 '말향고래'에 대한 연상이 과장으로 비화하지 않게 긴장을 유지하는 솜씨 또한 만만찮다. 오징어를

씹고 있는 화자와 오징어를 먹는 말향고래의 병치 또한 순조롭다.
하지만 이 시가 노리는 포인트는 대비이다. 말향고래처럼 "향기 중
에선 으뜸으로 치는 용연향"을 만들지 못하는 화자는 "슬픈 꿈"만
거듭하고 있을 따름이다. 그런데 이 시는 이러한 병치와 대비 외에
또 다른 시적 장치 하나를 가지고 있다. 그것은 이 시의 기저에 깔
려 있는 요나 이야기이다. 요나처럼 고래뱃속에서 나와 신생을 영
위하지도 못하는 화자에게 남겨진 것은 "모래들이 등을 부비며 우
는 소리"뿐이다. 화자에겐 도피의 편안함도 새로운 삶의 계기도 모
두 부여되지 않는다. 그의 내면성은 오로지 고갈을 향해 있다. 그런
데 손택수의 이 시는 꿈꿀 수 없는 젊음을 말함과 동시에 그에게 억
압된 기억인 '말향고래의 추억'을 시사한다. 이 시의 제목은 이 시
가 헛되고 헛되니 모든 것이 헛됨을 말하고 있지 않음을 지시한다.
그러므로 '말향고래'와 그의 '용연향'이 중요한 시적 지향 안에 놓
여 있는 것이다.

사랑, 생명과 평화

고래시의 본격적인 시적 지평은 아무래도 고래를 기다리는 마음
에 있을 것이다. 정일근은 "불쑥, 바다가 그리워질 때 있다면/당신의
전생은 분명 고래다"라고 말한다. 그는 그리움과 사랑을 바다와 고
래의 등가 의미로 생각한다.

불쑥, 바다가 그리워질 때 있다면
당신의 전생은 분명 고래다

나에게 고래는 사랑의 이음동의어

고래와 사랑은 바다에 살아 떠도는 같은 포유류여서

젖이 퉁퉁 붓는 그리움으로 막막해질 때마다

불쑥불쑥, 수평선 위로 제 머리 내미는 것이다

그렇다고 당신이 고래를 보았다고 말하는 것은 실례다

당신이 본 것은 언제나 빙산의 일각

누구도 사랑의 모두를 꺼내 보여주지 않듯

고래도 결코 전부를 다 보여주지 않는다

한순간 환호처럼 고래는 바다 위로 솟구치고

시속 35노트의 쾌속선으로 고래를 따라 가지만

이내 바다에서 살다 육지로 진화해온

시인의 푸른 휘파람으로는 다시 불러낼 수 없어

저기, 고래!라고 외치는 순간부터

우리는 사랑에 빠졌다

고독한 사람은 육지에 살다 바다로 다시 퇴화해가고

그 이유를 사랑한 것이 내게 슬픔이란 말 되었다

바다 아래서 고래가 몸으로 쓴 편지가

가끔 투명한 블루로 찾아오지만

빙하기 부근 우리는 전생의 기억을 함께 잃어버려

불쑥, 근원을 알 수 없는 바다 아득한 밑바닥 같은 곳에서

소금 눈물 평평 솟구친다면

이제 당신이 고래다

보고 싶다, 는 그 말이 고래다

그립다, 는 그 말이 고래다

— 정일근, 「나의 고래를 위하여」 전문

　사랑과 그리움을 먼저 강조하고 있는 이 시의 진술은 고래시의
시적 지평을 단적으로 압축하고 있는 것으로 보인다. 막연한 상상이
나 맥락 없는 공상으로 고래시의 지평이 열릴 수 없다는 경계 또한
담고 있다. 고래시는 고래에 대한 그리움과 사랑에서 유발되지만 그
것이 주체의 내부에 한정되어서는 안 된다. 적어도 "이제 당신이 고
래다"라는 진술에 상응하는 내부와 외부의 교응이 있어야 한다. 이
는 "보고 싶다" 혹은 "그립다"는 말이 수행적인 실행으로 이어지는

울산바다 참돌고래떼(사진제공–정일근 시인)

과정과 같다. "육지에 살다 바다로" 퇴화해간 고래와 같은 삶을 사는 것, 그리고 그와 같은 삶을 사는 사람들을 그리워하고 사랑하는 것이야말로 진정 고래를 그리워하고 사랑하는 일과 다르지 않다. 이처럼 정일근은 '고래'를 통하여 얻어질 수 있는 시적 지평의 궁극을 제시하고 있는데 그가 말하는 '사랑'은 생명과 평화의 지평으로 다시 번역될 수 있을 것이라 생각한다.

> 고래를 기다리며
>
> 나 장생포 바다에 있었지요
>
> 누군가 고래는 이제 돌아오지 않는다, 했지요
>
> 설혹 돌아온다고 해도 눈에는 보이지 않는다고요,
>
> 나는 서러워져서 방파제 끝에 앉아
>
> 바다만 바라보았지요
>
> 기다리는 것은 오지 않는다는 것을
>
> 알면서도 기다리고, 기다리다 지치는 게 삶이라고
>
> 알면서도 기다렸지요
>
> 고래를 기다리는 동안
>
> 해변의 젖꼭지를 빠는 파도를 보았지요
>
> 숨을 한 번 내쉴 때마다
>
> 어깨를 들썩이는 그 바다가 바로
>
> 한 마리 고래일지도 모른다고 생각했지요
>
> — 안도현, 「고래를 기다리며」 전문

이처럼 고래에 대한 그리움과 사랑은 근본적인 생명애(biophilia)에 다를 바 없다. 안도현의 이 시는 앞서 정일근의 시가 말한 바처

럼 단순하게 고래를 만나고 보는 일을 염두에 두고 있지 않다. '본
다'는 것은 주체의 권력을 확인하는 일에 지나지 않는 것이므로
마음으로 만나는 일이 중요한데 도로에 그칠 것을 알면서도 기다
리는 가운데 화자는 "바다가 바로/한 마리 고래일지도 모른다"는
생각에 이른다. 고래가 바다가 되는 획기적인 사건이 유발되고 있
는 것이다. 이 경우 고래는 범생명 혹은 거대한 생명의 그물로 비
약한다.

　정영주의 「말향고래」는 앞서 손택수가 꿈꾸던 이상을 미리 말하
고 있는 듯하다. 이 시는 말향고래의 향기름으로 거듭나는 존재와
세상을 그리고 있다.

　　　하늘 귀퉁이
　　　가장 빛난 곳 하나 저며 바다에 던지면
　　　겹겹이 일어나 눈부신 낮빛이 되는 바다
　　　그 빛살 기포 터뜨리며
　　　오래전 고래들이 흘리고 간 전설을 듣는다

　　　오래지 않은 날
　　　단번에 몸의 옥합을 깬 말향고래
　　　바다에서 육지까지 향기를 흘려보내면
　　　출렁이는 전령, 그 육중한 고래의 진저리

　　　이제 신화가 된 고래의 늑골 하나 빼내어
　　　내 빈 곳을 채울 수 있다면
　　　스스로 말향고래가 되어 심해까지

내려가 심장과 내장 뼈 마디마디
썩지 않을 기름으로 채울 수 있다면

속 끓어도 닳지 않는 혀가 있는 바다
닳은 혀 없으니 언어마다 정금인 바다
황홀한 전언이
기름 향에 절여져 휘돌아온다

대지의 언어는 이미 썩고 문드러져
지독한 사해의 염분을 끌어다 절여서라도
말향고래 등에 얹혀 보내고 싶다
그 뒤로 흘러드는 향기가 낙관으로 찍혀
세상 모서리마다 말씀이 된 고래로 돌아온다면
— 정영주, 「말향고래」 전문

　창세 신화의 패러디라 할 수 있는 이 시에서 말향고래와 화자
는 천지창조 이야기의 아담과 이브의 변주이다. 다시 말해서 화자
는 타락한 세상이 제2창조를 통하여 개조되기를 갈망한다. "대지
의 언어는 이미 썩고 문드러져" 있으니 말향고래의 향기는 새로운
형식의 희망을 징표한다. 그것은 기존의 세계에서 빛과 소금에 해
당한다. 아니 이보다 "말씀"이 살아 있는 세계를 의미한다. 그러므
로 회유하는 고래는 이 시에서 부활과 재생에 다를 바 없다. 말할
것도 없이 이 시의 의미가 기독교적인 알레고리에 그치는 것은 아
니다. 하늘과 대지와 바다의 맥락들이 환기하는 지향 또한 없지
않다. 바다가 지닌 근원적인 생명력으로 대지의 오염과 고갈을 극

복할 수 있다는 전언이 읽히는 것이다. 이러한 전언은 고래와 바다의 제유적 연관을 말한 안도현의 시적 지평이 개진한 바의 연장으로 생각하여도 무방할 것이라 생각한다. 또한 이것은 "수억 년 후의 미래를/그리하여 바다 속에서 새끼를 낳아 기르게 될/포유의 희망을"(김윤배, 「귀신고래의 노래」에서) 알고 있는 '귀신고래'의 생태와도 결부된다. 아울러 "나는 오늘도 어류들이 떠난 섬 기슭에 앉아/고래를 기다린다/푸른 오아시스 같은 물줄기를 뿜어 올리며/다시 힘차게 헤엄쳐 오는 고래의 물결을/살아 숨쉬는 바다의 맥박이/쿵쿵거리며 한 시대를 힘차게 이끌어 갈/그 벅찬 날을"(도종환, 「고래」에서) 기다리는 도종환의 희망과도 무연하지 않을 것이다.

노래는 공기와 공기 사이에
파도는 적막과 적막 사이에
꿈은 빛과 빛 사이에

그대의 몸은
바다와 바다 사이에
심연과 심연 사이에
파도의 적막과 적막의 파도 사이에
어둠의 빛과 빛의 어둠 사이에

나의 노래이며 파도인
그대의 바다와
지구의 반대편 소리까지 듣는

나의 꿈인 그대의 귀와

— 이원, 「어린 고래에게」 전문

이처럼 '고래의 노래'는 생명의 노래이자 공생의 노래이다. 또한 교감과 소통의 노래이다. 김수우는 이를 달리 "어미의 노래"라 하면서 "천지간 꽃피는 길/내 꿈은 어미의 산마루 몸집에다/짙푸른 목청을 그대로 닮았구나"(「혹등고래」에서)라고 진술한다. 주체와 대상이 하나의 생명적인 정체(整體) 안에 있음이다.

장생포, 장소의 재탄생

'반구대 암각화'와 '장생포'의 연결은 '고래'라는 매개가 있기에 자연스럽다. 이미 앞에서 김석규에 의한 비약적인 결합을 읽을 수 있었는데 장생포의 새로운 탄생을 염원하는 일과 무관하지 않을 것이라 생각한다.

귀신고래는 흰 물보라를 일으키며
물기둥으로 솟아올랐다가
창망한 바다에 철썩 한 획을 긋고 난 뒤
수천 년 세월 바위 속에 붙박혀 있다.

한동안
포경선의 뱃고동은 숨을 멈추었지만
암벽에 붙박힌 고래들이
이제 또다시 춤추며 바다길을 열겠지

흰 고래 뼈처럼 장생포는

흰 포말을 잠재우며, 꿈꾸고 있다.

— 박종해, 「꿈꾸는 암각화」 전문

이 시의 묘미는 암각화와 장생포를 동일 지평에 두었다는 데 있지 않다. 그보다 '장생포의 꿈'이라 하지 않은 표제에 있다. 시인은 본문을 통해 "장생포는/흰 포말을 잠재우며, 꿈꾸고 있다"라고 진술하면서도 표제를 '꿈꾸는 암각화'라고 함으로써 '장생포의 꿈'을 증폭하는 시적 고안을 선택한다. 그리고 이를 통해 산문적인 이해를 넘어 시적 울림을 더한다. 여하튼 '암각화'야 그 보존가치로 인하여 이미 재생의 길이 열렸지만 '장생포'는 고래가 돌아오는 사건과 더불어 재창조되어야 한다. "물과 시간을 거슬러 돌 속에 숨어버린/고래들아, 이제 그만/반구대 암각화에서 뛰쳐나와라/돌 속에만 돌 속에만 갇혀 있지 말고/오래된 전설에서 솟구쳐 올라라/너희들의 역사가 더 이상 전설이 되지 않도록"(나희덕, 「돌 속의 고래」에서)이라는 나희덕의 외침 또한 그 지향이 울산바다나 장생포를 향해 있다고 해도 오해는 아닐 것이다.

그러나, 아직도 고래는 돌아오지 않고

밤은 벌써 또 밤을 재촉하는데

방파제 넘어 막 도착한 낯선 파도가

원조 할매집 의자에 앉아서

한 잔의 밤과 함께

한 잔의 허기와 함께

이제 가야 할 곳 어딘가 골똘한 생각에 잠겨 있네.

— 김성춘, 「고래, 고래, 고래―장생포에서」 부분

이처럼 고래는 오지 않지만 하염없는 기다림은 지속된다. 류인서
는 "간절함은 고래만 한 우체통의 몸으로 동굴처럼 앉아 있기도 한
다고/바다는 이따금 산정의 풀밭처럼 순하게 엎드렸으니/먼바다 파
도 골짜기 사이로 춤추며 오는 그의 미끈한 지느러미 날개 보이는
듯,/그도 우리 마음 모르지는 않을 것이어서"(「고래, 소망우체국」에서)
희망을 버릴 수 없다고 한다. 정일근의 말대로 이러한 간절함이 곧
고래라고 해도 될 것이다.

지붕이 낮은 우체국에서 엽서를 샀다

언젠가 돌아올 고래를 기다리며 서 있는

장생포 방파제가 슬퍼 보인다고,

기다림은 늘 그늘진 그리움을 만든다고,

어젯밤 내 꿈에 찾아온 그에게

비릿한 바다 내음 같은 이야기를 실어 보냈다

돌아서 뽑은 자판기 커피의 따뜻한 온기가

손끝으로 전해질 때 눈물이 났다

똬리를 튼 한 마리 뱀장어 가슴에 넣고 사는 사람들

그 사람들 속에 그도 나도 있었다

혼자 소주를 마시며 이야기한다는 그처럼

누구나 하고 싶은 이야기는 가슴에 묻고 산다

기다림에 지친 바다 앞에서 다 젖은 내 안으로

고래 한 마리 살아 꿈틀거리며 돌아왔다
　　― 도순태, 「사람에게 가는 길―장생포」 부분

　장생포의 풍경에는 퇴락한 그리움이 묻어 있다. 아직 고래를 기다리는 사람들이 있기 때문이다. 심수향의 말처럼 사람들이 "기다림이란 고래"(「고래를 기다리며」에서)를 만나고 있는 것인지도 모를 일이다. 앞서 안도현의 시가 말하듯 오지 않을 것을 알면서도 기다리는 삶 속에서 진정한 만남이 있는 것은 아닐까?

　　고래 피를 마시고 자란 붉은 장생포
　　거리는 스산하게 저물고 있다
　　웅크린 폐 포경선 한 척
　　바닷물 따라 쓸리며 추억으로 젖을 때
　　먼바다로 가 돌아오지 않는 고래에게
　　오래된 엽서를 배달해 줄 우체국은 붉은 빛부터 바래가며 쓸쓸히
　　서 있다
　　그날부터 나는
　　답장이 오지 않는 엽서를 쓰면서
　　옥신거리는 왼쪽 옆구리를 가만히 만져본다
　　어떤 날은 고래 울음 같은 신호가
　　늑막 속을 쯔르 쯔르 쯔르르 울렸다
　　옆구리에 작살을 꽂은 채 떠도는 고래
　　고래의 피, 피 먼 대양을 돌고 돌아
　　내게로 흘러들어와 굵은 소금 뿌리 듯 쓰라렸다
　　간혹 슬픔의 내력에서 오래된 고래 뼈 같은

붉은 혹 만져졌지만
단 한번 답장이 온 적이 없는 것처럼
기다리는 날은 무심히 지나갔다
엎드린 채 회유하는 고래가 지나가는 동안
오래되어 모서리가 닳은 엽서처럼
장생포, 천천히 마모되어 가는데
— 이궁로, 「장생포 엽서」 전문

　'장생포'의 재창조는 이 시가 말하듯 마음 속에 고래를 담는 일에서 시작될 수 있다. 그것은 또한 지난 역사를 되새겨 '고래'의 의미를 새롭게 하는 일과 연관된다. 김종경 시인은 울산 앞바다에서의 고래떼와의 조우 경험을 "그리움이 절정에 타올라 오늘 고래떼 봤다/간절함이 끝자락에 닿아 오늘 고래떼 봤다"(「울산 바다 고래 봐라!」에서)고 진술한바 있다. 정일근 시인과 함께 했던 실제 경험의 고백이다. 정 시인 또한 다음처럼 말하고 있다. "진실로 기다리는 것은 온다. 울산바다에서 고래를 기다린 지 10여 년, 이번(2008년) 겨울 나는 나를 찾아온 수 천 마리의 낫돌 고래를 만났다. (…) 그들은 내 오랜 기다림에 대해 보상이라도 하듯 그 바다로 찾아와 1시간 가까이 살아 있는 돌고래 군무를 보여주고 떠나갔다."(산문 「고래를 기다리며」에서) 감동적인 장면이 아닐 수 없다. 머지않아 울산바다와 장생포가 사랑과 생명과 평화가 꽃피는 공간으로 재탄생할 것이라 믿는다.

참고문헌

1. 국내논문과 단행본

A. T. 마한, 김주식 역, 『해양력이 역사에 미치는 영향』, 책세상, 1999.

A. 킹, 이무용 역, 『도시문화와 세계체제』, 시각과 언어, 1999.

Arthur D Little, 『미래 국가 해양전략 연구용역-최종보고』, 해양수산부, 2006.

D. 아도르노 · M. 호르크하이머, 김유동 역, 『계몽의 변증법』, 문예출판사, 1995.

D. 호킨스, 이종수 역, 『의식 혁명』, 한문화, 1997.

M. 레디커, 박연 역, 『악마와 검푸른 바다 사이에서』, 까치, 1987.

강봉룡 외, 『목포권 다도해와 류큐열도의 도서해양문화』민속원, 2012.

________, 『바닷길과 섬』, 민속원, 2011.

강상중 · 요시미 슌야, 임성모 외 역, 『세계화의 원근법』, 이산, 2004.

강정효, 『대지예술 제주』, 각, 2011.

강종희, 『21세기 대한민국 선택 해양강국비전』, 두남, 2004.

고용희, 『바다에서 본 탐라의 역사』, 각, 2006.

구모룡, 『해양문학이란 무엇인가』, 전망, 2004.

구모룡 외, 『해양의식 고취를 위한 마스터플랜 구성』, 해양수산부, 2008.

________, 『마리타임 부산』, 부산발전연구원, 2009.

________, 『부산학과 미래도시 부산』, 부산발전연구원, 2011.

국립제주박물관 편, 『실크로드의 역사와 문화』, 서경문화사, 2008.

국립제주박물관, 『한국의 역사와 문화 그리고 제주』, 서경문화사, 2011.

김석철, 『희망의 한반도 프로젝트』, 창비, 2006

김성귀, 『해양개발을 위한 해양관광론』, 현학사, 2007.

______, 『김성식 시전집』, 고요아침, 2007.

김성준,『해양탐험의 역사』, 신서원, 2007.

김순이 외,『제주 유배인과 여인들』, 여름언덕, 2012.

김열규,『늙은 소년의 아코디언』, 산지니, 2012.

김영갑,『그 섬에 내가 있었네』, Human & Books, 2004.

김영돈,『한국의 해녀』, 민속원, 1999.

김영원 외,『항해와 표류의 역사』, 솔, 2003.

김영희,『소설 하멜』, 중앙 Books, 2012.

김인 · 박수진 편,『도시해석』, 푸른 길, 2006.

김재승 외,『근대 부산해관(1883-1905)과 고빙 서양인해관원에 관한 연구』,
    전망, 2006.

김진현 · 홍승용 공편,『해양21세기』, 나남출판, 1998.

네스토르 가르시아 칸클리니, 이성훈 역,『혼종문화』, 그린비, 2012.

다무라 아키라, 강혜정 역,『마을 만들기의 발상』, 소화, 2005.

다시로 가즈이, 정성일 역,『왜관』, 논형, 2005.

다카사키 소지, 이규수 역,『식민지 조선의 일본인들』, 역사비평사, 2006.

다카하마 교시, 조경숙 역,『조선』, 제이앤시, 2009.

도시사연구회 편,『공간속의 시간』, 심산, 2007.

동해연구회,「차기 교육과정 개정 관련 해양교육 강화에 관한 연구」, 2006.

루이스 멈포드, 김영기 역,『역사 속의 도시』, 명보문화사, 1990.

모모키 시로, 최연식 역,『해역아시아사 연구 입문』, 민속원, 2012.

문충성,『그때 제주바람』, 문학과지성사, 2003.

박배균 외편,『국가와 지역』, 알트, 2013.

박찬식,『1901년 제주민란연구』, 각, 2013.

봉일범,『누적도시』, 시공문화사, 2005.

사사키 마사유키, 정원창 역,『창조하는 도시』, 소화, 2004.

사쿠라이 군노스케, 한상일 역,『서울에 남겨둔 꿈』, 건국대 출판부, 1993.

손정목,『일제강점기 도시화과정 연구』, 일지사, 1996.

손태현,『한국해운사』, 한국선원선박문제연구소, 1982.

송성대, 『제주인의 해민정신』, 제주문화, 1996.

신기욱·마이클 로빈슨 편, 도면회 역, 『한국의 식민지 근대성』, 삼인, 2006.

아손 그렙스트, 김상열 역, 『스웨덴 기자 아손, 100년 전 한국을 걷다』, 책과
　함께,

아키미치 토모야, 이선애 역, 『해양인류학』, 민속원, 2005.

안미정, 『제주 잠수의 바다밭』, 제주대출판부, 2008.

야노토루 편, 『지역연구의 방법』, 전예원, 1997.

야마무로 신이치, 정재정 역, 『러일전쟁의 세기』, 소화, 2010.

오모토 케이이치 외 편, 김정환 역, 『바다의 아시아』 1-6, 다리미디어, 2003.

윤명철, 『해양사연구방법론』, 학연문화사, 2012.

윤용택 외 편, 『제주와 오끼나와』, 보고사, 2013.

이동근 외, 『역사와 해양의식―해양의식의 체계적 함양방안 연구』, 한국해양
　수산개발원, 2003.

이산하, 『한라산』, 시학사, 2003.

이수훈, 『세계체제, 동북아, 한반도』, 아르케, 2004.

이영, 『잊혀진 전쟁 왜구』, 에피스테메, 2007.

이영권, 『새로 쓰는 제주사』, 휴머니스트, 2005.

　　　, 『제주역사기행』, 한겨레신문사, 2004.

　　　, 『조선시대 해양유민의 사회사』, 한울, 2013.

이원진, 김찬흡 외 역, 『역주 탐라지』, 푸른역사, 2002.

이진경, 『근대적 시·공간의 탄생』, 그린비, 2010.

이혜령, 『한국소설과 골상학적 타자들』, 소명, 2007.

이효덕, 박성관 역, 『표상공간의 근대』, 소명, 2002.

이희환, 『문학으로 인천을 읽다』, 작가들, 2010.

인하대 한국학연구소 편, 『동아시아, 개항을 보는 제3의 눈』, 인하대학교출판
　부, 2009.

장인성, 『장소의 국제정치사상』, 서울대출판부, 2002.

전경수, 『지역연구, 어떻게 하나』, 서울대 출판부, 1999.

______,『탐라 제주의 문화인류학』, 민속원, 2010.

정성일,『전라도와 일본』, 경인문화사, 2013.

정진술,『한국의 고대 해상교통로』, 한국해군전략연구소, 2009.

______,『한국해양사』, 경인문화사, 2009.

제주국제협의회 외 편,『평화번영을 위한 제주의 국제화』, 오름, 2012.

조갑상,『이야기를 걷다』, 산지니, 2006.

______,『한국소설에 나타난 부산의 의미』, 경성대출판부, 2000.

조성윤 외,『추자도 바당』, 블루앤노트, 2012.

조중연,『탐라의 사생활』, 삶창, 2013.

조지 린치, 정진국 역,『제국의 통로』, 글항아리, 2009.

존 레니에 쇼트, 이현욱 · 이부귀 역,『문화와 권력으로 본 도시탐구』, 한울, 2001.

존 쇼트, 백영기 역,『인간의 도시』, 한울, 2000.

좌혜경 외,『제주해녀와 일본의 아마』, 민속원, 2005.

좌혜경,『한국 제주 오키나와 민요와 민속론, 푸른사상, 2000.

주강현,『제국의 바다 식민의 바다』, 웅진지식미디어, 2005

______,『제주 기행』, 웅진지식하우스, 2011.

주희춘,『제주 고대 항로를 추적한다』, 주류성출판사, 2008.

지그프리트 겐터, 권영경 역,『신선한 나라 조선』, 책과함께, 2007.

찰스 랜드리, 임상오 역,『창조도시』, 해남, 2005.

천금성,『은빛 갈매기』, 고려원, 1979.

최부, 서인범 외 역,『표해록』, 한길사, 2004.

최열,『옛 그림을 따라 걷는 제주길, 』, 서해문집, 2012.

최정호 편,『물과 한국인의 삶』, 나남, 1994.

코사카 마사타카, 김영작 외 역,『해양국가 일본의 구상』, 이크, 2005.

풍계 현정, 김상현 역,『일본표해록』, 동국대출판부, 2010.

하네다 마사시 편, 현재열 외 역,『17-18세기 아시아 해항도시의 문화교섭』, 선인, 2012.

하네다 마사시, 이수열 외 역,『동인도회사와 아시아의 바다』, 선인, 2012.

하마시타 다케시, 하세봉 외 역,『아시아 네트워크 도시 홍콩』, 신서원, 1997.

하멜, 신복룡 역주,『표류기』, 집문당, 1999.

하야시 히로시, 김제정 역,『일본제국주의, 식민지 도시를 건설하다』, 모티브, 2005.

하우봉 외,『해양사관으로 본 한국사의 재조명』, 해상왕장보고기념사업회, 2004.

해양수산부,『미국 해양정책 예비보고서』, 2003.

__________,『해양수산발전기본계획』, 2004.

헤세 바르텍, 정현규 역,『조선, 1894년 여름』, 책과함께, 2012.

현용준,『제주도 사람들의 삶』, 민속원, 2009.

호미 바바, 나병철 역,『문화의 위치』, 소명출판, 2002.

홍순권 외,『부산의 도시 형성과 일본인들』, 선인, 2008.

________,『일제강점하 부산의 지역개발과 도시문화』, 선인, 2009 .

홍순목,『조선인 박연,』알에치코리아, 2013.

히라노 겐이치로, 장인성 외 역,『국제문화론』, 풀빛, 2004.

2. 영문본

A. Dirlik, *The Postcolonial Aura*, Westview Press, 1997.

A. Schottenhammer ed., *The East Asian Mediterranean: Maritime Crossroads of Culture*, Commerce and Human Migration, Harrassowitz Verlag, 2008.

C. Flint & P. Taylor, *Politica Geography*, Pearson Education Limited, 2007.

David Howarth, *British Seapower*, Robinson, 2003.

F. Gipouloux, *The Asian Mediterranean: Port Cities and Trading Networks in Chnia, Japan and Southeast Asia, 13th-21st Century*, Edward Elgar, 2011.

Haneda Masashi ed., *Asian Port Cities 1600-1800*, NUS press, 2009.

M. L. Pratt, *Imperial Eyes-Trvel Writing and Transculturation, Routledge*, 1992.

U. S. Commission on ocean policy, An Ocean Blueprint for the 21st Century, 2004.

W. Kokot et. al. ed., *Port Cities as Areas of Transition*, Transcript, 2008.

4 · 3 사건 179

H. N. 알렌 133, 143-144

M. 레디커 206-207, 209-210,
  215-217, 219, 224, 306

W. N. 로밧 130-131

W. 코콧 108

가

가나자와 77, 83-84

강요배 66

강종희 13-14, 22, 300

개항 68, 70, 94-98, 100, 104,
  127-130, 138, 147-150, 152-
  153, 302

객주 150-153, 157

결절지 19, 56, 60, 63, 70-71, 81,
  89, 100, 142, 145, 148, 157, 188

고용희 50-51, 188, 300

고은 186-187

관부연락선 99, 148, 156, 158-
  159, 161, 172

구소은 66

국가주의 18, 29, 32, 51, 191, 220,
  268-269

국학 44, 128, 302

근대도시 68-69, 103-104, 106,
  109, 112, 168-169, 194

근대성 38, 87, 94, 96, 105, 109,
  193-195, 197, 229, 267, 275,
  301

근대화 16-17, 68, 72, 86-87, 96-
  97, 100-101, 103-104, 107-108,
  110, 112-114, 140, 177, 193,
  196, 200-201, 204-205, 212,
  248, 267

글로벌 32, 42, 77, 79, 83, 89-90,
  112-113

기행서사 65

김곰치 269-271

김광균 171-172

김기림 194-195, 228

김명수 279

김명인 285

김민수 107

김상화 268

김석규 281, 295

김성수 31

김성식 6-8, 196-198, 200, 205,

227-229, 233-235, 238-243,
245, 251-254, 258, 266, 300

김성춘 297

김수용 268

김열규 70, 110, 147, 168, 301

김영갑 66, 301

김윤배 294

김종경 279, 299

김종철 176

김종해 283

김진현 17, 204, 213, 301

김철수 235

김치완 32

나

나희덕 296

내셔널 32, 38, 42

냉전체제 17, 36, 101-102, 110,
112, 114, 196, 204

네오내셔널리즘 38

네트워크 도시 53, 70, 107-109,
144, 202, 305

누적도시 101, 111, 113-114, 301

다

다니엘 디포 200

다무라 아키라 117-118, 303

대만 55, 57-58, 67

데이비드 네메스 65, 188

도순태 297

도시문제 72-74

도시민속학 35

도시주의 95

도종환 294

동인도회사 49, 56, 304

라

로컬 32, 38, 50, 52-53, 64, 109,
113, 127, 153, 181, 183

로컬리티 32, 52-53, 113, 153,
181, 183

루이스 멈포드 74, 119, 304

리저널 32, 64

마

문순덕 30

문정희 283

문충성 182, 186-187, 301

문태준 280

문화교섭 7, 42, 49, 61, 108, 147,
304

문화도시 9, 26, 70-72, 77-79, 81-
83, 85-86, 89-91, 113-116, 119,
121-123, 274

문화인류학 33-35, 302

문화접변 61-62, 153

문화정치학 35

바

바다문학 197, 266-267, 272-273

박남준 173-174

박종해 296

박찬식 30, 301

반주변부 86-88, 97, 114

변경사 46, 183

보들레르 197, 243, 251, 256-258,
    262

복효근 285

볼로냐 77, 83-84

부산 2, 6-9, 16, 18, 65, 68-71, 76,
    86-98, 100-116, 119-122, 127-
    148, 150-159, 161-165, 168-
    172, 175, 177-178, 194, 196,
    203-204, 264, 300-303

부산학 107, 300

분단체제 101, 196

비숍 137

비판적 지방주의 38-39, 51, 53

사

사사키 마사유키 77, 79-80, 83,
    89, 91, 304

사쿠라이 군노스케 137, 139-140,
    142-143, 148, 155, 304

산복도로 르네상스 72, 90

상업자본주의 152

선원 7, 9, 16, 136, 196-197, 204,
    206-225, 228, 235, 241-243,
    245-246, 248-249, 251, 301

섬 네트워크 7, 60-61, 67, 188

세계도시 76-77, 79-81, 87-90,
    108, 114, 116

세계체제 17-18, 35, 38-39, 42,
    86-88, 95-96, 108, 157, 204,
    302, 305

세계체제론 35

세계화 16-18, 21, 28, 34, 38, 43,
    47, 52, 73-74, 77, 81, 112-113,
    198, 201-202, 204, 272, 300

손택수 287-288, 292

송성대 50, 183-184, 301

송재영 205-206

스케일 7, 27, 37-38, 50, 90, 143,
    183, 188

시게 시게타카 144

식민도시 68-70, 87, 92-93, 96,
    100-101, 104, 106-107, 109-
    110, 127-129, 134-135, 140,
    143, 146-147, 153, 157-159,
    164, 168-169

식민주의 95-96, 140, 191

식민지 근대성 105, 301

신소설 104, 127, 148, 157

신숙주 55

신해양시대 13, 201

신화체계 61

심상지리 37

심호섭 275

아

아리프 딜릭 38

안도현 291, 294, 298

안성길 285-286

알프레드 세이어 마한 21

앙겔라 쇼텐 함머 48

앤소니 킹 96, 101, 157

얀 얀스 벨테브레 59

에드워드 사이드 33, 191

엔트로피 101, 111, 113

염상섭 104, 110, 127, 146, 148, 159-160, 162-163, 165-166, 168

영도다리 9, 107, 168-178

오돌또기 56-57

오리엔탈리즘 191

오키나와 29, 60, 63-64, 67, 180, 303

왜관 68, 70-71, 93-96, 98, 106-107, 109, 127-129, 134, 136, 140, 152, 303

요시다 타로 65

요코하마 118, 143-144

원양어업 177, 203, 205, 212

유럽문화수도 82-83

유럽중심주의 134, 136

유배서사 65

유철인 30, 63

육역 7, 15-16, 27, 29, 39, 50, 142, 181, 183-185, 187-188

육역시점 15-16

윤명철 39, 53, 301

이광수 148

이궁로 299

이산하 179-181, 302

이영권 50-52, 54, 302

이원 36-37, 234, 295, 302

이윤길 8, 256, 258, 262-263, 277, 282

이인직 104, 127, 147-149, 152-155

이중도시 107, 110, 112-113, 129, 133-136, 139-140, 147, 157, 163-164, 167

이해조 157

인천 65, 97, 102-103, 114, 138, 140, 149-150, 158, 194, 302

일반사 55

임화 105, 168-169, 178

자

자기-오리엔탈리즘 267

잠수 64, 273, 301

장생포 276-278, 281, 291, 295-
299

장소의 혼 178

장시 150, 240

재일 63-64, 66

전경수 30-31, 302

전봉건 227-229

전지구적 자본주의 34, 36, 38, 137

정영주 277, 292-293

정인화 268

정일근 6-7, 277, 288, 290-291,
297, 299

제1해양화 198

제2도시 이데올로기 88, 101-102,
108

제2해양화 17

제국의 눈 140, 143, 240

제주 7, 9, 27-37, 39, 50-67, 179-
185, 187-188, 300-303

제주민 네트워크 64

제주학 7, 9, 27, 29-37, 50, 52-53

젠트리피케이션 110

조갑상 105, 127, 148, 150, 302

조성윤 32, 303

조중연 66, 303

조지 린치 140-143, 304

주강현 50-51, 54-55, 67, 303

주변부 7, 36-37, 40, 62, 73, 86-
88, 96-97, 103, 112, 114, 146,
156, 163, 165, 167, 240, 248

주변사 46, 183

중심부 36, 40, 52, 73, 86, 88, 96-
97, 103, 108, 114, 163, 167, 219

중화체계 142

지구적 상상력 9, 267, 272-273

지그프리트 겐터 65, 304

지방사 30, 32, 52, 55

지방주의 31-32, 34, 36-39, 51-53

지역불균등발전론 34, 38

지역연구 30-31, 33, 35, 302, 304

차

찰스 랜드리 77, 304

창조도시 77-81, 83, 87, 90-91,
115-116, 304

천금성 8, 196-198, 200, 203, 205-
210, 213-217, 220, 222-226,
266, 303

초국적주의 35

초량왜관 68, 93-95, 127-129, 134

최남선 194, 204, 227

최정례 175

최찬식 104, 127, 157

타

탐라순력도 53-55

토포스 91, 133, 137, 153

특이성 8-9, 30, 70-71, 91

파

평화도시 67

표류 41, 56-60, 65, 132, 225, 259,
　301, 305

표류민 56, 60, 132

표상체계 152, 193-194

표해 56-58, 192, 303-304

표해록 57-58, 192, 303-304

프랑스와 지뿌로 42

프랙털 37, 112

하

하네다 마사시 47-49, 53, 304

하마시타 다케시 43-46, 53, 60,
　109, 201-202, 305

하시야 히로시 103, 157-158

하위문화 9, 215-216, 220, 244,
　249, 251

한자동맹 42-43

해군문학 198

해민정신 50, 184, 301

해양 리터러시 19, 22, 24, 191

해양경제 128

해양국가 13, 44, 51, 54, 144, 202,
　304

해양력 13, 15, 21-22, 305

해양문학 6-9, 25, 189, 191, 193-
　201, 203-205, 207, 215, 229,
　258, 266-267, 272-273, 300

해양문화콘텐츠 24-25

해양서사 9, 221-222

해양소설 8, 196-198, 200, 203,
　205-207, 215, 220-226, 275

해양시 13, 194-196, 200-201,
　227-230, 241-244, 251, 254-
　256, 258, 262

해양실크로드 60

해양의식 13, 15-16, 19-26, 300,
　302

해양체험 196, 205, 229, 241-243,
　251

해역 5, 7, 9, 16, 18, 27-29, 31,
　33, 35-36, 39-40, 42-56, 58-
　63, 66-67, 70-71, 131, 133, 142,
　181-185, 188, 200-202, 286,
　304

해역세계 시좌 7, 27, 36, 50, 52-53

해역세계 7, 9, 27-28, 33, 35-36,
　39, 43, 45-48, 50-56, 59-63,
　66-67, 182, 184, 188

해역시점 31, 53, 201-202

해학 29, 44

해항도시 네트워크 7, 18, 35, 43,
  53

해항도시 7-9, 18-19, 35, 42-43,
  47-49, 53, 70, 108-109, 125,
  127-130, 147-149, 154, 156-
  157, 161, 163-164, 166, 304

핸드릭 하멜 59

허먼 멜빌 198

헐버트 143

헤밍웨이 222

헤세-바르텍 133-134, 137

현기영 66

현길언 30

현해탄 105, 159, 169, 172

혼종 도시 70

혼종문화 110, 157, 164, 303

혼종성 61-62, 71, 104, 146, 153

홍콩 18, 45, 109, 116, 145, 201-
  202, 305